本书获山东省一流学科山东师范大学文学院中国语言文学学科建设经费资助

本书为国家社科基金项目"基督新教来华传教士汉语研究著述考（项目批准号：14BZJ022）"的阶段性成果

清代来华汉学家的
汉语语法研究

李海英 著

中国社会科学出版社

图书在版编目（CIP）数据

清代来华汉学家的汉语语法研究 / 李海英著 . —北京：中国社会科学出版社，2019.2

ISBN 978-7-5203-4201-8

Ⅰ.①清⋯ Ⅱ.①李⋯ Ⅲ.①汉学家-汉语-语法分析②汉语-语法分析-中国-清代 Ⅳ.①K207.8②H141

中国版本图书馆 CIP 数据核字（2019）第 046999 号

出 版 人	赵剑英
责任编辑	宫京蕾
特约编辑	李晓丽
责任校对	李　莉
责任印制	李寡寡

出　　版	中国社会科学出版社
社　　址	北京鼓楼西大街甲 158 号
邮　　编	100720
网　　址	http://www.csspw.cn
发 行 部	010-84083685
门 市 部	010-84029450
经　　销	新华书店及其他书店

印刷装订	北京君升印刷有限公司
版　　次	2019 年 2 月第 1 版
印　　次	2019 年 2 月第 1 次印刷

开　　本	710×1000　1/16
印　　张	18.75
插　　页	2
字　　数	291 千字
定　　价	78.00 元

凡购买中国社会科学出版社图书，如有质量问题请与本社营销中心联系调换
电话：010-84083683
版权所有　侵权必究

序　言

　　西方汉学大致包括传教士的汉学传统、外交官的汉学传统、西方思想家的汉学传统以及西方作家的汉学传统等几种。其中传教士汉学影响最大。传教士汉学作为近年来学界研究的热点，研究领域涉及传教士与中西文化交流、传教士在中外外交史上的角色扮演、传教士文字事工、传教士在中国教育史上的地位、传教士与中国科技等。可以说，这些研究涵盖了历史学、文化学、教育学、宗教学等方方面面。在这当中，关于传教士汉学家与汉语研究、传教士汉学家与汉语教育的论著也日渐增多。只不过，其中有关明代来华传教士的研究成果更多，其结论也逐渐定型。而关于清代来华汉学家的研究，因文献多流布海外或者不易找寻等原因，目前专门著述较少，也缺乏深入性研究。

　　对于来华西方汉学家来说，为了在中国生存发展，首要任务便是要学习汉语。他们深知只有在熟练掌握汉语的基础上，才能更好地认识和了解中国，从而更好地拓展传教事业。于是，他们便成了最早学习和研究汉语的外国人。因此，要想汉学研究有所突破，必然不能忽略他们在汉语研究和汉语教学方面的诸多成果。

　　一直以来，汉学家们在汉语推广方面所做的工作有研究汉语语法，编写汉语教材，编纂汉外词典，编制汉语方言词汇表，译介科技术语，介绍中国俗语并形成词典等。因这方面的著述卷帙浩繁，要想对它们有一个系统的评价，需要专门外语人才与汉语研究专家长期合作整理才能完成。鉴于此，目前我们选取入清以来西方来华汉学家的代表性语法著作共六种作为切入点，根据时间的先后顺序，分别考察其汉语观和语法体系，力图从中找到其共性和个性，希望能使读者就入清以来的传教士汉学家的汉语语法研究有一个基本的框架性的认识。其中，清代英美汉学家的汉语语法研究著述最为丰富，故选择三种；其他国家著述略少，故从西班牙、葡萄牙、俄国各选一种。写作者不揣固陋,希望能起到抛砖引玉的作用。

本书各部分参与人员如下:书中所涉及的汉学家汉语研究原著和其他相关资料由李海英搜集得到。序言、第二、三、五部分的撰写和全书的统稿,由李海英完成。第一部分、第四部分、第六部分分别由李文娟、李秀梅、李银菊撰写。

是为序。

笔者于 2017 年 9 月

目　　录

第一编　西班牙汉学家瓦罗的汉语文法研究
——《华语官话语法》

第一章　《华语官话语法》研究概况 …………………………（3）
　第一节　《华语官话语法》的研究价值 ………………………（3）
　第二节　《华语官话语法》研究历史与现状 …………………（5）

第二章　瓦罗与《华语官话语法》 ……………………………（7）
　第一节　瓦罗生平及其汉语研究背景 …………………………（7）
　第二节　《华语官话语法》版本及内容编排 …………………（8）

第三章　《华语官话语法》的汉语观 …………………………（10）
　第一节　《华语官话语法》"汉语观"概述 ……………………（10）
　第二节　《华语官话语法》的词法体系 ………………………（12）
　　一　构词法与构形法 …………………………………………（12）
　　二　词无定类 …………………………………………………（14）
　　三　汉语词类系统 ……………………………………………（15）
　　四　划分标准 …………………………………………………（37）
　第三节　《华语官话语法》的句法体系 ………………………（40）
　　一　语法范畴 …………………………………………………（40）
　　二　句型观 ……………………………………………………（49）
　　三　小词 ………………………………………………………（55）
　　四　词序 ………………………………………………………（58）

第四章　《华语官话语法》的历史地位 ………………………（60）
　第一节　《华语官话语法》与《汉语札记》的异同 …………（60）

一　马若瑟及《汉语札记》简介 …………………………………（60）
　　二　《华语官话语法》与《汉语札记》的异同 …………………（61）
　第二节　《华语官话语法》得失 ……………………………………（64）
　　一　传承与创新 ………………………………………………………（64）
　　二　局限与不足 ………………………………………………………（65）
　小结 ……………………………………………………………………（66）

第二编　葡萄牙汉学家公神甫的汉语语法研究
——《汉字文法》

第五章　公神甫《汉字文法》的汉语语法观 ……………………（69）
　第一节　公神甫其人其文 ……………………………………………（69）
　第二节　《汉字文法》的汉语语法体系 ……………………………（70）
　小结 ……………………………………………………………………（73）

第三编　俄国汉学家比丘林的汉语语法研究
——《汉文启蒙》

第六章　比丘林《汉文启蒙》中的汉语语法体系 ………………（77）
　第一节　比丘林及其汉学著述 ………………………………………（77）
　第二节　比丘林与汉语语法研究 ……………………………………（78）
　　一　《汉文启蒙》的写作背景 ……………………………………（78）
　　二　《汉文启蒙》的主要内容 ……………………………………（80）
　　三　《汉文启蒙》的学术价值 ……………………………………（83）
　小结 ……………………………………………………………………（87）

第四编　英国汉学家马礼逊的汉语语法研究
——《通用汉言之法》

第七章　马礼逊与《通用汉言之法》 ………………………………（91）
　第一节　《通用汉言之法》的研究价值 ……………………………（91）

第二节　马礼逊生平及其主要作品 …………………… (92)
　　　一　马礼逊生平 …………………………………………… (92)
　　　二　马礼逊主要作品 ……………………………………… (93)
第八章　《通用汉言之法》的汉语观 ……………………………… (96)
　第一节　《通用汉言之法》概况 ………………………………… (97)
　　　一　全书体例 ……………………………………………… (97)
　　　二　内容简介 ……………………………………………… (97)
　第二节　《通用汉言之法》对"汉语拼写"的论述 …………… (98)
　　　一　音节表 ………………………………………………… (98)
　　　二　声调 …………………………………………………… (102)
　　　三　汉字的书写 …………………………………………… (106)
　第三节　《通用汉言之法》对汉语语法的论述 ……………… (112)
　　　一　词类 …………………………………………………… (113)
　　　二　句法 …………………………………………………… (140)
　第四节　《通用汉言之法》对方言的论述 …………………… (144)
　　　一　关于官话与方言的不同 …………………………… (144)
　　　二　有关广州方言的几个特点 ………………………… (145)
　第五节　《通用汉言之法》对诗歌的论述 …………………… (147)
　　　一　《诗经》 ……………………………………………… (148)
　　　二　五言诗和七言诗 …………………………………… (148)
　　　三　诗以外的其他体裁 ………………………………… (149)
第九章　《通用汉言之法》的学术地位 …………………………… (151)
　第一节　《通用汉言之法》在来华传教士汉语研究中的定位 … (151)
　第二节　《通用汉言之法》与《马氏文通》及其他国内汉语
　　　　　语法体系的比较 …………………………………… (154)
　　　一　词本位 ………………………………………………… (155)
　　　二　句本位 ………………………………………………… (155)
　　　三　词组本位 ……………………………………………… (157)
　第三节　《通用汉言之法》的价值与缺陷 …………………… (158)
　　　一　《通用汉言之法》的价值 …………………………… (158)
　　　二　《通用汉言之法》存在的缺陷 ……………………… (160)

小结 …………………………………………………………………（162）

第五编　美国汉学家高第丕的《文学书官话》
——汉语理论语法的代表

第十章　高第丕与《文学书官话》………………………………（165）
第十一章　《文学书官话》的汉语语法体系……………………（168）
 第一节　《文学书官话》的词法与句法 ………………………（168）
  一　词类划分 …………………………………………………（168）
  二　句法成分 …………………………………………………（168）
  三　词组及句子类型 …………………………………………（170）
 第二节　《文学书官话》与传教士汉语语法研究史 …………（170）
  一　传教士汉语语法研究谱系概述 …………………………（170）
  二　《文学书官话》是传教士汉语语法研究谱系中的
    特例 ………………………………………………………（172）
  三　《文学书官话》汉语语法体系的影响 …………………（176）
 小结 ………………………………………………………………（177）

第六编　美国汉学家狄考文的汉语教学语法体系
——《官话类编》

第十二章　《官话类编》的价值及研究概况 …………………（181）
第十三章　狄考文及《官话类编》简介 ………………………（183）
 第一节　狄考文其人 ……………………………………………（183）
 第二节　《官话类编》简介 ……………………………………（184）
第十四章　《官话类编》研究 …………………………………（186）
 第一节　词类研究 ………………………………………………（186）
  一　代词 ………………………………………………………（187）
  二　量词 ………………………………………………………（200）
 第二节　构词法研究 ……………………………………………（208）
  一　词缀 ………………………………………………………（209）

二　重叠式 …………………………………………………（219）
第三节　句法研究 ………………………………………………（225）
　　一　动补式 …………………………………………………（226）
　　二　处置式 …………………………………………………（231）
　　三　被动式 …………………………………………………（234）
第四节　语料研究 ………………………………………………（238）
　　一　南北方言用词对比 ……………………………………（238）
　　二　俗语研究 ………………………………………………（244）
　　三　宗教用语研究 …………………………………………（255）
第五节　余论 ……………………………………………………（257）
　　小结 …………………………………………………………（258）

结语 ……………………………………………………………（261）

附录一：清代来华汉学家汉语研究著述的版本问题 …………（263）

附录二：清代来华传教士部分汉语研究著述书影 ……………（271）

参考书目 ………………………………………………………（278）

后记 ……………………………………………………………（287）

第一编

西班牙汉学家瓦罗的汉语文法研究
——《华语官话语法》

第一章 《华语官话语法》研究概况

第一节 《华语官话语法》的研究价值

如果说丝绸之路使西方世界对中国略有所知的话,文艺复兴时期随着欧洲的海外扩张,贸易点的建立和传教士的派遣把汉语推到了欧洲语言学家的面前。西方汉语研究分为早期与现代两个时期,早期汉语研究又分为两个时期:一是明清之际,二是晚清时期,研究对象主要分为方言和官话两类,而在对官话的研究中又有口语和书面语的侧重。

从16世纪末开始,各种汉语语法论著陆续出世。据李葆嘉(2008)统计,西方早期汉语语法研究分为三个阶段[①]:第一阶段以多明我语法学为主流,瓦罗的《华语官话语法》就属于这一阶段,虽然在瓦罗之前和之后也有一些汉语著作,但均已失传;第二阶段以罗曼汉语学为主流,有黄嘉略(Arcade Hoang)、傅尔蒙(E. Fourmont)、马若瑟(J. H. de Premare)等人;第三阶段以日耳曼语法学为主流,马礼逊(R. Morrison)、马什曼(J. Marshman)、洪堡特(W. F. von Humbaldt)、郭实腊(K. F. A. Gutzlaff)、威妥玛(T. F. Wade)、高第丕(T. P. Crawford)、狄考文(C. W. Matter)等人都属于这个阶段。

在众多西方人研究汉语的著作中,《华语官话语法》无疑是一颗璀璨的明珠,将其作为研究对象有着独特的意义。

首先,它是现存最早的正式刊行的西方汉语语法著作之一。李葆嘉

---

① 李葆嘉:《中国转型语法学——基于欧美模板与汉语类型的沉思》,南京师范大学出版社2007年版,第66页。

提到，西方早期汉语研究第一阶段的成果除《华语官话语法》之外均已亡佚，这使《华语官话语法》不仅成为现存最早的用欧洲语言编写的汉语综合语法，而且是清初多明我语法学派的唯一代表。该书诚然是多明我会士的代表作，但关于它是现存最早的汉语语法书且第一阶段传教士汉语语法著述均已亡佚的说法，我们认为有欠妥当。比如来华耶稣会士卫匡国的《中国文法》就成书于1650年前①，并且至今仍有五种稿本存世，分别收藏于德国柏林国家图书馆、英国格拉斯哥大学图书馆和波兰克拉科夫的雅杰隆斯卡图书馆。②虽然《华语官话语法》与卫匡国的《中国文法》反映了大致相近时代——明清之际的官话面貌，但因着瓦罗来华的时间与《华语官话语法》的成书时间都在清代，分别为1649年和1682年，所以，我们将《华语官话语法》视为清代来华传教士的作品，属于本书的考察时段——清代，故将其作为主要研究对象。对于卫匡国的《中国文法》，则仅进行参考性的研究。

其次，本书描写了明末清初以南京话为基础的官话口语语法，其中涉及汉语的特点，官话的语音、词类系统、句法及中国民俗等多种内容，因而对汉语史研究来说是很重要的参考文献。正如姚小平在《西方早期汉语研究再认识》中所言，"我们对过去一个世纪西方人研究汉语的情况比较了解，而对20世纪之前三百年里西方汉语研究的方方面面，特别是有关汉语结构特性的探索，我们知道的还不够"③。因此，我们应当对这些资料多作研究。

最后，瓦罗虽然不是将古希腊拉丁语语法系统移用于汉语的第一人，但《华语官话语法》是较早得以刊行的汉语语法著作，流传范围很广。它采取的以拉丁语法框架解释汉语的视角和思维方式在欧洲传教士语言学派和汉学家中产生了广泛影响，且这种影响一直持续到现在，这在很大程度上决定了中国语言学的发展方向。

---

① 姚小平：《罗马读书记》，外语教学与研究出版社2009年版，第151页。
② 同上书，第152页。
③ 姚小平：《西方早期汉语研究再认识——17—19世纪西方汉语研究史简述》，见商务印书馆编辑部编《21世纪的中国语言学》（一），商务印书馆2004年版，第95页。

第二节 《华语官话语法》研究历史与现状

关于瓦罗的《华语官话语法》，前人已有不少研究成果。我们主要从国外和国内两个角度予以梳理。

国外研究：加拿大学者白珊（Sandra Breitenbach）的博士学位论文有部分章节对瓦罗本人、该书的写作背景、理论来源、版本流传及对后世的影响等作了相当权威的论述，这部分是《华语官话语法》（2003年中文版）的导论。美国柯蔚南（W. Sath Coblin）研究了该书的语音系统。法国贝罗贝（Alain Peyraube）在《二十世纪以前欧洲汉语语法学研究状况》中提到该书是依照内布列加（Elio Antonio Nebrija）的《拉丁文文法入门》模式编写，是受到意大利人文主义作品的启发、为教学而编的语法书①。贝罗贝认为瓦罗将汉语纳入印欧语言的类别而没有考虑汉语的特征，这个观点是有失偏颇的，下文我们将会论及。

国内研究：《华语官话语法》描写的对象是南京官话，它不仅介绍了汉语的词汇、语法，还包括语音、社交礼仪用语等。林璋（2003）借助《华语官话语法》对南京官话语音的记录，讨论了17世纪南京话中的一些语音问题②。

相比起语音，学界的目光主要聚焦在了语法上，研究成果也相对多一些。起初，国内学者大多是在对早期传教士汉语研究的总体情况进行梳理、总结传教士们的汉语观、语法研究的特点时提到《华语官话语法》。如张国刚《明清传教士与欧洲汉学》③，许光华《16至18世纪传教士与汉语研究》④等文章或著作中涉及了瓦罗《华语官话语法》，专项研究较少。具体对瓦罗《华语官话语法》加以介绍的，应当始于姚

---

① 马又清：《瓦罗〈华语官话语法〉研究》，硕士学位论文，清华大学，2002年。
② 林璋：《〈华语官话语法〉与17世纪的南京话》，见姚小平主编《海外汉语探索四百年管窥：西洋汉语研究国际研讨会暨第二届中国语言学史研讨会论文集》，外语教学与研究出版社2008年版，第136页。
③ 张国刚：《明清传教士与欧洲汉学》，中国社会科学出版社2001年版，第255页。
④ 许光华：《16至18世纪传教士与汉语研究》，见任继愈主编《国际汉学》第6辑，大象出版社2000年版，第456页。

小平。他在《华语官话语法》英译本刚出版之后就发表了《现存最早的汉语语法著作——瓦罗著〈华语官话语法〉简介》①。文中简要地介绍、分析了瓦罗关于汉语的一些概念，比如"语体""汉语的三要素""词序""词类""形态变化""动词的时、体、式"等。

经过姚小平的推介，《华语官话语法》引起了国内外学术界的注意。马又清（2002）②对瓦罗的词类、句式等方面作了总结及相应的分析。张美兰（2008）③对瓦罗的汉语语法作了偏误辨析，西山美智江④还将瓦罗的书与内布列加（Elio Antonio Nebrija）的《卡斯特兰语语法》、卫匡国的《中国文法》、马若瑟的《汉语札记》作了比较（还有一篇是上文提到的林璋的语音研究）。李葆嘉（2008）⑤总结了瓦罗的汉语观以及瓦罗所在多明我会汉语研究的特点。

以上研究大部分只限于对瓦罗原文的转引、对希腊—拉丁语法"八大词类"传统的介绍及评论，很大程度上沿袭了加拿大学者白珊的思路，即对瓦罗本人、该书的写作背景、理论来源、版本流传等方面作相应的介绍及分析，而在语法上缺少细致、系统地分析。比如马又清在介绍瓦罗的汉语词类体系是受传统古希腊拉丁语传统语法八大词类的影响时，只是从大体框架和语法背景上加以解释，没有说明传统语法是如何影响、具体在哪方面影响了瓦罗的汉语词类观；另外，以上文章的作者都认为瓦罗把形容词和数词也作为了汉语的词类，但我们认为这是不客观的。

总而言之，前人对瓦罗《华语官话语法》的研究为后人的研究提供了基础，也为我们留下了研究的空白。

---

① 姚小平：《现存最早的汉语语法著作——瓦罗著〈华语官话语法〉简介》，《中国语文》2001年第5期。

② 马又清：《瓦罗〈华语官话语法〉研究》，硕士学位论文，清华大学，2002年。

③ 见姚小平《海外汉语探索四百年管窥：西洋汉语研究国际研讨会暨第二届中国语言学史研讨会论文集》，外语教学与研究出版社2008年版，第149页。

④ 同上书，第182页。

⑤ 李葆嘉：《中国转型语法学——基于欧美模板与汉语类型的沉思》，南京师范大学出版社2007年版，第94—97页。

第二章 瓦罗与《华语官话语法》

第一节 瓦罗生平及其汉语研究背景

弗朗西斯科·瓦罗（Francisco Varo, 1627—1687），又名万济国，西班牙人，多明我会传教士、汉学家。1642年瓦罗参加了多明我会布道团，1648年抵达菲律宾，在马尼拉进行了为期一年的官话知识学习。1649年到达福建，开始了他的布道生涯。1687年1月在福建去世。瓦罗主要在福建、广东等东南沿海地区布道，在中国传教长达38年之久。在中国期间，他认真学习当地方言和官话，不仅口语流利，而且还掌握了文言，多次被任命为省级教区牧师。

在瓦罗之前，其他多明我会士已经着手描写汉语语法，如高母羡（J. Cobo）、迪亚兹（Pader Francisco）、莫拉雷斯（J. B. de Morales）等[①]。瓦罗之前学者们的著作也都用西班牙文写成，但均已失传。李葆嘉（2008）指出，瓦罗在与迪亚兹1671年9月18日的书信中曾提及后者的汉语文法书[②]，瓦罗可能受到了迪亚兹汉语观的影响；而白珊（2000）则认为瓦罗引用过莫拉雷斯的资料[③]。李葆嘉和白珊的观点说明瓦罗受到了多明我会汉语语法研究传统的影响。

李葆嘉（2008）曾就多明我会士汉语研究的特点总结如下：

一是"应用目的"一致。多明我会士重视研究汉语语法，目的就是

---

① 李葆嘉：《中国转型语法学——基于欧美模板与汉语类型的沉思》，南京师范大学出版社2007年版，第66页。

② 同上书，第88页。

③ [西]瓦罗：《华语官话语法》，姚小平、马又清译，外语教学与研究出版社2003年版，第33页。

编写教科书，以便使新教士能够尽快地掌握汉语进而传教布道。瓦罗也在弁言中说他花 20 年时间编成的小读本就是为了供新来的教士学习，希望新教士能借助这个小册子克服与中国人交流的语言障碍。

二是"内容四分"。多明我会士通常从语音系统、拼音书写、语法规则和社会礼仪四个方面编写教材。《华语官话语法》第二章专门讲授汉语的声调，第一章"若干戒律"之戒律五，讲授如何用传教士母语的发音系统来记录汉字的发音系统，作者认为汉语以 m 为韵尾的词应当看作以 ng 收尾。中译本没有专门总结汉语的基本词汇，据白珊（2000）资料，在 1684 年手稿的末尾有一个词汇表，但 1703 年的版本没有①。第十四、十五和十六章介绍了中国人社交的礼貌用语。这样的章节安排方式与其他多明我会士的"四分法"是一致的。

三是"框架套用"②，即利用熟知的希腊—拉丁语传统语法体系描述目标语言。由于希腊—拉丁语传统语法非常重视词的形态变化和句法功能，形成了以词类划分为中心的语法体系。这点在《华语官话语法》中表现很明显，它也是以词类划分和语法范畴为研究重点。

四是"局部调整"③，即立足于汉语事实调整借用过来拉丁语语法框架。至于瓦罗是如何立足汉语实际来调整他的观察角度，我们将会在下文论及。

第二节 《华语官话语法》版本及内容编排

《华语官话语法》在 1682 年已经完成，直到 1703 年才由瓦罗的学生皮诺艾拉（Pedro de la Pinuela）在广州付梓刊行。该书最初有两个版本，一是西班牙语本，二是两年后出的拉丁语本。2000 年，美国爱荷华州立大学的柯蔚南将其译为英文出版。2003 年姚小平、马又清值瓦罗《华语官话语法》刊布 300 年之际又推出了中文本。中文本在前言部

---

① ［西］瓦罗：《华语官话语法》，姚小平、马又清译，外语教学与研究出版社 2003 年版，第 33 页。

② 李葆嘉：《中国转型语法学——基于欧美模板与汉语类型的沉思》，南京师范大学出版社 2007 年版，第 97 页。

③ 同上。

分包括了中译序、英译序、英译出版前言及导论，导论即前文提到的白珊（Sandra Breitenbach，2000）博士学位论文中关于瓦罗及《华语官话语法》的部分。

《华语官话语法》由弁言、正文及附录构成。弁言主要介绍了瓦罗（注皮诺艾拉是弁言的实际撰写者①）的汉语观、写作目的及汉语与法语的发音对比。附录是葛莱莫纳（Basilio de Glemona）编写的《解罪手册》。正文按内容可以分为四部分。第一部分是具有方法论指导意义的"若干戒律"，意在给传教士学习汉语以方法、角度的指导。在教给学生方法的同时，瓦罗也表达了他对汉语的语体、构造要素、复合词、拼音拼写的理解。第二部分是汉语的声调，作者认识到汉语有三个要素：词项、声调、词序。第三部分是本编将重点分析的语法部分，包括瓦罗的词法观和句法观。词法观主要包括九大词类观、构词法及构形法。瓦罗十分重视对汉语词类的描写，以至占据了整本书的一大半。句法观包括了能体现各词类句法关系的语法范畴、小词及词序等手段。作者认为汉语有四种句型，在描写各词类时也分析了汉语的四个基本句类以及否定句、比较句、条件复句等句式。第四部分是关于中国社会的礼节，是西方人了解汉人社交的必要内容。瓦罗介绍了表尊称和谦称等礼貌用语，也讲授了社交往来中所用的答语及具体的礼节。由于这是一部实用性的传教士用书，所以这部分对传教士与官员、百姓顺利地交流很有意义。

这四部分内容体现了西方早期汉语研究的综合性，包括了语音学、词汇学、形态学及社交礼仪。因此瓦罗研究的内容并非仅仅为现代意义上的语法学。由于东西方文化的差异，传教士要学习的内容不仅包括语言，还包括中国经典文学作品、历史文化常识、社交礼仪等。这种内容编排方式也符合当时来华人士汉语学习内容的真实情形。

---

① ［西］瓦罗：《华语官话语法》，姚小平、马又清译，外语教学与研究出版社2003年版，第45页。

第三章 《华语官话语法》的汉语观

第一节 《华语官话语法》"汉语观"概述

瓦罗首先批判了一些人对汉语的偏见和误解,认为汉语是有着优美修辞和约定俗成规则的语言。

第一,瓦罗对比了汉语的文字系统和欧洲语言的拼音系统。他意识到汉字和音节的关系与欧洲语言相反。欧洲语言是用数量一定的字母符号记录无限的音素和音节;而汉语的文字符号很多,音节却有限,不超过364个,有限的音节冠以五种声调之后能得到1525个音节。虽然作者没有指出汉字是"表意文字",但他对汉字的认识几乎完全正确。

更可贵的是,瓦罗不仅对汉字系统作了正确的分析,还发现了汉语表意方式的不足之处,并且指出了人们解决这些不足的方法。汉字用有限的音节记录宇宙间无限的事物,导致了大量同音字的存在,这使得人们容易产生混淆。瓦罗指出,对于这种情况,中国人采用复合词来化解。瓦罗还认识到这种问题大多存在于日常口语交谈中,书面语就很少产生含混的问题,也很少使用复合词。因为汉语书面语是用汉字而非音节表达概念,单音节词在与其他词组合时自然会有确定的语义,能够有效避免含混,因此书面语就不需要使用复合词。鉴于此,作者建议新教士在用汉语与人交流时,要尽量使用复合词。如果只用单音节字的话,对于听众来说,即使发音正确,"听到的仅仅是一个声音,其含义却是模棱两可的,可以产生多个互不关联的意思"[①]。

---

① [西]瓦罗:《华语官话语法》,姚小平、马又清译,外语教学与研究出版社2003年版,第14页。

第二，瓦罗认为，中国人在说话时不同的群体使用的表达方式不同。他还据此将汉语分为三种语体（modes of speaking）：第一种是"高雅、优美"的语体，使用主体是"受过教育的人"，特点是"很少使用复合词"；第二种是"粗俗"的语体，使用主体是"妇人和农夫"；第三种是介于第一种和第二种之间的语体，即介于高雅与"粗俗"之间的语体，使用主体是"大多数人"，特点是使用一些优雅的文学词语，也使用一些复合词。

因为明清时期通用官话和文言，因此瓦罗的研究对象也兼顾了文言和口语。这三种语体其实是文言文和口语的区别：第一种语体是文言，即"雅言"；第二种是口语化程度非常高的汉语，即"俗言"；第三种是文言文与口语的结合体，即"通言"。瓦罗认为第三种语体最为重要，因为这种语体的普适性很高，对传教十分重要。然而，口语更容易被掌握，因此新教士在学习时应从第二种语体开始学起。

瓦罗在描写汉语的词类时十分注重书面语和口语的区分，也十分注重南北方用语的差异。比如他在讲述汉语疑问语气的表现形式时指出，"否、乎"是"书面语的用法"，"么、不"主要用于口语中。

第三，瓦罗认为汉语中有三个要素对新教士掌握汉语十分重要：一是词义，二是声调，三是词序。这三点的提出，意在强调汉语每个词的固有词义、词所对应的读音以及词在遣词造句时与其他词的线性关系。

瓦罗认为词序为重中之重。因为他虽然以古希腊拉丁语法系统为蓝本描写汉语，但每进行一个词类的描述之前，都要强调汉语没有形态变化；还认为拉丁语中形态变化代表的语法功能在汉语中通过词序来实现。这点作者在描述汉语的词类、句法时无时无刻不在强调。

瓦罗也十分注重词义，他建议新教士在学习生字时利用小词或词汇表就能掌握复合词或者其他词的意思。他设立了"小词"的概念来帮助新教士掌握汉语的结构，因为"小词"是汉语词汇中高频词汇的代表以及识别词类的凸显标记。这点在第三章第二节第二部分中有专门讨论。

至于声调，瓦罗认为如果一个音节不具有声调便没有任何意义。但若论起重要性来，相对于词义和词序，声调在瓦罗眼里就不是特别重要了，因为"无论我们如何使用，甚至哪怕用错了，仍然可以从整体上理解句子的意思"①。

第四，瓦罗非常重视汉语的地道表达方式。我们知道词与词的组合除了受到语法规则——词序、词形变化等的约束之外，还要考虑社会的使用习惯，即所谓的"惯用法"。如同区别书面语和口语一样，几乎每一个小词的用法都会强调中国人如何说，再举出中国人不这么说的反例。他认为在使用汉语时，不仅要考虑选择适当的词语，而且要知道正确的用法。比如在表达"二两"的意思时，不能说成"两两"，因为虽然"声调和词序没有什么不对，但中国人从不这么说"。

第二节 《华语官话语法》的词法体系

《华语官话语法》中最引人注目的就是瓦罗对汉语词类的分析，这部分占据了全书章节的八分之五。我们知道瓦罗深受希腊—拉丁传统语法的影响，根据八大词类对汉语词类逐一进行了解释。同时，瓦罗对汉语词类的描述远不止于以上八种，还有对形容词、否定词、疑问词、条件词、数词和量词的描写。那么，作者究竟将汉语划分为几大词类？我们先来看瓦罗的分析。

一 构词法与构形法

构词法是从词的内部结构规律着手分析语素组合的方式方法，构形研究词的形态变化问题。我们知道，拉丁语法学者非常注重词的形式和意义，形式方面，除了"格"外，他们还区分了词的派生结构和屈折结构，把词区分简单形式和复合形式。这些语法观点同样也反映在瓦罗的语法中。但《华语官话语法》以语音和八大词类为重点，没有专门讲述汉语的构词法，只是在描写词类时穿插了几句。

《华语官话语法》对汉语构词法的理解主要体现在对复合词的分析上。瓦罗指出，汉语词有的由一个单音节词项构成，有的由两个或三个词项构成，前者现代汉语称之为单纯词，后者即复合词。作者认为构成

---

① ［西］瓦罗：《华语官话语法》，姚小平、马又清译，外语教学与研究出版社 2003 年版，第 13 页。

复合词的各词项——单音节语素的意义与它们组成的复合词的意义不同。他很重视复合词,认为掌握复合词对于教士掌握汉语词汇非常有好处。

文中多次出现一个术语——"词项",英译"term"①。这个概念相当于现代汉语里的单音节成词语素,比如"名词性的静词通常由一个单音节的词项构成"②,例如"风""水""人"。但"词项"主要用来指构成复合词的单音节语素。比如"地狱"一词,由"地"和"狱"两个读音和含义都不同的词项构成。但是作者对多音节复合词的构成要素的理解比较直接,不会考虑层次性问题,如他认为"鱼鳞瓦"由"鱼""鳞""瓦"三个词项构成,没有任何关于"鱼鳞"和"瓦"为直接成分的词语。

文中涉及了两种构词法:词根—词缀与词根—词根。瓦罗认为有的名词由一个单音节的词项加"子""儿""头"三个小词构成,如"椅子、面头、女儿";在讲名词的小类——行业名称时他说,把"匠"放在被加工处理的对象之后,如"铁匠、画匠";第一、第二之类的概念通过在数字前面加小词"第"来表示。

瓦罗还指出了词根—词根构词法的两种组合关系——同义联合式和偏正式。同义联合式如:一个词可由两个同义的词项组成,如"轿椅";形容词可由两个同义的词项组成,如"富贵"。偏正式如"鱼鳞瓦"意为"鱼鳞形状的瓦片","宗徒"意为"第一的或主要的信徒"。

瓦罗还指出一些复合词"颠过来倒过去,意思都不会变"③,例如"要紧—紧要""兄弟—弟兄",即今日所说的同素逆序词。

构形法涉及两种:附加法和重叠法。附加法是将后缀附加在词根后面,如"我—我们"。对于前者,瓦罗是以名词、代词"数"的语法范畴角度进行描述的,"我们"是"我"的复数形式,构形的意味很弱。但重叠法瓦罗不止一次提到过,如他所认为的形容词最高级的构成方式

---

① [西]瓦罗:《华语官话语法》,姚小平、马又清译,外语教学与研究出版社 2003 年版,第 12 页。

② 同上书,第 43 页。

③ 同上书,第 15 页。

之一为形容词重叠并在其后加"的",如"高高的、白白的、深深的";"重叠一些表示减少的词"并在末尾加"的"可构成指小词,如"短短的、小小的";叠加指代时间的词可表示"时间的延续",如"时时""年年""月月"。可以看出,虽然有些理解有待商榷,但瓦罗对重叠的把握还是挺准确的。

二 词无定类

瓦罗认为汉语的同一个词可以属于多种词类,划分汉语词类的标准除词汇意义之外,还应当依据词所处的句法位置。在他看来,汉语的名词和代词没有格,动词也没有时态、语气等范畴的变化,"同一个单音节字词既可以看作名词,也可以看作动词、副词等。这就是为什么我们不能把一个单音节词视为一个真正的格或一个词类的原因"[①]。只有将单音节词与其他词组合起来,判断其句法位置才能确定这个词所属的词类。

瓦罗的这个观点看似与后来黎锦熙的"依靠结构,显示品类"[②]的观点相似,实则不然。黎锦熙认为汉语的词都属于"固有的词类"[③]。不管名词、代词和动词充当什么成分,它们依旧是名词、代词和动词。而对于同一个词充当不同句子成分的情况,黎先生设定了"位"和"职位"的概念。根据名词和代词的不同句法位置设置了主位、宾位、补位、领位、副位、同位、呼位七个"位";根据动词充当名词、形容词、副词的句法位置为动词设定了三种"职位"。比如,"人"是名词,不管它充当谓语、状语还是定语,始终是名词。但"人"作状语时是"副位",作定语时是"领位"。

因此,"依靠结构,显示品类"是在词有定类的基础上来区分相关词的"位"和"职位",并不是通过判断词所在的句法位置来划分词

[①] [西]瓦罗:《华语官话语法》,姚小平、马又清译,外语教学与研究出版社 2003 年版,第 30 页。

[②] 黎锦熙:《新著国语文法》,商务印书馆 1998 年版,第 32 页。

[③] 黎锦熙:《词类大系——附论"词组"和"词类形态"》,见中国语文杂志社编《汉语词类问题》第 2 集,中华书局 1956 年版,第 70 页。

类。黎锦熙认为判断词的"固有"词性"主要依据意义"①来划分。

经过对比可知,瓦罗和黎锦熙先生划分词类的基本依据是词汇意义。对于一词多用的现象,瓦罗根据词所在的句法位置来判定词类,即一个词可属多种词类;黎锦熙先生则认为一个词只有一种词类,词的不同用法显示了词在不同的句法位置上的不同的"品类"。

三 汉语词类系统

瓦罗在书中说按照八大词类体系来分析汉语词类,但很明显,实际描写中不止八种,而是有十三种。下面我们来看瓦罗对这十三种词类的描写。

(一) 词类描写

1. 名词

瓦罗从很多角度对名词作了分析,如格、数、性等,然而涉及对名词定性的分析不多,也不明确。作者认为名词通常由一个单音节词构成,或由两个复合的或同义的词构成。有时候也可以在后面加"子""儿""头"三个小词,如:

> 风、水、人
> 暖轿、凉帽
> 桌子、面头、女儿

从这里可以看出,瓦罗认为由"子""儿""头"构成的词一定是名词。按照现代语言学的观点,这是从词的构词形态分析的,"子""儿""头"是典型的名词词缀,"桌子""面头""女儿"是由词根加词缀构成的名词。至于单音词项、双音词项,这属于构词法范围,对名词的词类定性没有帮助。

除了以上内容,《华语官话语法》对名词的明确描述较少,但我们还是可以从字里行间发现他的观点。表3-1是将本书中瓦罗认为是名词

---

① 亢世勇:《试论"依句辨品"是一种辅助性的词的归类标准》,《西北师大学报》1994年第7期。

的例子按现代语言学的观点作了归类：

表 3-1　　　　　《华语官话语法》中的名词（笔者整理）

		词	短语	语素
名词	指称人	老爷、铁匠、妇人、人	开铺的、做买卖的（注释：仅限表行业的）	（先）辈
	指称事物	鸡公、房子、钉、火善、恶		
	指称时间	一生		
形容词（指称性质）		妙、高、粗、好、甘、仁少、小（小）、微可爱、可恶白、黑	短短的、微微的（极小）	
副词（指称状态）		恒、时时、常常、终日、（讲得）尽		
时量词（指称时间）		年年、月月		

通过表 3-1 可以发现，瓦罗所认为的名词中只有一部分是真正的名词，即以传统观点上的意义为划分标准，指称人、事物或时间。另有一部分他虽然认定为名词，却不是名词。"开铺的、做买卖的"是"的"字短语；"辈"指称同一类人，但却不能单独运用，是不成词语素。余下一部分实际上是形容词或者副词。我们可以发现，被归错的词主要是形容词和副词。

首先，这是以词的意义为划分标准必然会产生的问题。因为表示同类概念的词，语法性质不一定相同。同为指代时间的词，有的是时间名词，如"一生"；有的是时间副词，如"时时、终日"；有的是量词，如"年年、月月"。

瓦罗将不同级别的语言单位都划分为词，也是以意义为标准产生的问题。拉丁语中每个词类都有各自的词尾特征以及词形变化，而汉语很少有形态标记。在这种情况下，他只能按照意义的完整性来确定汉语的词。况且，要求早期西方传教士对非母语的汉语区分清楚不同级别的语言单位是很苛刻的，按照意义划分词类是最直观，也是最重要的标准。

其次，在 1767 年之前，希腊—拉丁语法学一直把形容词作为名词的一个下位概念。

总之，瓦罗对汉语名词的认识可归纳为以下几点：第一，名词，按照意义标准划分，是对人、事物的指称，包括名词性短语以及指称人、事物的性质、状态的词（形容词、副词）；第二，部分名词有形态标记，由词缀"子、头、儿"构成；第三，名词是一个上位概念，内部有许多差异，可以分为六个小类。

2. 形容词

古希腊—拉丁语语言学传统的八大词类分别是名词、代词、动词、分词、连词、介词、副词、感叹词，当中并没有形容词这个词类。形容词出现在《华语官话语法》的第四章，与名词（Substantive）一起构成"静词"①（Nominal）②。

瓦罗主要描述了形容词的语法功能。他认为形容词"不能单独使用"，如果要充当句子成分，需要与名词连用。形容词与名词连用有两种形式。一种为形容词置于名词前，有时用"的"来维系，有时不用，如：长的、恶人。另一种为形容词置于名词之后，这种情况下需要在两者之间插入"是"，在句尾加"的"，有时不需要，如：

　　这米是好的。
　　这米好。

形容词的第一种用法与古希腊—拉丁语早期语法的词类观有关：实体名词能独立使用，而形容名词即形容词不能单独使用，需要与实体名词组合成结构。第二种情况实际上是形容词作谓语的功能，瓦罗之所以用这种思维分析形容词的用法，是因为在拉丁语中形容词经常放在它所修饰限制的名词之后。这点将在第三章第一节第二部分中详述。

瓦罗认为形容词还能构成比较级和最高级。他首先指出构成比较级和最高级的小词，再介绍这些小词构成的相应的表达方式。这些小词构

---

① ［西］瓦罗：《华语官话语法》，姚小平、马又清译，外语教学与研究出版社 2003 年版，第 43 页。

② Francisco Varo, *Francisco Varo's grammar of the Mandarin Language* (1703), An English Translation of "Arte de la lengua Mandarina", Trans. Coblin W. South, Amsterdam: John Benjamins Publishing Company, 2000: 69.

成的表达方式从句法角度描写了汉语的比较结构,这点我们将放在第三章第二节第四部分一节细谈。

3. 代词

瓦罗说"代词是在句子中代替名词起作用的成分"。从表 3-2 中可看出,瓦罗从两个角度对代词进行了分类,这两个角度既相对独立又互相交叉。

表 3-2　　　　　　　《华语官话语法》中的代词

基本代词	派生代词		
这、那	这里、那里	此、且、兹	指示代词
		的、者、凡、但凡之、他、其	关系代词
你、我、他	我的、他的、你的	物主代词	
		谁、什么	疑问代词	不定代词
		每、但凡、凡不论、不拘	不定代词	
		己、自己、自家相、向、互、对	反身代词	

基本代词和派生代词是从词的构形法角度划分的。瓦罗认为基本代词由单音节词来表示,派生代词则由基本代词构成。因此,尽管"此、且、兹、谁"等是单音节代词,但是由于它们没有派生能力,没有相对应的派生代词,所以瓦罗未将其归为基本代词。当然,与"我、你、他"相对应的、表领属关系的"我的、你的、他的"并不是代词。

从语用功能角度,瓦罗将代词分为指示代词、关系代词、反身代词、物主代词、不定代词五种:

(1) 指示代词用来"表示和指示某物"。瓦罗解释了这些词的语法功能,"这、那"在指示名词时要与此名词相对应的量词组合,如"那一张椅子做得不好"。他还指出"此、且、兹、"是文雅用语,一般用于和有学养的人对话的场合下。

(2) 关系代词,用于"与先行词照应"。在拉丁语中,关系代词是用来连接句子,代替主句中的某个词的代词,常置于从句之首。实际上,"的"是助词;"者"在古汉语中是起辅助作用的代词,在现代汉语里是不成词语素；"凡、但凡"是范围副词；"他、之、其"倒是代词。

为什么这些词被瓦罗归为关系代词呢？因为他认为这些词在语义上和语法功能上对应于西班牙语中的"los que（那些人、那些东西）"[①]，即拉丁语中的 qui（阳性）、quae（阴性）、quod（中性），英语中的 those who 或 those which。

"的/者"，语义上，相当于"先行词+关系代词"：

A1 看书
A2 看书的
A3 看书的（那些人）
(those who) read books[②]
A1 守十诫
A2 守十诫的会升天。
A3 守十诫的（人）会升天。
(Those who) keep the commandments will go to heaven.
A1 不痛悔
A2 不痛悔者不得罪之赦。
(Those who) do not have contrition will never receive forgiveness for their sins.
B1 但凡爱天主，毕竟爱他人。
B2 但凡爱天主（的人），毕竟爱他人。
(Those who) are master's have to teach their servants the Christian doctrine.

A1 转换为 A2 是从动词性短语转为名词性短语。A2 与 A3 虽同为名

[①] [西] 瓦罗：《华语官话语法》，姚小平、马又清译，外语教学与研究出版社 2003 年版，第 64 页。

[②] Francisco Varo, *Francisco Varo's grammar of the Mandarin Language* (1703), An English Translation of "Arte de la lengua Mandarina", Trans. Coblin W. South, Amsterdam: John Benjamins Publishing Company, 2000: 97.

词性短语，但两者的结构不同，"的"的作用也不同。A3"的"是结构助词，表附加意义，表明定语和中心语之间的结构关系，即定语对中心词起修饰、限制作用。A2"的"字结构及"者"字结构使整个短语具有名词性。因此在瓦罗看来，"的/者"的作用相当于 those who。至于"凡、但凡"，作为范围副词，它的作用是限定一定的人或事物，这样给作者以关系代词的错觉。

"他/之/其"，功能上，类似于拉丁语中与"先行词"照应的关系代词，而且在语义上也有类似复指的作用，有"……的人/物"之意。

苟得闻子大夫之言，何后之有？（《国语·勾践灭吴》）
此之谓不朽。（《左传》）
做主人该教导其下的人圣教要理。

"之"字的用法相当于古汉语中宾语前置时复指宾语的情况，连接谓语动词和宾语，而宾语由于被提到前面，就成为所谓的"先行词"。至于"其"字，有"他的、她的、它的"之意。例句中"其"指代主人，若将代词"其"还原为它指代的名词，则原句转换为"做主人该教导主人下的人圣教要理"。

总之，在瓦罗看来，"其"和"之"的复指作用即与"先行词"相互照应。它们或多或少在语义上有"……的人/物"之意。在这里要说明的是，所谓"相当于先行词+关系代词"，不是说它们在功能上起衔接先行词和从句的作用，而只是在语义上相对。

（3）物主代词表示领属关系，"我的、你的、他的"相当于英语的名词性物主代词 mine、yours、his、hers。我们在上文提到过，瓦罗还没有语言单位的概念，只是按照意义划分类别，这样就会把不同级别的语言单位都作为词来处理。因此"我的、你的、他的"被当作"我、你、他"的派生代词也是可以理解的。

（4）瓦罗将不定代词分为两类，一类为疑问代词"谁、什么"；另一类包括"不定代词""凡、但凡""不论、不拘"以及指示代词"每"等。疑问代词的设定和内容比较符合汉语实际，然而"凡、但凡"是范围副词，"不论、不拘"是连词。

第三章 《华语官话语法》的汉语观

对比拉丁语中的代词，我们才能发现瓦罗把这些词归为不定代词的蛛丝马迹。拉丁语的不定代词是疑问代词 quis、quid 和 qui（阳性，"谁"）、quae（阴性）、quod（中性）加上前缀或后缀构成的①，如表 3-3 所示：

表 3-3　　　②《华语官话语法》中的不定代词与
拉丁语、英语的对应关系（瓦罗）

拉丁语		英语	汉语
阳性/阴性	中性		
quis	quid	anyone/anything	谁/哪一件
aliquis	aliquid	someone/something	不论谁
quisque	quidque	each	每
quilibet/quaelibet	quidlibet	anyone/anything you wish	但凡/不论谁

对比表 3-2 及表 3-3，作者选定的"不定代词"在拉丁语的不定代词中都能找到语义上相应的词，也就是说作者参照拉丁语中的不定代词来选择汉语里的不定代词。

（5）瓦罗界定的反身代词实际上是由反身代词和副词"相、互、向、对"组成的。他介绍了前者的语法功能，即置于基本代词"我、你、他"之后，组成"他自己、我自家"等。副词"相、互、向、对"被划为反身代词，是因为它们表示"相互、面对面"等语义，相当于英语中的相互代词"each other"。如：

　　Peter 和 John 相爱。　　Peter and John love each other.
　　夫与妇对雠。　　　　　The husband and wife angered each other.

通过分析以上五种代词，我们发现瓦罗界定的代词所指代的大部分

---

① 宋清茂、杨建珍：《拉丁语语法》，湖南科学技术出版社 1984 年版，第 125 页。
② Charles E. Bennett, *A Latin Grammar*, Mass：J. B. Cushing Co-Berwick&Smith Co., 1908：52.

是人、事物，这就是他将代词定义为"代替名词起作用的成分"的原因。这与汉语的代词实际内容不相符。汉语的代词不仅包括代名词，还包括代谓词和代副词。但这不是瓦罗个人的问题，在瓦罗之前最权威的语法学家普利西安的语法体系里，代词定义为"可以替代名词，有人称变化的词类"①。

总之，作者对指示代词、疑问代词、部分反身代词和基本代词、部分派生代词的描述解释是很中肯的，而对余下部分的划分就不很客观了。原因有两点：一是作者分析汉语以词义、语义为重要切入点，词义相同，词性不一定相同；二是作者以拉丁语法为参照分析汉语语法，设立了汉语中本没有的类别，如关系代词、物主代词和不定代词。

4. 叹词

瓦罗认为叹词表示内心的各种感情，如：嗟、嗟乎等。分析很简单，也比较准确。同时作者认为，感叹的方式很抽象，没有具体的文字表达形式，只能在实际使用中把握。

5. 连词

瓦罗认可的连词有"及、而、又、也、或（者）"，描述了它们各自连接的对象。"及"只连接词；"而、也"连接子句（clause），不能连接名词；"又"连接主题句（proposition），不能连接词项（terms）；"或（者）"是选择连词，构成"或者……或者……"的句式。

作者对这几个词的用法认识比较准确。但是有一点值得商榷，我们知道部分副词兼有关联作用，如"也"和"又"。前者表同样的意思，后者表几种情况并存，却不是连词。因此，作者将"也"和"又"误作连词基于这个原因。另外，瓦罗认为用来构成离格的介词"与、同、合、共"也能连接词。这说明瓦罗没有意识到同一个词，可以属于不同的词类。如有的连词和介词同形，存在划界问题。"与、同、合、共"既是连词又是介词，当它们连接词时不是介词而是连词。

---

① ［英］罗宾斯：《简明语言学史》，许德宝等译，中国社会科学出版社1997年版，第70页。

6. 否定词

对于否定，瓦罗描写的重心不是否定词，而是否定的表达方式。但表达否定需要依靠否定词来实现，因此，作者在描写否定的表达方式时对否定词作了比较正确的分析。这些否定词可分为两类，一是否定副词"不""未""弗""莫"；二是动词性的否定词，如"不要""无""没有""没"等。瓦罗认为否定词都是前置的，要紧贴在它所否定的对象之前，如：

不白。
开不得。
莫说。
非礼。
没趣。
未曾吃。

他还解释了这些否定词的用法："不"放在名词、形容词、动词前；"非"与名词、形容词组合，但与"是"不相容，除非在发问一件事情是或不是；"没"常与"有"连用，北方人一般单用"没"表否定；"弗"和"无"通常用于书面语，不用于口语；"莫"被瓦罗当作否定词。

7. 疑问词

瓦罗将疑问词分为两类：一类表示怀疑，如"么、否、乎、不曾（不肯）"；另一类询问原因或行为，包括"怎么、怎么样、何、何如、何因、何为、何故、甚么、为什么、是哪、安焉、曷"。

第一类疑问词要置于句末，"否、乎"属于书面语的用法，如：

你睡了么？
你坐了否？
他们来乎？
你肯不曾？（或：肯不肯）

我们知道，汉语句子表达疑问语气的手段主要有五种[①]，其中两种分别为语气词和句法格式（V不V等）。很明显，"么、乎"是语气词，放在句子的末尾表达疑问的语气；"不曾、不肯"原本是一个整体结构——"肯不肯"的一部分，用来表达正反问。作者明了"不曾/不肯"是用来询问"是不是"的，但却把"不曾/不肯"与"肯"拆分了开来，没有认识到它们其实是一个整体。再者，"否"在这里是助词，用在疑问句句尾表示询问，和"乎"一样是文言文用法的遗留。

第二类询问原因的疑问词置于句子的前面，如：

怎么做得？
何如伤他？

此类词在现代汉语里叫疑问代词，"怎么、怎么样、何如、何因、何为、何故"属于代谓词，"何、甚么"是代名词，"安、曷"既可指代名词，也可指代谓词。显然，由于拉丁语中没有语气词，作者把有表示疑问语气功能的词都当作了疑问词。

8. 动词

在作者看来，汉语动词和名词一样没有形态变化，但汉语会通过一些小词（particles）表达动词的形态变化。瓦罗分别从时、体、态、语气等四个方面描写了汉语动词。这些将在第三章第二节第一部分中详细介绍。

9. 分词

分词是古希腊—拉丁语语法系统八大词类中很重要的一个词类，既同动词一样有时体态的形态变化，又与名词一样有格的变化。在拉丁语中，分词在句中的用法相当于形容词，"在句中可作定语、谓语和状语"[②]。

瓦罗认为分词在汉语里通过关系词的后置来表达，有两类：一是现

[①] 黄伯荣、廖序东：《现代汉语》（下册增订四版），高等教育出版社2007年版，第98页。

[②] 宋清茂、杨建珍：《拉丁语法》，湖南科学技术出版社1984年版，第172页。

在分词，如"爱者""爱的人"，"者"是构成分词的关系词；二是将来分词，在关系词"者"或"的"后置的基础上，由情态动词"要、会、将"构成，如"凡要爱者"。汉语分词的六种格变如下：

主格：爱者　　　　　　　宾格：爱者
属格：爱的人　　　　　　呼格：呀爱者
与格：与爱者　　　　　　离格：同爱者

作者对汉语分词的分析十分牵强。"者"为辅助性代词，构成名词性结构。六种格变更证明了这些是名词性结构，类似于拉丁语中的动名词（gerund）。动名词同样以动词为核心，与附加成分组合，由动词转变为名词性结构，可作主语、宾语。可见，分词是瓦罗对汉语的分析中最不符合汉语实际的一项。

10. 介词

瓦罗认为介词是构成宾格和离格的句子成分，与宾格构成介宾结构。表格当中的动词、方位名词也被当作介词，这是因为这些词在语义上对应西班牙语的介词。作者还将宾格介词分为前置和后置，即介词位于宾格名词的前面或后面。后置的介词实际上都是方位名词，方位名词常附着在实词后组成方位短语，表示空间位置（见表3-4）。

表3-4　　　现代汉语词类与《华语官话语法》中的介词对比

现代汉语词类	例词	瓦罗划分类型	
介词	于、为、对、向	前置	宾格介词
动词	克、对、过		
方位名词	上、外、内、里、中、后、下	后置	
介词	与、合、共、同、从、自、于、为		离格介词
动词	过		
方位名词	下		

11. 副词

副词是《华语官话语法》很重要也非常充实的一部分，列举了大量例子。瓦罗认为副词"在句子中修饰别的成分，或者加强或者减弱所表达的意思"①。这句话有两个要点：副词的作用是修饰别的成分，其修饰效果是加强或者减弱被修饰成分表达的意思。至于修饰什么成分，作者并没有明确说明，而是给出一些句子，让读者自己去发现。

瓦罗认为表 3-5 中所有的词都是副词，为了表述的方便以及对这些词有更清楚的认知，我们暂时将这些词按照现代汉语的标准作一分类。

表 3-5 《华语官话语法》中的副词与现代汉语词类和短语的对比

	现代汉语词类	《华语官话语法》中的副词	
		《华语官话语法》用例	现代汉语短语
副词	时间频率副词	就、还、不曾、又、刚刚、凑巧、依然、照旧、常常、预先、方才、才、重新、忽然、渐渐、将近、将、总、一时间、改天、终日、时时、多次、多遍	都不、全不
	情态副词	偷偷、因便、空	
	语气副词	果然、当然、自然、千万、幸然	
	处所副词	处处、各处	
	程度副词	十分	
	肯定副词	必定、必然	
	范围副词	总、只、单单	
名词	时间名词	上古、如今、将暮、月尾、年边、才暗、今后、前日、起头、前头、今日	
	处所名词	天下、四方、私下	
	方位名词	上下	
代词		那时、另、若干	
形容词		紧、偶然、秘密、从容、明白、残酷、残暴、一样、一般、坚实、详细、不久、粗、土、谦恭、公平、深、浅、够了、快快、乱乱、直直、慢慢、微微、细细	不公道
连词		假如、假而、然后、不然、所以、不论	
量词短语			一对、一双、每次
介词		依据、按照、从、自	自今以后、从始、为甚么
动词		随便、轮流、欢喜、如、将就、且慢、无成、隔日、该、该当	全无

---

① ［西］瓦罗：《华语官话语法》，姚小平、马又清译，外语教学与研究出版社 2003 年版，第 104 页。

第三章 《华语官话语法》的汉语观

从表 3-5 可看出，瓦罗列举的副词不仅仅是副词。这些词中的大部分有一个共同特点，那就是作状语，限制、修饰动词、形容词性词语。副词的主要语法功能是作状语。时间名词、方位名词、形容词、数量短语也常作状语。介词常依附在实词或短语前构成介词短语作状语。能愿动词也常作状语，表客观的可能性、必要性或主观意愿。

我们先来分析"副词"中真正的副词。虽然这些词在汉语中是地地道道的副词，但与英语例句进行对照可以发现，这些例句可分三组：A 组的副词在汉语和英语中都为副词，作状语；B 组的副词在英语中为介词短语，作状语；C 组的副词在英语中是副词性短语，作状语。由于篇幅问题，在这里我们仅选取一部分例句进行论证：

A 常常奉天主的，会得天国永福。
He who continuously serves God will obtain everlasting life.[1]
我处处都来了。
I walked everywhere.
罪人十分爱世界福禄。
Sinners love completely mundane glory.

B 你凑巧来了。我才要去寻你。
You arrived in good time, right when I was going to look for you.
若你去广东，带这封书因便寄赣州府。
If you go to Canton, please deliver this letter at Kan cheu in passing.
圣母生 Jesu 后照旧童身。
The Virgin, our Lady, remained a virgin after the delivery, as before.

C 才去。

---

[1] ［西］瓦罗：《华语官话语法》，姚小平、马又清译，外语教学与研究出版社 2003 年版，第 109 页。

It was not long ago that he left.
改日来领教。
Another day I will come and receive you teaching.
这个人整日难为我。
All day long this man has been bothering me.

接下来，我们来看表 3-5 中非副词的词类。经过观察我们发现，这些词在汉语里虽然不是副词，但在句子中充当状语，其相对应的英语也为副词性词语。

D 时间名词：
我如今要到建宁县去。
Now I want to go to the city of Kien ning.
Petolo 将暮到了，Johan 半夜来了。
At dust Peter came, and John at midnight.
你才暗念三章经。
At dust, recite the Hail Marys.

E 形容词：
你明白说，不要弯脚。
Don't be evasive, say it clearly.
他明白说不肯做。
He openly says that he does not want to do it.
不久做不得多事。
In a short time one cannot do many things.

F 介词短语：
你从哪里来？
Where are you coming from?
你自今以后该更节义奉事天主。
From now on you must serve God more carefully.

你为甚么骂他？
Why are you cursing him?

G 能愿动词：
该去拜他。
We ought to go and visit him.

H 数量短语：
你们一对一对到这里来。
Come two and two.

I 动词：
你们轮流守更。
Stand the watches by turns.

然而，在本书所列举的例子中，有一部分词或短语既非副词也不作状语，但还是有规律可循：它们相对应的词在英语中作状语，如：

J 上古人是更好过如今。
In the past men were better than today.
祭天主之礼各处都一样。
The ceremonies of mass in all areas are [performed] in the same manner.

K 你讲得深。　　　You speak profoundly.
　你讲得粗。　　　You speak rudely.
　你绑紧线的。　　Tie it up tightly.

L 他假而来，我不去。
If he comes, I won't go.
天主降生为救人，不然不降生。
Christ was incarnated in order to redeem man, for he would not have

been incarnated in any other way.

我没奈何拜菩萨。

I will pay homage to the idol if I have no other choice.

综上所述，《华语官话语法》的汉语"副词"可分为三类：第一类为真正的汉语副词，即 A/B/C 组，词类和语法功能在汉语和拉丁语中都一致；第二类为非副词的 D-I 组，在汉语和英语中语法功能一致而词类不一致；第三类，J/K/L 组对应的英语在句中充当状语。

这种对应关系可用表 3-6 表示：

表 3-6　　　　　　　汉语副词与英语副词的对比

汉语			英语	
汉语词性	汉语语法功能	句法和语义上指向动词	英语词性	英语语法功能
副词（A/B/C）	状语		副词	状语
非副词（D-I）	状语		副词/介词短语	状语
非副词（J/K/L）	非状语	J		介词短语	状语
		补语（K）		副词	状语
		L		状语从句	状语

这三组词显示出一个很重要的共同点——在句法和语义上都指向动词，这也是瓦罗辨别汉语副词的重要标准。

我们知道汉语词类和句法成分的对应关系很复杂，名词、动词、形容词的语法功能相互交错，一种词类往往充当几种句法成分，一种句法成分也可由几种词类充当，名词、动词、形容词、副词均可以作状语。不仅如此，汉语几乎没有形态变化。这两个特点给瓦罗的辨别带来了不小的难度，在很大程度上作者都是依赖语义的帮助进行判断，因此 D-L 组被判断为非副词也就不足为奇了。

12. 数词

瓦罗很重视数词和量词，他认为官话能否说得流利，很大程度上也取决于对数词和量词的掌握。数词部分主要介绍了汉语表达数量的方法，如："一百、二百、一千、二千、一万、两万这些数词，要把低位数放在前面。"① 至于语法特征，主要有两点：一是与量词组合，二是与"第、头"组合，构成序数词：

> 世界第一个人就是 Atam。
> 宗徒头一个随从 Jesu，就是 Gantele。

作者还注意到一些数词在用法上的细节之处，如，在十以上又有"二"的数字中，就不能用"两"而必须用"二"，表示约数的时候，"或者九个或者十个"与"三四个、六七个"不同，不同于"九十个"。

13. 量词

量词，瓦罗原文用的术语是 numerales，意为"数词"，是计算事物的词（数词为 numeros）。作者列举了共 65 个常用的量词。这些量词大部分是计算名词的物量词，只有三个动量词——"下、棒、鞭"，表示用棍棒、鞭子抽打的次数。

瓦罗认为量词主要由小词"个"来表示，通常放在数字的后面。但他知道一些事物有其本身的量词，在计算这些事物的时候就要用该事物独特的量词，而不用"个"；在事物没有自身的量词时，必须要用"个"，因为如果不用，原本的语义就会发生变化，如"六月"不等于"六个月"，"四个钱"不等于"四钱"。

至此，《华语官话语法》中涉及的十三种词全部介绍完毕。

（二）形容词和分词的发展轨迹

姚小平（2001）认为，瓦罗根据古典拉丁语法的八大词类范畴，讨论了名词、形容词、代词、动词、副词、连词、介词、数词以及叹词九大类②，马又清（2002）也认为瓦罗将词类分为九种，只是把前九种中的数词换为了数量词③。以上两种观点有两个共同点：一是把八大词类中的分词替换为形容词；二是增加了数（量）词。然而这样的更换

---

① ［西］瓦罗：《华语官话语法》，姚小平、马又清译，外语教学与研究出版社 2003 年版，第 127 页。
② 姚小平：《现存最早的汉语语法著作——瓦罗著〈华语官话语法〉简介》，《中国语文》2001 年第 5 期。
③ 马又清：《瓦罗〈华语官话语法〉研究》，硕士学位论文，清华大学，2002 年。

客观吗？数词还是量词是被作者作为独立的词类？到底作者把汉语词类划分为哪几类？

我们知道，古希腊是语言学的发源地。公元前5、6世纪的古典时期就开始有了语言科学的记载，但直到柏拉图才开创了语法研究的先河。柏拉图把希腊语句子大体上划分为"名词性成分和动词性成分"①两大部分，但"没有明确说明这两大成分是指词还是短语，还是两者都指"②。

亚里士多德继承并发展了柏拉图的研究成果，注意到了动词性成分有时态变化，并且认为动词性成分表示谓项。在他的观念里，常作谓语的形容词（现代语言学意义上的概念）是动词性成分。

继亚里士多德之后，斯多噶学派对词类作了更细的划分，并引入新概念——"格"来标明名词等词类的形态变化。他们认为形容词跟名词一样有形态变化，因此将形容词从动词性成分转移到了名词名下。

公元前1世纪，亚历山大里亚学派的狄奥尼修斯·特拉克斯（Dionysius Thrax）进一步发展了斯多噶学派的理论。他将希腊语的词分为八个类别（与古希腊—拉丁语传统语法八大词类不完全相同），并且依然将形容词作为名词的小类，但把分词从动词中分离了出来。

公元6世纪初，后期拉丁语法学家最杰出的代表普利西安（Priscian）在狄奥尼修斯八大词类的基础上，从副词中分离出了叹词，将八大词类确定为名词、动词、分词、代词、副词、介词、叹词、连词。

公元12世纪，赫里亚斯（Petrus Helias）把名词划分为实体名词和形容名词两类。这个区分是一个很大的进步，虽然形容词依然依附于名词，但赫里亚斯意识到了形容词相对于名词的独特性，对名词和形容词作出了初步的区分。

1767年，法国语法学家博泽（Beauzée）明确地将形容词从名词中分离出来。形容词终于成为一个独立的词类跻身于八大词类之列。与形

---

① ［英］罗宾斯：《简明语言学史》，许德宝等译，中国社会科学出版社1997年版，第18页。

② 同上书，第33页。

容词相反,分词悄然退出了古希腊—拉丁语传统词类体系。1800 年,默里(Lindley Murray)在其 *Murray's English Reader* 一书中,没有把分词单独列为一个词类,也没有把形容词并入名词。自此,古希腊—拉丁语传统语法八大词类体系发展成形。

(三) 8+1 式词类体系

梳理完古希腊—拉丁语语法体系中形容词和分词的发展轨迹之后,我们来回答本章开头提出的问题。

1. 分词与形容词

第一,在瓦罗的词类体系中,形容词不可能作为一个独立的词类出现。我们从上文形容词和分词的发展轨迹中得知:从斯多噶学派开始,形容词就作为下位概念依附于名词;12 世纪,赫里亚斯把名词划分为实体名词和形容名词,然而这只是对名词和形容词差异的初步认识,名词和形容词依然是上位概念和下位概念的关系;形容词明确从名词中分离出来是在 1767 年,也就是在《华语官话语法》刊行 64 年之后才成为一个独立的词类。本书在 1682 年就已经完成,当时应该正深受形容词是名词的下位概念的学术观念的影响。

第二,分词作为有格变的词类,在八大词类系统的地位相当重要。自斯多噶学派以来,语法学家一直非常重视词的格变,把它视为划分词类的基本标准。分词既有格的变化,又有时体、态的变化,兼有名词和动词的语法范畴。不能随意被撤换。虽然汉语中没有分词这个词类,但瓦罗在书中说分词是"句子中的另外一个成分"[①],汉语的分词"通过关系词的后置来表达"[②]。显然瓦罗依然严格遵守普利西安的语法系统,将分词作为汉语的词类之一。因此,作为同名词、代词一样有格变化的词类,分词作为八大词类体系之一不会也不能轻易被撤换掉。

第三,分词和形容词是两个完全不同的概念。马又清认为"瓦罗所说的'形容词'……实际是西方语言中的'分词'",此种说法有误。

[①] [西]瓦罗:《华语官话语法》,姚小平、马又清译,外语教学与研究出版社 2003 年版,第 80 页。

[②] 同上书,第 91 页。

虽然瓦罗在文中说分词"相当于形容词"①，但这并不是把两者等同的理由。分词"相当于形容词"是对分词语法功能的描写，因为在拉丁语中分词常作定语修饰名词，也可作谓语、状语，与形容词的语法功能相近。

追源溯流，两者也不同根。从形态上看，分词一般被语法学家看作动词的派生。从上一小节的古希腊—拉丁语词类发展历史可得知，分词从动词中分离出来，最后又被归并入动词，而形容词在成为独立的词类前则一直依附于名词。

2. 形容词依附名词的语法缘由

（1）概念梳理

瓦罗在《华语官话语法》第四章中说："静词有格，但没有时态。静词有两类，一类是名词，一类是形容词。"② 在《华语官话语法》英译版中，"静词"为"Nominal"，"名词"为"Substantive"，"形容词"为"adjective"。《牛津语言学词典·英文》的解释是这样的：

Nominal：Of or belonging to nouns（Latin "nomina"）In the system of parts of speech nouns originally included adjectives③.

Substantive：Originally "noun substantive", from Latin nomen substantivum as opposed to nomen adjectivum "noun adjective"④.

Adjective：Adjectives were seen in antiquity as a distinct subclass of nouns.⑤

因此，《华语官话语法》中的"静词"相当于"nominal"，"名词"为"noun substantive"，"形容词"是"noun adjective"。也就是说，"静词"是古希腊—拉丁语法中的"名词"，相当于现代语言学意义上的名词和形容词。

---

① ［西］瓦罗：《华语官话语法》，姚小平、马又清译，外语教学与研究出版社2003年版，第80页。

② 同上书，第43页。

③ ［英］马修斯（Matthews, P. H.）编：《牛津语言学词典·英文》，上海外语教育出版社2000年版，第224页。

④ 同上书，第361页。

⑤ 同上书，第8页。

(2) 形容词的名词性

在拉丁语中，形容词用作复数时常用作名词，阳性和阴性指人，中性指物①：

  阳性 阴性 中性
  bonus，-a， -um 好的   boni 好人
             bona（好的）东西
  noster，-tra，-trum 我们的 nostril（我们的）朋友
             nostra（我们的）产业

这与我们熟悉的英语中常见的"the + 形容词"形式类似，比如"out with the old, in with the new"中的"the old"和"the new"。

可以得知，拉丁语形容词和名词都具有［+nominal］的特征。这也就是为什么最初在希腊—拉丁语语法中形容词没有被确立为一个独立的词类，而被作为名词的依附的原因了。"实体名词"（substantive noun）和"形容名词"（adjective noun）这两个现在依然存在的术语也反映了这种分类情况。

(3) 形容词不能单独使用

瓦罗在《华语官话语法》中关于形容词语法功能的表述也印证了早期希腊—拉丁语法中形容词归入名词的词类划分情况。他认为形容词"不能单独使用"，如果要充当句子成分则需要与名词连用。连用有两种方式：或者形容词置于名词前，有时用"的"来维系，如"长的、恶人"；或者形容词置于名词之后，有时需要在两者之间插入"是"，在句尾加"的"。如：

  这米是好的。
  这米好。

实际上，第二种方式是形容词作谓语的功能，前一个例句中

---

① 谢大任：《拉丁语语法》，商务印书馆1959年版，第69页。

"是……的"是固定结构。虽然瓦罗对这种句式的分析有误,但一旦与拉丁语作对比,便可以找出作者这种思维方式的端倪:在拉丁语里"形容词常置于名词之后"①,如:

  Puer bonus 好男孩
  男孩 好

  总而言之,姚小平、李葆嘉和马又清等将形容词替代分词作为瓦罗的汉语词类体系的构成因素之一的做法不太妥当,只有分词而非形容词才能作为瓦罗汉语词类体系之一。

3. 数词与量词

  拉丁语有八大词类,在八大类之下还有下位的次分类,比如叹词在被划分为一个独立的词类之前,被看作副词的一个小类。虽然关系代词、疑问词等被瓦罗单独提出来作了描写,但它们都属于代词的下位词类,不能作为词类体系的最上位概念。

  关于数词,姚小平将其列为瓦罗的汉语词类体系之一。但是数词同否定词、疑问词、形容词一样,都属于八大词类体系的下位概念。在拉丁语语法系统中,数词一直被放在名词的小类——形容词之下。因此,既然瓦罗遵循普利西安八大词类体系,那数词就不应当被作为汉语的词类体系之一,应当归入名词。

  关于量词,姚小平认为瓦罗把量词"归到数词底下",也对此作了解释:"一则是因为不拟打破拉丁语法固有的八大词类体系,二则是因为量词与数词不但在概念上密切关联,在实际使用中也难以分开。"②这种解释有其合理之处,但还是欠妥当。原因有两点:

  第一,在原文中找不到把量词归入数词的说法,瓦罗只是说量词的语法功能——通常放在数字的后面。

  第二,虽然瓦罗是利用传教士所熟知的拉丁语法模式来描写汉语,但在经验主义思潮的影响下,也不是一味地比附拉丁语语法。他一直试

---

  ① 谢大任:《拉丁语语法》,商务印书馆1959年版,第77页。
  ② 姚小平:《西方语言学史》,外语教学与研究出版社2011年版,第143页。

图立足于汉语实际，指出了汉语不同于拉丁语的地方，比如汉语没有形态变化，比如量词，这些都是很少被拉丁语模式左右的创新成分。

我们知道，对印欧语系的语言来说，量词是汉语的一大特点，在古希腊—拉丁语中并无相对应的词类。尽管无所比照，瓦罗还是将量词作为汉语的一个词类进行了描述。因此我们认为，除古希腊—罗马传统语法的八大词类外，瓦罗将量词设定为汉语词类体系中一个独立的词类。这样，量词与传统八大词类一起形成了瓦罗特色的8+1式汉语词类体系。

四 划分标准

1. 形态与语法功能

自从以名词和动词为核心的两大词类形成以来，是否有格变就被作为两大词类之间的根本区别：名词、形容词有格变；动词无格变，有时、态和式的变化；分词兼有名词和动词的特点；副词、介词、连词、叹词没有形态变化。这种区别可以从普利西安对八个词类的定义上看出来：

> 名词（包括形容词）：表示实体和性质，指出每一个事物的共性或个性。
> 代词：可以替代专有名词，并能表示人称。
> 动词：动词的特性是表示发出或承受动作，有时态和语气的变化形式，没有格的变化形式。
> 分词：总是从动词派生而来的一种词类，同时具备动词和名词的形态范畴（时态和格）。
> 副词：用来跟动词组合，在句法和语义上都从属于动词。
> 介词：用在有格变化的词前，在复合词中用在有格变化或无格变化的词前。
> 叹词：在句法上独立于动词，表示感情或心态。
> 连词：在句法上连接任何其他词类的两个或更多的成员，并表示他们之间的关系[①]。

---

① ［英］罗宾斯：《简明语言学史》，许德宝等译，中国社会科学出版社1997年版，第70—71页。

对于有形态变化的词，普利西安从两个角度进行描写，每个词类的概括意义或词类具有的形态变化特点；对于无形态变化的词，普利西安则描写它们与其他词的句法关系，通过句法功能来区分词类。但是瓦罗并不是完全按照这种方法来描写汉语：

  名词：在汉语里，所有的名词都没有词尾变化，也没有格变，只能通过一些前置的小词（particles）或者其前、其后的词加以区分。
  代词：是在句子中代替名词起作用的成分，指代某个特定的人。
  动词：是句子中的一个成分，它有式和时态，但没有格。在汉语中，动词也没有变位形式，中国人有时用一些小词来表示动词的时态和式。这些小词有时放在动词的前面，有时放在后面。
  分词：是句子中的另外一个成分，相当于形容词，它既有格又有时态。在汉语里通过关系词的后置来表达。
  副词：是句子中的一个成分，跟别的成分连在一起，并修饰它们，或者加强或者减弱所表达的意思。
  介词：是放在其他成分之前的句子成分，用于构成宾格和离格。
  叹词：表示内心的各种感情。
  连词：连接不同的句子。每个连词连接的对象不同，有的只能连接词，有的只能连接子句不能连接词。
  量词：计算事物的小词，通常放在数词的后面。①

将两者对比可发现：对于前四种词类，瓦罗先是引用与普利西安的定义相似的拉丁语定义，描写词类形态变化的特点，但一转到汉语上就变为描写句法关系或句法功能；对于后五种无形态变化的词类，瓦罗与普利西安一样，都是描写它们与其他词的句法关系。

---

① ［西］瓦罗：《华语官话语法》，姚小平、马又清译，外语教学与研究出版社 2003 年版，第 128 页。

第三章 《华语官话语法》的汉语观

瓦罗在讲述名词、代词、动词、分词等有形态变化的词类之前，都先会很清楚地表达这四种词类无拉丁语中相关语法范畴对应的词形变化，而且还认为拉丁语词形变化的语法范畴在汉语中通过小词和词序的手段来表现。据此可以看出，瓦罗认为在汉语中句法功能与形态相比对划分汉语词类更重要。

但在名词一节，瓦罗说有的单音节名词可以在其后面加上"子/儿/头"三个小词。这说明他知道汉语无形态变化，但依然有很少数的形态标记，而且这种形态标记的普遍性很低。

因此，瓦罗认为在划分汉语词类时应当将句法功能作为划分汉语词类的主要标准，而形态只能作为参考标准。

2. 意义标准

普利西安给出的定义中意义占了很大一部分比重，尤其是有形态变化的词类。普利西安说："每一个独立的词类都按照它的语义内容来识别。"① 词汇意义也是瓦罗划分汉语词类的一个重要依据。虽然在作者给出的各词类的定义中得不到体现，但我们在第三章第一节第一部分对瓦罗描写各词类的分析中强烈地感受到词义的重要性。比如，瓦罗将名词根据内部的差异分为了五小类，这五小类都按照意义标准划分，如"指小词""行业名称"等。比如瓦罗对汉语关系代词、不定代词、物主代词的界定，都是依据拉丁语中语义上相对应的代词判断的。

在瓦罗所谓的"名词"中，有些是短语，有些是形容词、副词或量词。这些语言单位都具有某种特定的意义。他没有意识到表同类概念的词，语法性质不一定相同，所以将具有相同意义词类却不同的词都归纳成为同一种词类。

瓦罗对一些句式的分类也能体现对语义的依赖。瓦罗将否定句分为五类，将疑问句分为四种，这些分类全都以语义为标准。比如，"疑问断言否定"由疑问代词构成，如"哪里有？"表示"没有"之意。比如，汉语中表达疑问的手段之一为疑问格式"V不V"，但瓦罗将其后半部分"不V"当作语气词。因为他认为"不V"与"么""乎"一

---

① ［英］罗宾斯：《简明语言学史》，许德宝等译，中国社会科学出版社 1997 年版，第 70 页。

样，都是放在句尾以表达疑问的语气词。

以上几种情况都是由于瓦罗根据词在句子中的意义来确定某个语言单位的语法性质，不免出现一些误解。但不管正误，词汇意义也是瓦罗划分词类的重要标准之一。

总而言之，瓦罗在划分汉语词类时，以语法功能和词汇意义为主要标准，以形态为参考标准。语法功能、意义和形态是语言统一体的不同表现，这三种特点在不同的语言中各有侧重。他修改拉丁语语法体系，将其最重要的形态标准降格为次要标准，同时凸显语法功能，这种有主有次、有取有舍的策略充分地体现了瓦罗立足于汉语实际来描写分析汉语的经验主义思想。

第三节 《华语官话语法》的句法体系

句法学经历了古希腊—拉丁语传统语法、结构主义句法、转换生成句法、功能句法等思想流派的发展历程。毫无疑问，从时间的跨度看，瓦罗所在的时代还处于古希腊—拉丁语传统语法的形成过程之中。因此他在分析描写汉语时运用的句法理论超脱不了古希腊—拉丁语传统句法的观点和框架。

古希腊—拉丁语传统语法最先形成的是形态语法学，句法描写都以形态描写为基础，因此传统句法观是在坚实的传统词类观基础上来探讨句法成分在形态上、语义上的组合方式与规则的。

一 语法范畴

瓦罗认识到拉丁语中各语法范畴体现的句法关系在汉语中通过各种小词和词序来表示，拉丁语语法中很重要的数的一致性问题、格变问题、动词的时体态、语气等问题在汉语里得不到体现。但是，他仍然以拉丁语的各语法范畴来分析汉语，这与瓦罗研究汉语的目的有很大的关系，即借用广大新教士所熟知的概念来传授汉语。教学的实用性与学习的相似性需求决定了瓦罗的研究思路。

1. 格

瓦罗认为单独一个单音节词并不构成一个真正的格，要对这个词进行格的判断，需要将它与另外一些词组合起来，依据它所处的句法位置或者一些前置或后置的小词来判断。主格和宾格没有标志性的小词，名词位于动词之前是主格，位于动词后就是宾格，而且主格永远不会处在动词后面，宾格是行为的受动者，处于被动词支配的位置；属格位于名词之前，标志性小词是"的"或"之"，有时不用这些小词；与格的标记是动词"与"，呼格用"呀"或"哉"标记，仅出现在惊叹句中，主要用在书面语中；离格用"同"或"共"等小词。如：

天主　生　天地万物。　　　　你 与我 什么物件。
主格 动词　宾格　　　　　　　　　 与格

（天主的）恩。对他 说了。　　　呀 吾主赦我罪。
属格　　　　离格　　　　　　　 呼格

　　对汉语属格的分析，瓦罗存在将其范围扩大化的失误，如瓦罗认为"铜钱""木的""盐包""一斗米"之类的词也是属格。前三个例子的定语表材料或内容，第四个表度量，但是他只是因为它们都可以在定语和中心语之间插入"的"字，就把它们当作属格来看。实际上，瓦罗混淆了偏正结构和属格这两个概念。不管是限制性定语还是描写性定语，它们的作用是对中心语所指的事物范围加以限制，使之与同类事物区别开来；属格表示名词与句中其他名词或名词性短语的归属关系，有"的"或可插入"的"不一定是属格。

　　Fillmore的格语法理论强调词与词句法上的语义关系。学界普遍认为汉语的格标记主要通过词序或介词来表示，现代汉语的"格"是语义格。从上文来看，瓦罗对汉语"格"的分析都从小词和词序的角度来描写，小词和词序的手段构成的正是语义关系，因此，瓦罗的汉语"格"范畴接近于现代汉语的"语义格"，与拉丁语的格范畴不完全相同。

　　2. 数与性

　　关于数，瓦罗认为汉语中表示复数的方式有两种：一是运用表复数的小词"们"，但只能用于人称代词之后，名词没有表示复数的小词；二是运用具有复数含义的名词：表示"很多"的"数""众""多""诸"

"一类""一品"等词前置；意为"同一类人"的"辈"和"侪"后置。

> 众（或诸）人领了圣水。
> 数人死了。
> 一品官府都有一样的俸禄。
> 我们、先辈

"数"作为一种语法范畴和表复数的"们""侪"和"辈"等语素的功能根本不同：

第一，拉丁语的"数"表现为表复数的词尾对名词的附着以及在句法关系中对动词形态的影响，而"们"等语素所附着的名词作主语对谓语动词的形态没有任何影响。

第二，拉丁语名词的复数具有普遍性，既可以用于指人的名词，也可以用于指称事物的名词，而"们"等一般只能用在指称人的名词后。

第三，如果拉丁语中名词是复数形式，还可以在前面加表数量的词，汉语则不然，一旦名词后加了"们"类，前面就不能加数词或数量短语。因此，"们""侪"和"辈"等语素的功能只能说明它们是表复数，而非词尾。

关于性，瓦罗认为汉语没有语法上的性。这点很中肯。

3. 时与体

关于动词的形态变化，瓦罗从三个角度进行了描写：一是时体，二是"式"，即语气，三是主动态和被动态。他认为汉语的动词也没有相应的变位形式，会用相应的小词来表示。

自从斯多噶学派为动词的时态区分出"时间关系和体"以来，这种观点便被继承了下来。瓦罗的时态涉及两个方面：一个是时间关系，即现在时、过去时和将来时的区分；另一个是完成和未完成的对立，只有过去时和将来时有这种对立。拉丁语共有六种时态，如表3-7所示。

表3-7　　　　　　　　　　拉丁语中的六种时态

拉丁语时态（瓦罗汉语时态）	汉语
现在时	现在时

第三章 《华语官话语法》的汉语观

续表

拉丁语时态（瓦罗汉语时态）	汉语
未完过去时	过去时
先过去时	
过去完成时	
（未完）将来时	将来时
将来完成时	

先过去时和将来完成时为"相对时态"（relative tenses），表示相对于其他时间点的时间。先过去时指"先于一个过去行为完成的另一过去行为，相当于现代英语语法的过去完成时"①。瓦罗认为汉语通过把"完了""过了"置于动词后面来表示先过去时，如：

你到时候我讲过了。
英译 When you arrived I had already told him.②

将来完成时"又称先将来时，相当于拉丁语法的第二将来时，现代英语语法的将来完成时"③，瓦罗认为汉语通过在句子的第一个部分里的动词后面加上"时间副词"，再在句子末尾加"了"来表示，如：

他来时节我去了。
英译 When he comes, I will already have left.

其余四种是绝对时态（absolute tenses）。未完过去时指"一种延续的过去行为，接近于现代英语语法的过去进行时和现在完成时"④，通过把时间副词"才""方"置于动词之前或者单独用"时（节）"表示，如：

---

① ［西］瓦罗：《华语官话语法》，姚小平、马又清译，外语教学与研究出版社2003年版，第86页。
② 同上。
③ 同上。
④ 同上书，第84页。

我爱你<u>时节</u>，你恨我。
英译 When I was loving you, you were hating me.

过去完成时指"一种已经完成的过去行为，相对于'未完过去时'而言，但与现代英语语法里的过去完成时（past perfect）不同"①，通过把"了"置于动词之后或把"已"置于动词之前表示，如：

已过。
英译 It already has passed.

瓦罗认为现在时没有明显标记，只能从句子的整体意义或者表示现在的时间副词去判断，如：我<u>如今</u>爱天主。汉语的将来时由"将""会"或者表将来的时间副词"明日"等表示，如：我<u>明日（会）</u>去。

4. 语态

瓦罗认为所有的动作行为都可分为施动和受动两种语态，因此，对汉语的动词也作了这两种区分，并且重点描写了被动结构。他认为汉语的动词分为两类：一类动词本身具有被动的属性，不需要任何小词来表示被动。这部分动词数量很少，如：

A1 （他）输了。
＊A2 （他）被输了。
A3 He was defeated.
B1 （他）坏了。
＊B2 （他）被坏了。
B3 He was damned.
C1 （它）崩了。
＊C2 （它）被崩了。
C3 ［It was］ ruined.

---

① ［西］瓦罗：《华语官话语法》，姚小平、马又清译，外语教学与研究出版社 2003 年版，第 85 页。

实际上，A1、B1、C1 是主动句，主语是动作行为的发出者或动作代表主语的状态，并非动词本身具有被动属性。

我们认为瓦罗汉语被动动词的概念来自于希腊语、拉丁语中的"异相动词"。异相动词"具有被动的形态，但在意义和句法上表示主动或不及物，没有相应的被动态时态的动词形式"①。"输""坏"和"崩"正好相反——本身为主动形式，但作者认为它们在意义上表示被动，不能与"被"组合成被动态。

另一类为主动动词，占主要部分。瓦罗认为如果主动动词想表被动，需将表被动的"是、所、为、被"置于动词之前。如下：

A1 我是你爱的。（原句）
A2 我是（被）你爱的。
A3 I am loved by you.
B1 你是我教的人。（原句）
B2 你是（被）我教的人。
B3 You are taught by me.

在汉语里，"所"为助词，不单独使用，"所"字一般与"为"字联合表示被动，用在动词或动词性短语前时构成"所"字结构，使整个结构具有名词性。但是，瓦罗认为"所"字放在动词之前构成被动结构：

C1 好人是天主所爱的。（原句）
C2 好人是（被）天主所爱的。
C3 Good men are loved by God.

瓦罗认为"为"构成被动语态时为动词，意为"做、制造"，而非被动结构标记；也可以与其他动词组合构成被动语态，如"为学的""为读的"；也可与"所"联合构成"所为的"（非"为……所"结构）表被动：

---

① ［英］罗宾斯：《简明语言学史》，许德宝等译，中国社会科学出版社 1997 年版，第 74 页。

D1 万物是天主所为的。(原句)
D2 万物是（被）天主所为的。
D3 All things are done by God.
E1 这一张桌是木匠所造的。(原句)
E2 这一张桌是为木匠所造的。
E3 This table is being made by the carpenter.
F1 天主自天降生为人。

瓦罗认为由"被"字构成的被动结构应把受动者放在句首。如不强调动作的施为者，"被"应当直接置于动词前；如强调则"被"当置于施为者之前：

G1 吾主 Jesu 被 Judeo 人钉十字架。
H1 被鞭打。

在现代汉语中，对被动句的范围界定存在争议。综合学界的观点，汉语的被动句存在两种：一是有"被""叫""让""给""为……所""遭到"等被动标志的句子；二是无被动标记的被动句。前者从形式上来判断，认为没有被动标志的句子不是被动句；后者从语义上看，认为句子的主语只要是动作行为的承担者就是被动句。

在瓦罗列举的例子中，除了"被动动词""被"字句及一些错误的例子外，A1、B1、C1、D1、E1 的主语都表动作行为的承受者或结果，都能转为"被"字句 A2、B2、C2、D2、E2。因此，瓦罗汉语"被动结构"的概念既包含有被动标记的类型（G1、H1），也包括无被动标记的类型（A1、B1、C1、D1、E1）。由于这两种类型的句子，主语都是动作行为的承担者，而且汉语被动句的范围界定存在争议，所以不如将瓦罗的"被动结构"概念称为受事主语句。

5. 语气

瓦罗认为汉语用相应的小词来表示这种拉丁语中语气的范畴。他从陈述式、命令式（祈使句）、祈愿式、虚拟式和不定式五个方面对汉语的动词进行了描写。

前四种式是古希腊—拉丁语语法中动词的语法范畴——"语气"（mood）。陈述语气，主要用在陈述句和疑问句中表示陈述和疑问；虚拟语气，用以表示假定、意愿、希望等非真实的情况，主要用于从属结构，常用连词"如果"等；希求语气，表愿望；祈使语气，用于命令，表祈使语气。

瓦罗将命令式分为两类：一是肯定型，要求对方做某事；二是禁止型，要求对方不要做某事。瓦罗认为肯定型在汉语中没有相应的小词标记，需要通过特殊的方式来表达：一种方式是在动词后面加"起"，如：拿起！开起！闭起！另一种方式瓦罗说："这种方式在书面语里表达不出来。"[①] 其实他想表达的内容就是用结构简单的句子，辅之以感叹号来表达强硬、坚决等强制性的口气，如：

你去！
你这里来！

禁止型的语气用表示禁止否定的小词来表示，与表示否定的方式一样，如：

你不要吃。
你不要打他。

祈愿式语气的不同时态由不同的小词来表示：现在时由表愿望的动词"巴不得""愿"和时间副词"时节"表示，如：

巴不得来。
愿爱。
我读书时节会通理。

---

① ［西］瓦罗：《华语官话语法》，姚小平、马又清译，外语教学与研究出版社 2003 年版，第 88 页。

不定式是动词的非限定形式，瓦罗认为汉语的不定式"用动词本身就可表示，因为在它面前还有另外一个支配它的动词"，如：

我<u>去</u> <u>睡</u>。
他<u>要</u> <u>来</u>。
我<u>要</u> <u>升天</u>。

瓦罗认为两个动词连用就是动词的不定式形式。事实上，第一个例子是连谓句，二、三句的"要"为能愿动词，作状语修饰谓语动词。

可以发现，语气范畴又是瓦罗硬套在汉语语法上毫不合理的一点，但我们依然可以找出作者这种逻辑的根源。因为除性、数、格、时、体、态和人称等范畴外，希腊语和拉丁语的动词还有"语气"这一种范畴，由动词的词尾变化表示。希腊语动词"在形态上有四种语气变化……拉丁语在形式上并不区分虚拟语气和希求语气"①，但普利西安过分依赖希腊语的范畴框架，还是为拉丁语动词区分出了这两种语气。因此，反映普利西安语法体系的瓦罗汉语语法也采用了四类语气。

"语气"在英语语法中有两指，一是 Mood，二是 Modality。Mood 指"希腊语和拉丁语中动词的屈折形式，用来表达说话人对自己所说或所写的内容的态度"②。Modality 指语法上无形态屈折的"言语行为的不同类型"③，依附于整个句子的语调变化，如请求、指令、命令、抱怨、允许等。因为瓦罗认为汉语动词没有形态变化，因此他相当于从句法范畴 Modality 角度来描写汉语语气，但汉语的语气类别只有陈述语气、疑问语气、祈使语气和感叹语气四种，没有祈愿式。

---

① [英] 罗宾斯：《简明语言学史》，许德宝等译，中国社会科学出版社 1997 年版，第 47 页。
② [英] 马修斯（Matthews, P. H.）编：《牛津语言学词典·英文》，上海外语教育出版社 2000 年版，第 231 页。
③ [英] 理查兹（Richards C. J.）等：《朗文语言教学及应用语言学辞典》，管燕红译，外语教学与研究出版社 2008 年版，第 228 页。

二 句型观

瓦罗的句法观不止体现在词与词的组合方式上，还体现在对句子整体结构的分析方面。

1. 主动句和被动句

瓦罗认为汉语有四种句子类型，两种主动句型，两种被动句型：
主动句型 A1：施动者+动词+受动者

我爱天主。
这一本书我读了。(受动者+施动者+动词)

主动句型 A2：施动者+动词

我教。

被动句型 B1：受动者+表被动的小词+施动者+动词

我是天主所爱的。
(我是（被）天主所爱的)

被动句型 B2：受动者+表被动的小词+动词（+"的"）

我是所爱的。
他是被打了。

A1 与 A2、B1 与 B2 只有一个区别是第二种句型都比第一个句型少一个句子成分，前者为受动者未出现，后者为施动者未引出。但本质一样，可归纳为主动句型 A1 和被动句型 B1。

在这一节里，瓦罗提到了"主语"和"宾语"的概念。他认为主动句中施动者充当主语，常放在句首，受动者充当宾语置于动词后面，有时候宾语会置于施动者之前，放在句首。结合前文对动词的"被动语态"的描写可以发现,瓦罗的被动句是受事主语句,不仅包括典型的"被字句"被动句,还包括主语是受事的意念被动句。

2. 句式及句类

美国语言学家哈什(W. Harsh)归纳道:"简单地说,传统语法是按照意义和说话人的意向(如陈述、疑问、祈使、感叹等范畴)来解释句子的一种语法体系。"[①] 瓦罗不仅只描写了汉语的主动句和被动句,他在讲授词类及其语法范畴的同时,也对词类所构成的句子作了分析:描写否定词、疑问词时,分析了汉语的否定句和疑问句;描写动词的变位时,分析了主动句、被动句、祈使句、条件句;描写形容词时分析了比较句。

(1) 否定句

我们在对否定句作描写之前,必须有一个步骤,即判断哪些是否定句。对于否定句的界定,学界歧论纷纭,有代表性的观点大致有三种[②]:一是以吕叔湘先生为代表的形式标准,即看句中有无"不""无"等否定副词或否定动词;二是意义标准,以黄伯荣、廖序东为代表,主要从句子的逻辑意义出发,认为对事物作出否定判断的句子就是否定句;三是以王力为代表的形式和意义标准,王力先生认为表示否定的句子叫否定句,否定句必须有否定词。这个定义前半句从语义上进行描述,后半句从形式上进行限定。形式和意义的双重标准实际上与形式标准一样,都是将否定词作为判断否定句的充分必要条件。因此,学界对否定的界定可以归纳为形式和意义两个标准。

从语义标准来看,汉语的否定句包括两种:显性否定结构和隐性否定结构。前者从形式上来判断,这种否定形式采用词汇标记手段,是汉语的一般意义上的否定形式,否定词可分为否定副词"不""别"类和否定动词"无"等;后者即句中不出现否定副词,而是借助某些否定意义的语气、句式、词汇等来表达否定意义。从形式标准来看,汉语的否定句只包括显性否定句。

瓦罗将否定分为五种,其中完全否定、禁止否定、双重否定三类由否

[①] 楚军:《句法学》,电子科技大学出版社 2007 年版,第 1 页。
[②] 赵峰:《现代汉语否定句初探》,硕士学位论文,山东大学,2004 年。

定词构成。这种有否定词的否定句是显性否定句。他正确地揭示了显性否定句的结构,"如果我们否定的是句子中的某个成分,一定要把否定词放在被否定的对象之前,并且必须把否定行为的主体放在句首"①,从而形成这样的结构:否定行为主体+否定词+被否定的对象。如:

  我不去。
  他不来。

其余两种否定句——疑问断言否定以及极端完全否定则没有否定词标记,是隐性否定结构。疑问断言否定借由疑问代词"怎么""哪里"构成反问句式来表达否定意义:

  这东西怎么会在这里呢?
  哪里有?

极端完全否定则由"否定词"——"都""绝"等加"不"构成:

  都不肯。
  绝不要做。

综合看来,撇开极端完全否定的错误不谈,瓦罗判断否定句的标准与黄伯荣、廖序东一样,都以意义为标准,认为对事物作出否定判断的句子就是否定句,不管句中有无否定词。
(2)疑问句
瓦罗认为疑问语气的表现形式有很多,一种表示怀疑,一种表示询问原因,一种表示询问时间,一种表示询问数量:

  你睡了么? 几个时辰? 什么时候?

----

① [西]瓦罗:《华语官话语法》,姚小平、马又清译,外语教学与研究出版社 2003 年版,第 72 页。

怎么做得？　　　　几尺长？

显然，这是从语义角度分的类。瓦罗在示例疑问的小词的用法时，除了以上的是非问、特指问，还涉及了正反问：

你肯不肯？

汉语表达的手段有语调、疑问词、语气副词、语气词和疑问格式五种①。从以上例句可以看出，瓦罗总结的疑问句涉及了疑问词、语气词、疑问格式三种。

（3）陈述句及祈使句

瓦罗在讲动词的变位时，从时、体、态、语气、不定式五个角度作了分析。其中，语气分为陈述式、命令式、祈愿式、虚拟式四种。由上文可知，他实际上是从句式角度描写了汉语的单句句类——陈述句和祈使句。祈使句分为肯定祈使句和禁止祈使句两种，如：

你这里来！
拿起！
你不要打他。

（4）条件复句

古希腊—拉丁语传统句法把句子分为简单句和复合句。瓦罗认为在汉语中，条件复句由表条件的小词表示。他给出的小词一部分为表条件或假设的连词，如"若（是）""（假）如""既（是）""虽（然）"等，还有一部分为动词，如"比（如）""譬如""比喻""比方"等：

你若是守十诫，会升天。
你既是教中，该守十诫。

---

① 黄伯荣、廖序东：《现代汉语》（下册增订四版），高等教育出版社2007年版，第112页。

你虽然求，不准。

（5）比较句

瓦罗首先指出构成比较级的小词，再介绍这些小词构成的表达方式。他总结的比较结构有以下几种：

更：比较对象+更+比较内容+被比较对象　你更好

过于：比较对象+比较内容+过于+被比较对象　我聪明过于你。

不如：比较对象+不如+被比较对象+比较内容　这个不如那个高。

愈/越：愈（越）……愈（越）……　我愈吃愈饿。

宁可：宁（可）+动词　宁可死，不可犯罪。

还：表"更多"　还有。

多：多+数词　多两钱。

最高级结构分为四类。前三类，根据表最高级的小词与"名词"的位置关系划分：第一类，最高级小词置于"名词"之前；第二类，小词置于"名词"之后；第三类，小词既可以放在"名词"前面，也可以放在后面。第四类的构成方式为将形容词重叠并在其后加"的"。

A 至圣
最高
第一聪明、第一好
上好、上等、
太多、太高、太小、太粗、太过
十分热、十分有七八分
好久、好几遭、好白
B 恶极
真得紧
妙得很

妙不过
C 一等好、好一等
极长、长极
D 高高的、白白的、深深的

  对比较范畴的研究是汉语语法研究的一个重点，国内最早注意到比较这一语法范畴的是《马氏文通》。马建忠认为："象静为比有三，曰：平比、差比和极比"①，但没有描写比动句。此后的研究无论怎么有分歧，都是对马建忠先生平比、差比和极比框架的继承和发展。
  综合吕叔湘②、太田辰夫③、高名凯④、冯春田⑤等人对比较范畴的界定，我们可确定瓦罗总结的比较级结构涉及了差比和极比，没有平比。"更""不如""愈""越""过于"构成比较级的功能，以及"至""最"构成最高级的功能毋庸置疑，"多"系列也无可厚非，而其余的还有待商榷。
  吕叔湘先生（1942）认为："宁（可）""比较两件事情的利害得失"⑥，能构成差比。但是我们认为"宁"所比较的两事跟其他差比不同：

宁可死，不可犯罪。
我聪明过于你。

  句二的比较对象是"聪明"这个属性所属的主体"我"和"你"；而"死"和"犯罪"是主体二选一的对象。因此，"宁"和"何况"一样，是连词。它们构成的是选择复句，非比较级。
  瓦罗认为"太""十分""极""好"等词也能构成最高级。但是

---

① 马建忠：《马氏文通》，商务印书馆 2007 年版，第 135 页。
② 吕叔湘：《中国文法要略》，商务印书馆 1942 年版，第 370 页。
③ ［日］太田辰夫：《中国语历史文法》，蒋绍愚、徐昌华译，北京大学出版社 1987 年版，第 163—172 页。
④ 高名凯：《汉语语法论》，商务印书馆 1986 年版，第 263—266 页。
⑤ 冯春田：《近代汉语语法研究》，山东教育出版社 2000 年版，第 649—677 页。
⑥ 吕叔湘：《中国文法要略》，商务印书馆 1942 年版，第 365 页。

我们知道能构成最高级的"至""最"是程度副词,并不是所有的程度副词都能构成最高级。正如只有"最""至"能构成最高级,"更""越""愈""过于"能构成比较级,而其他程度副词"太""十分""极""好"虽然表程度极深,并不像"最"一样表程度的极限,不能构成最高级。这说明瓦罗没有很准确地认识、理解汉语中的程度副词,认为表示程度深的副词都能构成最高级。

瓦罗认为 D 组也能构成最高级:将形容词重叠,并在其后加"的"。我们知道性质形容词的重叠式和状态形容词一样,本身表示性状程度的加深或适中。D 组方式与"太、十分"一样,说明瓦罗认为只要是表示程度深的语言单位都可以构成最高级。因此,"得很""得紧"和"不过"也一样,虽然表示程度极深,但依然不能构成极比。太田辰夫先生将"得很"和"不过"归为"不用在比较句中的后助形容词"[①],实为明智之举。

三 小词

作为术语,"小词"在《语法》中是出现频率最高的词。对被瓦罗称作"小词"的词进行整理,可以形成表 3-8:

表 3-8　　　　　　　　《华语官话语法》中的小词

小词		功能
与	与格	格变
的、之	属格	
呀、哉	呼格	
同、合、与、共、于	离格	
们、辈、侪、等、吾、其余、别的	表复数	数
才、方、了、已、完了、过了、将、会、明年	表时态	时体
是、所、为、被	表被动	态
起、不要	表命令	语气

---

① [日]太田辰夫:《中国语历史文法》,蒋绍愚、徐昌华译,北京大学出版社 1987 年版,第 38 页。

续表

小词	功能	
可	构成动名词	
儿、头、子	名词	
及、并、亦、也、又、而	连词	
么、否、乎、不曾、怎么样、何、为甚么、安焉、几	疑问词	词类标记
不、非、无、不要、勿、都、万、未、还未、不会、没	否定词	
亲躬、己、自己、自家、凡、但凡、不论、不拘	代词	
个、张、串、顶、把、卷、群、段	量词	
与、合、于、为、因、对、从、下	介词	
者、的	分词	
嗟乎	叹词	
当（不当远、不当明白）	表程度不高	
更、过于、不如、愈、越、宁可、还、何况	构成比较级	
至、最、十分、好、第一、绝、得极、得很、极	构成最高级	结构标记
若是、若、假如、比喻、比方、既是、虽、虽然	表条件	
得（不得不去）	用于形成肯定语气	
打（打醒、打劫、打盹、打听）	表各种行为动作	
第	表序数	
着（听得着、拿着）	表命中目标	构词
然（自然、该然、果然）	构成肯定性副词	
今（今刻、今时、今早）	表示当前的时间	
百（百姓、百果、百兽）	表普遍的、所有的	
些、少、小、微、略	表"小"	
常、恒、不断、惯习、终、平	表"次数多"	意义类别
请、令、贱、贵、尊、家、息、先、小、敝、寒	礼貌用语	

1."小词"

从表 3-8 可看出，"小词"几乎贯穿了瓦罗的整个语法体系。它们都是日常生活中的高频词汇。有的小词作为词类的标记，有的作为各语法范畴的标记，有的标记汉语中比较特别的结构，有的构词能力很强。

瓦罗清楚地知道拉丁语中的语法范畴在汉语中的相应表现，要学会使用汉语，必须了解这些小词以及词与词的句法位置，将"小词"和汉语的词序规则配合使用，只有这样才能把握住汉语的结构。因此，在瓦罗的汉语语法体系中，"小词"的性质是作为一种凸显标记，凸显着汉语高频词汇的语义、语法功能，起提纲挈领的作用，使新教士通过识别相应的小词就能够了解它们在汉语中的用法、地位，从而达到事半功倍的效果。

比如，在一般情况下，"的"的出现说明它所联系的两个名词之间的关系相当于拉丁语中的"属格"。有的小词是某些词群共同语义特点的标记。比如"百姓、百果、百兽"等词形成了一个聚合群，"百"是维系这个词群的枢纽。新教士只要了解了"百"的含义，就可以达到举一反三、触类旁通的效果，大大提高了学习效率。

但是，在汉语里哪些词是小词，小词的性质是什么，瓦罗并没有给出明确的界定。对每个人来说，哪些词有凸显、识别的作用，哪些词使用频率高，都是不一样的。因此，在不同的传教士的著述里小词的定义和数目也不同，"例如在马若瑟1831年的语法里，小词的定义和书目总是变动不定"[①]。

2."小词"与"虚词"

学界对"虚词""实词"及其内部的划分存在很多分歧，分歧主要表现在"副词、拟声词、叹词、方位词和趋向词的虚、实问题"[②]。除了这些分歧，其他词类的虚实归类相对稳定，也就是说虚词中稳定的词类有介词、连词、助词。

显然，表3-8中包含的小词既有实词又有虚词，实词占主要部分。这些实词不仅是口语中的高频词，而且还具有一定的代表性，比如时间副词、量词构词能力强，后三行是有共同的抽象意义的词的聚合。掌握了这些词就可以提纲挈领地掌握汉语句子的结构。这可以证明，"小词"不等于被称为"功能词"（functional words）的虚词。

虽然表3-8中的虚词只占小词的一小部分，但类别比较齐全，包括

[①] ［西］瓦罗:《华语官话语法》，姚小平、马又清译，外语教学与研究出版社2003年版，第48页。

[②] 齐沪扬、张谊生、陈昌来:《现代汉语虚词研究综述》，安徽教育出版社2002年版，第14—16页。

结构助词"的、得",动态助词"了、过",语气助词"么、乎",介词"所、为、被"以及大部分连词。虽然在上文中我们提到过瓦罗对汉语属格的界定存在失误,但也体现了他对"的"的重视;"么、乎"作为表怀疑的小词构成疑问句;瓦罗专设一章讲授介词和连词:对介词主要从格的角度进行描述,认为介词用来构成离格和宾格,也就是介词短语;不同的连词连接的语言单位不同。这些都看出瓦罗对于虚词的深刻认识。

总的来看,"小词"不等于虚词,但在内容上包含"虚词"。瓦罗虽然没有明确提出"虚词"的概念,但通过"小词"的设立间接凸显了汉语最重要的语法形式之一——"虚词"的重要性。

四 词序

13世纪的摩迪斯泰学派就已经明确地运用词序来判断句法成分,瓦罗在第一章的若干戒律中说"词项、声调、词序"是汉语的三个构造要素,其中以词序为最。瓦罗认为汉语的每个词在句子里必须有适当的位置,所以他在描述汉语的词类时,无一不强调相关小词与其他词、词与词之间的顺序问题。比如他根据与名词的位置关系把构成最高级的小词分为三类:第一类只能位于名词之前,第二类只能位于名词之后,第三类在名词前后都可以。再如,否定词必须紧贴在它所否定的对象之前。瓦罗对汉语词序的认识可总结为:

前置	后置
主格	动词
动词	宾格
领属词	名词
与格小词	宾格
宾格小词	离格
主格+离格	动词
目的地	"来、去"
副词	动词
得	副词
介词	名词

瓦罗重视词序的思想无疑有一个未明确表达的前提，即他认识到汉语最基本的词序与罗曼语一样，都是主语—谓语—宾语。上文所归纳的位置问题几乎都以名词（主语）或动词（谓语）为中心展开。因为在传统语法中，语法学家都以名词和动词（主语和谓语）为句子的核心来讨论其他句法成分与名词或动词的关系。

　　总体观之，瓦罗的句法观以古希腊—拉丁语传统语法的句法观为背景。古希腊—拉丁语传统语法体系是"词法—句法"二级框架，因此瓦罗在描写汉语的句法时，主要以词法为基础。句法观和词法观错综，并非界限分明、层级明确的两部分。我们在上文分析的七种语法范畴、词序、句型句式等句法观，都是在依据传统语法中名词或动词与其他词相组合时遵守的形态变化规则的前提下，根据汉语实际进行调整之后形成的结果。印证了"小词"既是识别词类的标记，也是识别句法关系的关键点。

第四章 《华语官话语法》的历史地位

白珊（2000）认为，"在考察现代期以前的语言学思想及其对后来有关语言本质的概念的影响时，需要先作一些方法上的考虑……我们应该避免戴着'现代眼镜'来看历史文献"①。这种观点非常有道理。对早期语法著作进行评价，不仅要考虑著者所在时代的主流思想和语言学背景，而且要尽量避免与现代语言学进行简单的比附。一般来说，现代语言学著作理论背景和17、18世纪著作的理论背景不大有机会同属一个体系或层级。相比于早期语言学著作，现代语言学的理论体系一般都站在更高的制高点上审视语言，形成的理论也更为丰富。因此，把现代语言学著作与早期语言描写作比较，对早期语言学著作有失公允。

我们选择与《华语官话语法》年代相差不大，但又有区别的《汉语札记》进行对比。这样，既能明确《华语官话语法》的语法功绩及历史地位，又能清楚地了解它的不足，避免过高估计或者刻意贬低或忽略瓦罗及其汉语语法著作的历史功绩。

第一节 《华语官话语法》与《汉语札记》的异同

一 马若瑟及《汉语札记》简介

马若瑟（Joseph de Prémare，1666—1737）和瓦罗同属清代早期入华传教士。

马若瑟是法国人，耶稣会士，从1699年开始，在江西传教20余

---

① ［西］瓦罗：《华语官话语法》，姚小平、马又清译，外语教学与研究出版社2003年版，第20页。

年。在华期间，他一直致力于研究中国语言文字和古代典籍，终于成为一代汉学大家。

《汉语札记》（Notitia Linguae Sinicae）是马若瑟最重要的代表作，于 1728 年成书于广州，比《华语官话语法》晚 46 年，于 1831 年在马六甲出版，1847 年由裨治文（Bridgman）译为英文出版。本书分为三个部分。第一部分为绪论，介绍了中国的书籍、如何学习汉语、中文字典、汉字的构造和性质以及音韵。

第二部分为第一编，论述汉语的口语和通俗语体，共三章。专为初学者编写。第一章综述汉语的语法体系，讲述汉语的词类；第二章重点描写汉语虚词，认为"中国语言的丰富、优美和有力，如此美妙地体现在对众多虚词的应用上"①；第三章讲述汉语口语的一些修辞技巧。

第三部分为第二编，介绍书面语和高雅文体，引用了大量古代典籍，专门为已经具有一定汉语基础的人编写，旨在帮助传教士正确地理解中国的古代典籍。分为四章，内容编排与第一编相同。第一章讨论古代汉语的词法和句法；第二章讨论古汉语中的虚词"之、者、也"等；第三章讲述不同的高雅文体的不同体例及如何写作；第四章讨论古汉语的修辞；第五章摘引了一些典籍里的高雅语句。

二 《华语官话语法》与《汉语札记》的异同

法国汉学家戴密微（Paul Demiville）称《汉语札记》为"19 世纪前欧洲最完美的汉语语法书"②。这种"完美"主要表现为以下特点：一是专门研究了汉语的虚词；二是第一次将汉语分为口语和书面语两部分讲授；三为"结合修辞研究语法"；四为"广搜例句，书证充足"③。

瓦罗的《华语官话语法》虽然不管从内容上还是深度上都不及马若瑟《汉语札记》，但在研究汉语语法的角度和视野上，瓦罗与马若瑟可谓殊途同归。

---

① ［丹麦］龙伯格：《清代来华传教士马若瑟研究》，李真、骆洁译，大象出版社 2009 年版，第 101 页。

② 张西平：《清代来华传教士》，《清史研究》2009 年第 5 期。

③ 李真：《欧洲汉学的奠基之作——马若瑟〈汉语札记〉》，见阎纯德主编《汉学研究》第 8 集，中华书局 2004 年版，第 473—474 页。

1. 虚词

学术界对《汉语札记》的评价历来都很高，石田干之助认为，"这是一部最先将中国语言的性质与其构造，正确地传之于欧洲人的专书"①。这种"正确"性主要体现在马若瑟向欧洲人引介了中国本土传统小学的研究成果，运用了"实字""虚字"术语。这在众多来华传教士中尚属首次。他在书中说："不能充当句子基本成分的是虚字（empty characters），能够充当句子基本成分的是实字（solid characters）。"②

依据《汉语札记》的目录③可以发现，马若瑟对虚词的划分很细致。虚词被分为"某些字、表否定、表增强义、表减弱义、句首、句尾"六小类。龙伯格认为第一类虚词"仍然保留有明显的名词性或动词性特征的词"，如"得、把、打、一、道、心、气"；第二类虚词中有部分词"仍然像动词或名词那样有独立的意义"④。可以看出，这七个例字同瓦罗的"小词"一样都是口语中经常使用的高频词汇。

瓦罗没有接触到也没有运用中国传统小学"虚字""实字"的概念。但是我们在上文分析了"小词"在瓦罗语法体系中的重要性，并且得出了两个结论：小词是口语中使用频率很高的词，作为一种凸显标记，帮助传教士识别汉语的语法结构；"小词"不等于"虚词"，但在内容上包含"虚词"。龙伯格的虚词在一定程度上也同"小词"一样，都是口语中的高频词汇。

因此，与马若瑟相比，瓦罗虽没有接触到中国传统小学关于"实词""虚词"的研究成果，但实际上，他的术语"小词"的一部分内容与马若瑟的"虚词"相接近。

---

① 李真：《欧洲汉学的奠基之作——马若瑟〈汉语札记〉》，见阎纯德主编《汉学研究》第 8 集，中华书局 2004 年版，第 466 页。

② 李葆嘉：《中国转型语法学——基于欧美模板与汉语类型的沉思》，南京师范大学出版社 2007 年版，第 114 页。

③ 张西平：《西方人早期汉语学习史调查》，中国大百科全书出版社 2003 年版，第 543 页。

④ ［丹麦］龙伯格：《清代来华传教士马若瑟研究》，李真、骆洁译，大象出版社 2009 年版，第 101 页。

2. 口语与书面语

《汉语札记》的第一编与第二编分别讲述汉语的口语和书面语，且两部分的内容编排及其顺序相差不大，都从词法、句法、虚词、修辞等角度进行了总结。比如同样一个"也"字，马若瑟总结出它在书面语和口语里各有九种①用法。

《华语官话语法》主要归纳口语的规则。虽未专门分为书面语和口语两大部分描写汉语，但瓦罗在解释汉语的每种词类时十分注重口语和书面语的区分。口语和书面语的区分主要体现在小词的区别上，比如作者认为汉语疑问语气的表现形式有两种，其中"么、否、乎、不"为表怀疑的小词，他还特别指出"否、乎"是书面语用法。不仅如此，瓦罗还注意了南北方用语的差异。这样的例子在书中比比皆是。

对于书面语和口语的态度，马若瑟认为："白话与古代典籍里所保留下来的语言还是有很大的差别。为获得中国语言全面的知识，我们应当采取的方法是：首先，掌握日常用语；其次，对书面语做一个精确的研究。"② 瓦罗按照雅俗的标准，将汉语语体分为雅言、通言、俗言三种，对于高雅的书面语，他认为掌握起来非常困难，应当以掌握介于兼顾文白的通言为主。因此，马若瑟与瓦罗都十分看重口语和书面语，不同的是对于书面语的重视程度不同，瓦罗对书面语的重视程度没有前者高。

另外，《华语官话语法》1703年在广州发行，《汉语札记》于1728年成书于广州。马若瑟很有可能在编写时参考过《华语官话语法》，"在创作《札记》的过程中，不管是在欧洲，还是在中国，可供马若瑟参考的范例屈指可数。在他之前，仅有传教士瓦罗撰写的《华语官话语法》一书"③。马若瑟发扬瓦罗区分书面语和口语的观点，并加强了对书面语的重视，将语法分为两大部分讲授。

学者在评价《华语官话语法》时，一般都以"现存最早的正式刊

---

① ［丹麦］龙伯格：《清代来华传教士马若瑟研究》，李真、骆洁译，大象出版社2009年版，第104、109页。

② 同上书，第473页。

③ 李真：《〈汉语札记〉对世界汉语教学史的贡献》，《世界汉语教学》2005年第4期。

行的西方汉语语法著作"为着力点,但它的价值远远不止于此。《华语官话语法》作为西方早期汉语研究的代表与晚它 25 年成书的《汉语札记》相比在内容上和深度上确实有一定的差距,这个差距主要体现在修辞、文体和例句上。《华语官话语法》未提修辞,例句相对也很单薄。但是,就语法专项来说,在研究角度和视野上,两者在虚词和文白两分的理念上没有很大差距。

3. 句法解释的框架

《汉语札记》与《华语官话语法》对汉语语法的解释,都采用了拉丁语的模式。因而汉语的很多现象都只能被扭曲地套进拉丁语框架。《华语官话语法》在对汉语小词的设定、性数格的描述上,都受制于拉丁语法的框架。正如人们对马若瑟《汉语札记》的批评那样,"作者没有深入研究出一种考虑汉语特征的术语,而只简单地采用了他所了解的拉丁语术语"[①]。

第二节 《华语官话语法》得失

一 传承与创新

瓦罗作为多明我会的一员,其著作《华语官话语法》受到了多明我会汉语研究传统的影响。但由于多明我会其他会士的著作已经亡佚,他们对作者的具体影响已不可考,我们只能从大体上揣摩。首先,汉语语法研究的目的是使新入华的教士能够尽快掌握汉语的结构以便传教布道;其次,研究内容按照语音、拼音书写、语法规则和社交礼仪四个方面来编排;再次,套用以普利西安语法为权威的古希腊—拉丁语法体系来描写汉语语法;最后,根据汉语的独特性调整古希腊—拉丁语法规则。目的是一切的根源,以上四点引导瓦罗以实用为取向、以希腊—拉丁语法为工具。

古希腊—拉丁语语法体系是"词法—句法"二级语法体系,词法以

[①] [法] 贝罗贝:《二十世纪以前欧洲汉语语法学研究状况》,《中国语文》1998 年第 5 期。

八大词类为核心,重视形态变化和句法功能;句法以词法为基础,重词法轻句法。这个特点体现在《华语官话语法》上就表现为全书以词类体系描写为主,语音、句法为辅。尽管依照古希腊—拉丁语法体系描写汉语,但瓦罗持有正确的汉语观,认识到了汉语与拉丁语的不同之处,并试图摆脱拉丁语语法框架来描写汉语。

瓦罗描写汉语时抓住了关键的两点:词序以及小词。词序是汉语最重要的语法形式之一。小词是汉语词类的标记和高频词汇的代表,而且其中包含了部分虚词。这说明作者几乎将汉语的语法形式——语序和虚词都抓住了。按照瓦罗的思路,如果以小词为代表的汉语词遵循汉语的词序规则,以点串线,就掌握了汉语的结构。这是瓦罗最重要的创新之处。

另一个重要的创新之处即为全书的重点——词类体系。瓦罗建立了8+1的词类体系,除拉丁语八大词类外,也将量词设定为汉语的词类体系之一。

二 局限与不足

瓦罗在具体描写汉语的过程中也不可避免地出现了很多问题。首先,最根本的问题就是拉丁语语法框架的套用。最牵强附会的是对分词的分析,关系代词和不定代词的设立,动词的时体范畴和虚拟式、祈愿式、不定式的套用。当然,汉语和拉丁语也有相通之处。比如名词和代词的格问题,虽然汉语没有拉丁语的形态变化,但有语义格。

其次,不同级别的语法单位也常常混淆。尽管古希腊—拉丁语法体系很早就明确了词为最小的语言单位,但由于汉语很少有形态标记,瓦罗只能将表达一个意义的完整结构作为确定汉语词的标准。这样,就会出现把短语当作词、把不成词语素当作词的情况。比如,"开铺的"表示某个行业被当作名词,尽管只缺一个"的"字,"开铺"就不能表达相应的意思。再如,不成词语素"辈、侪"等作为表示一类人的复数意义也被当作词。

最后,具体到某些词的归类上也存在问题。一种是客观因素导致的,比如形容词还未成为独立的词类;一种是套用拉丁语词类体系导致的,比如分词、关系代词的设立;一种是瓦罗主观上对词理解有误导致，比如动词"惯习"被当作副词。

尽管瓦罗明确地认识到汉语无形态变化的特点，想尽力摆脱古希腊—拉丁语语法体系的束缚，有所创新，但终未完全成功。当然，即使当代的汉语语言学研究也未完全跳出西方语法理论的框架，所以在这点上不必对瓦罗太过苛责。

总而言之，《华语官话语法》的价值不仅仅在于普遍流传的"现存最早的正式刊行"的著作，凭借瓦罗对"小词"的重视与执着，它还是一部在眼界上与《汉语札记》并驾齐驱的语法著作。《华语官话语法》不仅继承了多明我前辈的传统，还体现了瓦罗的创新精神。

当然，从根本上说，瓦罗对汉语特征的总结考虑较少，比如他在书中讲到性、数、格的变化，这是汉语所不具备的语法现象。另外，关于汉语副词可以形成比较级和最高级的表述，也都不是典型的汉语语法现象，至少不像印欧语言那样典型。作为西方现存最早的汉语语法学著作，《华语官话语法》立足于希腊—拉丁语法框架而有一定的突破和思考，已经难能可贵了。

小结

《华语官话语法》是清初来华传教士第一部研究与习得汉语的综合文法书，是"多明我语法学派"的代表之作。

瓦罗套用古希腊—拉丁语语法模式研究汉语的思路体现在他力图从汉语中找到形容词的比较级、最高级，名词的性、数、格，动词的时、体、态等语法范畴。而这些要么在汉语中并不存在，要么存在但不成系统。

在《华语官话语法》中，与其说瓦罗是在立足汉语实际，摆脱以印欧语法模式描写汉语，不如说他尽量从汉语中找到该语言与西班牙语和古希腊—拉丁语法模式相适应之处。可以说，在清代来华传教士的汉语语法体系中，该书是与汉语语法实际相距离最远的一部。

第二编

葡萄牙汉学家公神甫的汉语语法研究
——《汉字文法》

第五章 公神甫《汉字文法》的汉语语法观

第一节 公神甫其人其文

葡萄牙籍天主教遣使会传教士公神甫（Joaquim Afonso Gonsalves，1781—1841，也被译为"江沙维"），是 19 世纪上半叶在澳门活动的葡萄牙汉学界一位了不起的汉学家。他于 1813 年 6 月到达澳门，由于受清朝宗教政策的影响，未能到达北京，而是留在澳门传教。作为圣约瑟修院教授，加尔各答亚洲皇家修会成员，里斯本科学院成员，公神甫在音乐、数学和神学方面都成就斐然。曾经有人评价他说："在澳门的许多年里，他几乎持续不断管理着一些将准备去教堂工作的中国青年人的教育工作……在他生命的最后时期，他在学院里开设了一个英语免费课程。他的英语讲得很好，写作亦相当地正确，西班牙语亦同样的好，但意大利语及法语差一些。他开设了同样课时的音乐课。"① 由此可见，他在语言学习方面具备相当的天赋。

在汉语研究和教学方面，公神甫取得了令人瞩目的成就，在传教士汉语语法研究史上占有重要的地位。他于 1828 年出版首部著作《拉丁语法》；1829 年，完成《汉字文法》；1831 年，《葡华字典》出版；1833 年，《华葡字典》出版；1839 年，出版《简明拉汉读音词典》和《袖珍拉汉词典》，后者则包括所有早期圣经用语；1841 年，《拉汉大字典》出版，包括词源、正音及文字结构。另外，他去世前还有多部著作未出版：包括中文版《新约》圣经和《汉拉大字典（汉洋合字典）》

---

① 《中国丛报》（the Chinese Repository），广州、澳门、香港：1832—1851。

等。后来，由于在中国的修道院学生大增，没有合适的教材，北京西什库教堂1922年重印了公神甫的《拉汉大字典》，称为《中华辣丁合璧字典》，这是它的第6版。1936年，北京的法国遣使会要编一部法文、拉丁文、中文字典，即以1922年第6版的《拉汉大字典》为蓝本。①尤其是公神甫所著的《汉字文法》，一直沿用到葡萄牙在澳门统治的结束。

公神甫在短短数年间迅速掌握中文，不但能讲，而且能以相当深度的中文撰写大量的作品。除了说明他在汉语方面的天才之外，也说明他在这方面所付出的努力。作为接受拉丁文教育和天主教文化熏陶出来的汉学家，能以理智的态度对待欧洲语言和汉语思维方式的不同，他展现了极为开阔的学术视野。

第二节 《汉字文法》的汉语语法体系

公神甫于1829年在澳门出版的《汉字文法》(Arte China) 共有九个部分，从前言到第四章共五个部分，属于汉语的文法，帮助学生从语法角度认识汉语：(1) 前言；(2) 第一章，汉字笔画和偏旁部首；(3) 第二章，口语和文言文中的短语和句子；(4) 第三章，口语和文言文语法；(5) 第四章，句法。第五章到第八章的四个部分帮助学生培养汉语的综合能力：(6) 第五章，问答；(7) 第六章，俗语；(8) 第七章，历史和传说；(9) 第八章，汉语作文。

《汉字文法》有比较突出的特点，具体表现如下。

1．包含语音与语法等内容

这应该是受到普遍唯理语法的影响的结果，与马礼逊、比丘林等人的内容安排并无二致。在17—18世纪，前一时期探险家们地理大发现和历险旅行积累的丰富语言材料需要概括和整理，同时欧洲大陆上各民族的书面标准语得到进一步的发展，在这种情况下，《普遍唯理语法》应运而生，并形成了对欧洲的语言学发展影响重大的波尔·罗瓦雅尔语

---

① 柳若梅：《江沙维的〈汉字文法〉与比丘林的〈汉文启蒙〉》，《华南师范大学学报》(社会科学版) 2009年第6期。

法学派。按照波尔·罗瓦雅尔语法学派的理论来看，语法（多称为文法）分为两部分：语音和语法。柳若梅认为，公神甫的《汉字文法》就是按照波尔·罗瓦雅尔语法学派的理论构建出来的。在全书九个部分中，前言和第一章相当于"语音"部分，第一章的标题虽然是"汉字笔画和偏旁部首"，它其实在研究汉语中的语音和字母；第二章是"语音"和"语法"之间的过渡，第三章和第四章是包括词法和句法的"语法"。这前五个部分集中描述了汉语的语法特性，使学生学完第四章之后便对汉语的语言规律有了基本的把握。关于汉语的语音，公神甫提出，汉字与发音没有直接的关系（在这一点上公神甫与在其之前入华的欧洲传教士观点一致），所以谈笔画和偏旁实际与欧洲语言中的语音有关。[①]

2．兼顾口语与书面语

公神甫的《汉字文法》第二章和第三章明确标明是"口语和文言文中的短语和句子""口语和文言文的语法"。书中大量的文言与口语句式用例并排出现，对于人们了解当时的表达，积累丰富的语料非常有价值。并且，第六章收录了日常生活中经常使用的一种语言形式——俗语，书中300多条俗语能够帮助学生进一步拓展其语言能力，了解中国人的日常生活和语言习惯。这种做法与先于他的瓦罗和马若瑟极为一致。

3．语法框架的局限性

受自己的知识背景的限制，公神甫在《汉字文法》中也难以摆脱以母语葡萄牙语语法框架理解汉语语法的窠臼。这当然是所有来华传教士在构建汉语语法时要面对的难题。

柳若梅指出，在《汉字文法》的第三章"关于词和词的特性"中，公神甫以葡萄牙语中名字、形容词（数词）、代词、动词、介词的特性分析汉语，因而在名词、形容词中有性的区分、数的变化。他把葡萄牙语中名词的性和数、形容词的比较级和最高级、数词中"倍数"和"顺序"的差异、代词内部分类以及动词的时、式等范畴引入汉语语法

[①] 柳若梅：《江沙维的〈汉字文法〉与比丘林的〈汉文启蒙〉》，《华南师范大学学报》（社会科学版）2009年第6期。

的分析之中，通过数百个实例说明名字、形容词、数词、代词、动词在汉语中的使用规律。① 性、数等语法范畴的存在，让我们依稀看到了多明我会士瓦罗所著的《华语官话语法》的影子。

《汉字文法》是作者公神甫在其欧洲语言学知识背景之下总结汉语语法规律的著作，它介绍了学习汉语的新的思维方式。《汉字文法》问世后在欧洲得到很高的评价，被誉为法国汉学之父的雷慕沙（Abel Remusat）对该书十分推崇，认为它具有很高的学术价值。他（Abel Remusat）于1831年9月在 *Savant* 报上发表了一篇对公神甫的评论性文章："澳门遣使会会士公神甫是《汉字文法》的作者。该作品是为初学读写实用汉语的学生必需的工具。作品分为三册：第一册是文法；第二册是葡中字典；第三册是中葡字典。在这三册中公开介绍了有关中文字的解释及分类的四个基本概念。按照类似 Montucci 曾经提倡的方式，把在字典中按次序排列使用的214个部首减少到121个。他还编写了1300个拼音组的目录，而他称之为'音差'。在眼前这一册里面，作者按照他独特的排列次序编了中文字的笔画部首及拼音表。这一目录占去了74页及内载1411个符号，他称之为'中文字目'。当然，《汉字文法》一书是不能浓缩成为一本简单的词源手册。在本书内列有文学的及通俗的例句、文法、虚词表、44篇会话和历史及神话故事、官方文件和书信格式及书写字体的范本、普通话及广州话精选句子等。这部由一个精通学术的文学家编纂的作品，若得不到公认，的确是于理不合的。就这作品的第一册便足以使作者在芸芸学者中，如在瓦罗、马若瑟、马什曼和马礼逊之间，稳占一席之位。"②

在雷慕沙之前，中国在葡萄牙和欧洲不注重对自己的推广，语言上的障碍使得人们对中文明晰及正确的本义产生混淆，这与欧洲较晚才接触到汉语和汉字，对于中文的语言理论和语言学术研究接触也较晚有关。真正意义上的现代汉学，随着19世纪即1815年雷慕沙在法国学院

---

① 柳若梅：《江沙维的〈汉字文法〉与比丘林的〈汉文启蒙〉》，《华南师范大学学报》（社会科学版）2009年第6期。

② 转引自 António Aresta《若亚·敬亚丰·素江沙维士——教授兼汉学家》，《行政》2000年第2期。

所办的汉学教育才开始出现。而作为现代汉学的代表人物，雷慕沙则对公神甫的汉语文法研究作出了学术上的保证。

除此之外，1937年遣使会北京教区会议委员会的档案中保留了对公神甫的评价："假如我们不认同他的学术上的工作和他炽热仁爱的心，我们就是没良心的人。"的确，一直以来，耶稣会会士在研究和认识中国方面独树一帜，学术界多对其汉语研究成果津津乐道。而遣使会会士公神甫的出现，打破了耶稣会士完全占据人们视野的局面。或者说，公神甫的出现，使我们必须公允全面地来看问题：除了耶稣会士，天主教其他修会的重要性在某种程度上也是不可忽视的。①

小结

遣使会教士公神甫的《汉字文法》其成就在于例证丰富，论证翔实；其不足在于以母语葡萄牙语语法框架解释汉语语法，性、数等范畴的存在仍然背离汉语语法事实。

---

① António Aresta：《若亚敬·亚丰素·江沙维士——教授兼汉学家》，《行政》2000年第2期。

第三编

俄国汉学家比丘林的汉语语法研究
——《汉文启蒙》

第六章　比丘林《汉文启蒙》中的汉语语法体系

第一节　比丘林及其汉学著述

比丘林，全名尼基塔·雅科夫列维奇·比丘林（1777.8—1853.5），是19世纪上半叶俄国最杰出的汉学家，公认的俄国汉学的奠基人。东正教驻北京第九届传教士团领班，修士大司祭，俄国科学院通讯院士。

比丘林的一生充满传奇色彩。他于1777年8月29日出生于喀山，1800年7月18日在喀山主易圣容修道院受洗入教，取名亚金甫（或译为雅金夫）。入教之后的亚金甫仍旧思维活跃，个性鲜明。在升任伊尔库茨克宗教学校校长后，因整顿校务积弊而导致人际关系紧张。1805年，他被调至托博尔斯克修道院，在那里的宗教学校中任教员，并从此失去了宗教职务。1807年，身为第八班使华布道团团长的戈罗夫金途经此修道院，为比丘林的才能深深吸引，于是，推荐比丘林做了俄国布道团第九班的团长。这是比丘林命运的转折点。1808年，他率俄国东正教第九届驻北京传教士团来华，前后居京14年，习汉、满、蒙、藏语等，于1822年从北京回到圣彼得堡。

比丘林一生研究兴趣广泛，在语言和词典、中国边疆少数民族史地状况、中国通史、中国文化等领域均有建树。他一生完成了大量著作和译作，总数达100多部。据不完全统计，他已经发表的著作达60余种，有《通鉴纲目》《大清一统志》《蒙古人民志》《论种痘》《中国居民的风俗、习惯和教育》《中国人的法医学》《天体》《关于黄河和运河的加固》等。其中仅边疆史方面的就有《蒙古纪事》（1828）、《西藏志》（1828）、《成吉思汗家系前四汗史》（1829）、《准噶尔和东突厥斯坦志》(1829)、《西藏青海史》(1833)、《厄鲁特人或卡尔梅克人历史概述(15世纪迄今)》(1834)、《古代中亚各民族历史资料集》(1851)等几种。比丘林尚有几十部著作和译作未能问世,它们包括翻译的书籍、字典、文章、考察笔记等,涉及历史、地理、法律、宗教、民族、商业等多方面,涉及题材广泛。目前,它们作为档案存放于苏联科学院东方研究所、列宁格勒的谢德林国家公共图书馆以及喀山达达尔共和国中央国家档案馆中。

比丘林的译著《三字经》,曾被俄国知识界誉为"中国的百科全书"。与其他译著相比,比丘林的《三字经》俄文译本有几个独到之处:以诗歌体翻译原文,尽量保持中文原文的风格和韵味;附有中文《三字经》原文,可资懂中文者阅读时对照;增加了大量注释,对原文涉及的中国人物、事件和儒家学说作了比较详尽的阐释。

比丘林翻译和撰写的众多著作不仅为俄国汉学,也为俄国蒙古学、藏学、满学等东方学学科的发展奠定了基础。他的研究以中国原始典籍为基础,使用了当时俄国学术界鲜为人知的大量汉文文献,填补了俄国汉学研究的空白。

第二节 比丘林与汉语语法研究

一 《汉文启蒙》的写作背景

1821年,比丘林回国时途经恰克图,应当地著名商人伊古姆诺维打算在恰克图办一所汉语学校的要求,答应亲自写一部汉语语法作为教材。此事后来因比丘林回到彼得堡而搁置。1830年,沙俄向恰克图派出了一个科学考察团,比丘林加入其中并向亚洲司汇报了自己此行的计划:(1)编写汉文启蒙书;(2)在中国人帮助下重编一部汉语分类词典;(3)收集有关中国的情报;(4)勘察中俄疆界;(5)进一步学习蒙语;(6)教授汉语。六项内容中有三项和汉语相关。[①]

[①] 柳若梅:《江沙维的〈汉字文法〉与比丘林的〈汉文启蒙〉》,《华南师范大学学报》(社会科学版)2009年第6期。

关于俄罗斯第一所华语学校——恰克图汉语学校的开办时间,笔者查阅了相关的研究资料。学术界似乎并不统一:有的学者认为是 1832 年 11 月[①];另有人认为是 1835 年[②]。我们认为,更为准确的说法应该是柳若梅根据《汉文启蒙》版本所作的推断。1830 年,比丘林应恰克图商界的要求已经参与了当地汉语教材的编写,原因是 1831 年石印版便是这期间为教学而印制的,共 32 页。1832 年 11 月成立学制四年的汉语学校,所采用的教材就是 1831 年的石印本。1834 年,俄国恰克图海关关长请求外交部亚洲司派亚金甫神父(即比丘林)担任恰克图汉语学校的教师,并请求印刷其汉语语法书,于是"1835 年 2 月……比丘林重返恰克图,并带来了自己的汉语语法书"。1835 年,恰克图汉语学校才经沙皇亲自批准正式成立,由比丘林和第 10 届驻北京传教士团成员克雷姆斯基共同执教。《汉文启蒙》的 1835 年版应该为正式成立的恰克图汉语学校的汉语语法教科书。该汉语学校一直开设到 1867 年。比丘林在恰克图的教学活动持续到 1838 年年初他返回彼得堡为止。此学校前后正式存在约 32 年(1835—1867),为中俄贸易培养了一批汉语翻译人才。

在恰克图汉语学校,比丘林亲自编定四年教学计划:第一年学汉语入门知识,为看清汉语和俄语的不同之处,把汉文基本规则同俄语语法规则进行比较。第二年除继续学习汉语语法规则外,还要贴近恰克图商人阶层的表达需要,根据与贸易相关的专题进行口语训练。第三年注意长句的翻译,按汉语语法规则分析简单文章,纠正学生的译文错误,进行主题更为广泛的对话。第四年除汉语口语练习外,注意长短句的使用和表达中语言色彩的差异,学生通过阅读和笔译完善所学的知识。[③] 这份教学大纲被认为是俄国汉语教学史上最早的一份。

在比丘林的书信中也曾提及自己为恰克图汉语学校编写汉语教材的过程。1836 年 9 月在写给外交部亚洲司的信中说,1836 年内将完成汉

---

① 李伟丽:《尼·雅·比丘林及其汉学研究》,学苑出版社 2007 年版,第 27 页。
② 柳若梅:《江沙维的〈汉字文法〉与比丘林的〈汉文启蒙〉》,《华南师范大学学报》(社会科学版)2009 年第 6 期。
③ 李伟丽:《尼·雅·比丘林及其汉学研究》,学苑出版社 2007 年版,第 27—28 页。

语语法第二部分的撰写，这个"第二部分"应该就是《汉文启蒙》中的第二部分"汉语的语法规则"。在1836年12月的报告中，比丘林提到自己已编好用于教学的18组俄汉对话，还编制了一份恰克图贸易商品清单，并计划1837年把这份清单按俄文字母排序。1836年12月26日比丘林写给亚洲司的信中云，已完成了汉语语法书的第二部分。① 1837年2月，比丘林总结两年来恰克图学校的工作，向亚洲司报告："这个学校开办后，我把精力主要放在为学校提供必需的教材上，最后，除了我出版的《汉文启蒙》，我还针对当地的情况编写了12组汉俄对话，把恰克图贸易中所有进出的货物名称译成了汉语，编写语法书的第二部分，把四卷本的汉语字典译成俄语。"② 1838年，《汉文启蒙》在圣彼得堡出版，次年，该书获得了科学院学术出版的最高奖——杰米多夫奖。这个版本应该是在1831、1835年两个版本基础上进一步完善的本子。

二 《汉文启蒙》的主要内容

目前笔者见到的版本有1835年和1908年两个版本。其中1835年版的《汉文启蒙》为石印本，在圣彼得堡正式出版。这是俄罗斯历史上第一部比较完整和系统的汉语语法著作，它奠定了俄国汉语语法教学的基础。共有264页，其中序言22页，主要内容连同附录有242页（包括恰克图货物名称表18页）。全书共分四个部分：前言、第一部分、第二部分和附录。在前言中作者介绍了汉字的来历、该书之前外国人所撰写的汉语语法书以及该书撰写的缘起，第一部分是"汉语和汉字的基本概念"，第二部分为"汉语的语法规则"，附录部分包括汉字笔画，偏旁问题，部首问题，汉字的俄、法、葡、英标音，汉语中的数字，汉语中的用于谦称的人称代词等内容。

其中，第一部分"汉语和汉字的基本概念"共分成十二章：

---

① 柳若梅:《俄国历史上第一部汉语语法书——〈汉文启蒙〉》，《福建师范大学学报》（哲学社会科学版）2010年第2期。
② 柳若梅:《江沙维的〈汉字文法〉与比丘林的〈汉文启蒙〉》，《华南师范大学学报》（社会科学版）2009年第6期。

（1）汉语简论——汉语没有根据词根的词汇派生，也没有根据词尾的变化。（2）发音的分类——根据汉语声母的发音部位共分成九类。（3）汉字简论——中国人没有用发音来表达的字母，而有表达事物和概念的相应符号组成的文字，这些符号又有简单和复杂之分。前者如"文"，后者如"谢"等。（4）汉字的构成——举例说明形象（中国人习惯上称为象形）、指事、会意、转注、谐声、假借六书法。（5）笔画——中国人的运笔先后及汉字的基本笔画。（6）六体——大篆、小篆、楷书、新楷书、行书、草书六种汉字演变形体。（7）正字法和标点符号——举例说明正写、简写、讹字、错字、同字、通字等；中国书籍中的标点符号用法。（8）音节——4万汉字的发音由447个音节组成。（9）声调——平、上、去、入。（10）偏旁部首——汉字的偏旁部首和检字法。（11）汉字的书写——汉字的92种书写规则。（12）汉字基本概念补充——一些特殊用字情况：部分多义字，字典里注音与实际发音不同的字，汉字拼写外族人姓名等。

第二部分"汉语的语法规则"，也是分了十二章：（1）汉语中字的变异和发音——与其他语言中词汇方面性和数的变化规则不同，汉语词汇性和数的变化要根据词本身的意义，如同一个词既可以作名词、动词，也可以充当形容词。（2）名词——汉语名词的分类，"子""儿"等词缀的用法，汉语中人称和动物性别的表达等。（3）形容词及其分类（性质形容词与数量形容词）。（4）代词及其分类（人称代词、所有格代词、反身代词、关系代词、疑问代词、不定代词）。（5）动词及其分类（按照动词的态可分为五类；按照动词的性质，可分为三类）。（6）副词及其分类（时间、地点、数量、比较、性质、疑问等）。（7）前置词。作者认为汉语中的前置词实际是在句子中起前置作用的动词形容词，如：被、替、从、内、上等。对于这一类词，笔者认为，它们实际上是介词和方位词。受时代的限制，当时对这一类词的认识还不够清楚。（8）连词及其分类——汉语中的连词可以分为原因、结果、让步和转折、联合、区分、条件和疑问等。（9）感叹词。（10）语言的分类——汉语的最小单位是"字"而不是"单词"，所以汉语中的"字"分为"实字"和"虚字"两类。实字又分为活字和死字；举例说明汉字分起语辞、接语辞、转语辞、衬语辞、束语辞、叹语辞、歇语辞等。(11) 实字的使用——实词在各种句子中的顺序。(12) 虚字的使用——虚词的意义及在各种句子中的顺序。①

《汉文启蒙》的用例，具有以下特点：

1. 重视同义词、反义词或者意义相关词等词族的搜集。同义词如：狠—顶—过于（愈）—十分；侪—曹—徒—党—辈—等。反义词如：男、牡、雄；女、牝、雌。另外，对汉语中关于雌雄动物的说法，也进行了集合：

牪牛—儿马—跑猪—叫驴（雄性）；乳牛—骒马—牙狗—草驴（雌性）。

以上词汇，不仅反映了比丘林搜集汉语语料用力颇勤，另外也看出他汉语掌握的深入程度。毕竟，众多含义丰富且饶有趣味的词语，若汉语水平仅仅属于浅尝辄止的程度，是难以驾驭得了的。

2. 文中异体字较多，如"唇"采用了左右结构"脣"（第4页）；"很"写作"狠"（第75页）。

3. 用例多来自中国经典，也见于口语。

来自经典的表达如：人见利而不见害，鱼见食而不见钓；人人亲其亲长其长而天下平；毋友不如己者，过则勿惮改。勤而不俭则十夫之力不能供一夫之用。中也者天下之大本也，和也者天下之大道也。君子之德风，小人之德草，草上之风，必偃；人之善者天必报之以福，而恶者必报之以祸也；天之于帝，帝之于民，如头之于足也；凡人所处之位不同，莫不各有当行之道……以上这些表达多为古代常用的名言警句，或是民间俗谚。

口语表达如：书是你的钱是我的（第82页）；请坐坐（第89页）我做买卖去，你们看家（第89页）；你没望他说呢，说了。

当然，部分用例也有错误，如恨予（误写为"矛"）生晚不得及见其人（第131页）；大抵（误写为"底"）；"令爱"的"令"最后一笔点误写作横（第219页）；毋（误写作"母"）始勤（误写作"勒"）而终怠。（第91页）；后之视今犹（误为"又"）今之视前……

---

① 李伟丽：《尼·雅·比丘林及其汉学研究》，学苑出版社2007年版，第30—32页。

笔者认为，可能因为 1835 年版本是石印本，很多地方是手写上板，故而能清楚看出汉字不同字体之间的异同。到了 1908 年版，因为采用了铅字印刷，虽然更加精美统一，但由于字体不采用手写体，难以发现很多字之间的细微差异。

三 《汉文启蒙》的学术价值

1. 书中对几部欧洲汉语语法著述的评述极有见地

在《汉文启蒙》的前言部分，比丘林对欧洲人出版的八部汉语语法专著作出了点评。

比丘林评价的第一本汉语语法著作是瓦罗的《华语官话语法》。他认为，该书过于拘泥于拉丁语法的框架，"极力说明无词性变化的汉语怎样表达欧洲语言词形变化所产生的语法意义，这一点阻碍了他对汉语某些实质问题的认识"。此外，在比丘林看来，《华语官话语法》重视汉语口语实例，语言表述也比较口语化。

第二本为拜耶尔的《中文博览》。对于由拜耶尔所著、在彼得堡出版的拉丁文版的《中文博览》一书，比丘林的看法是，虽然作者没有亲自到过中国，但是对汉语结构的理解是正确的，当然其语法规则对汉语口语学习者极为便利。"其大量资料来自生活在北京的耶稣会士，但由于作者从未深入汉语语言环境，因而对于汉语的认识不够全面，语法规则和汉字书写等方面的正确度明显欠缺。"①

第三部为斯捷蕃·傅尔蒙的《中国官话》。比丘林认为，傅尔蒙 1742 年在巴黎出版的拉丁文版《中国官话》一书，是为来华的欧洲传教士学习汉语口语而作，是第一部用汉字举例讲解的汉语语法书。语法规则讲得很好，但是不够完整；例句常采用不可理解的口语方式，译文常常出现错误。因此，比丘林的推断是，傅尔蒙可能不是在中国而是在巴黎根据瓦罗的《华语官话语法》学的汉语。

第四本著作是马若瑟的拉丁文版的《汉语笔记》。比丘林认为马若瑟完全正确地了解了这门语言的特性，表述准确，并且没有生硬地将汉

---

① 柳若梅：《俄国历史上第一部汉语语法书——〈汉文启蒙〉》，《福建师范大学学报》（哲学社会科学版）2010 年第 2 期。

语与欧洲语言的语法规则加以联系和对应。比丘林批评该书对汉语口语和书面语高级语法规则的论述有所欠缺，在行文上缺乏一部语法著作应有的形式。

对于第五本书，由马什曼所著的同样为拉丁文版的《中文之钥》，由于比丘林只是从雷慕沙《汉语笔记》中对其略有了解，故而只是一笔带过，对其内容评价较少。

对于第六本书即马礼逊的英文版的《通用汉言之法》，比丘林认为，它重视语法规则讲解，但举例有时未必是汉语中的典型用例，其中英语的语法特点体现得较多，不足以使读者正确了解大众汉语，没有准确地反映汉语语法的特性。

法文版的雷慕沙的《汉文启蒙》，是比丘林评价的第七本汉语语法著述。他认为，《汉文启蒙》资料翔实丰富，这来自雷慕沙的阅读、天赋和劳动；篇章布局简单准确。当然，关于《汉文启蒙》全书分成"古文"和"官话"两部分的做法，比丘林提出质疑。

最后，比丘林认为，公神甫的葡萄牙文版的《汉字文法》，中西文法相对应，不论书面语还是口语的会话和例子都很纯粹，也很正确。

对于上述八本著作，比丘林较为肯定的是马若瑟、公神甫和雷慕沙的汉语语法研究。并且指出，相比而言，马若瑟的《汉语笔记》、公神甫《汉字文法》例证更为丰富，雷慕沙《汉文启蒙》对汉语语法规则的阐述更加清楚。鉴于此，比丘林认为，前两者适合在中国学习汉语，而后者更适合在欧洲本土用作汉语教科书。

在对瓦罗、马若瑟、马什曼、马礼逊、公神甫等人的成果进行批判性的研究后，比丘林提出，"他们的研究成果所展示的只是汉语中肤浅的东西"。比丘林提醒那些对中国感兴趣的读者，"这些学者试图用自己的思维方式来解释他们未知的东西，或者用猜测来填补认识上的空白，当然得出的结论是不可靠的"[①]。

虽然比丘林对几种汉语语法体系进行了深入的研究，并且所进行的批评、提出的问题也极为深入和符合汉语实际，但是否在比丘林自己的

---

① 张西平：《比丘林——俄罗斯汉学的一座高峰》，《中华读书报》2012年12月5日第19版。

汉语语法体系中已经解决了他提出的问题呢？

2. 饶有特色的汉语语法体系

我们认为，正是在上述八部语法著作的基础上，结合恰克图汉语学校教学的实际情况，以及自己在华十余年对汉语的认识，广泛地吸取当时中国国内的汉语研究成就，比丘林撰写了《汉文启蒙》一书。

这里需要说明一点，虽然《俄罗斯汉学史》中提到比丘林曾参考清代人唐彪的《读书作文谱》而著成《汉文启蒙》①，但根据我们对《读书作文谱》内容的查考，几乎没有发现与《汉文启蒙》相关的内容。《读书作文谱》只有几处提到"虚字""死字"的说法，因为唐彪并未展开论述，故而无法与《汉文启蒙》进行比较。因此，我们认为，比丘林应该参考了唐彪的另一部已经亡佚的作品《虚字诀》，其中关于汉字的分类（起语辞、接语辞、转语辞、衬语辞、束语辞、叹语辞、歇语辞等）似乎应该来自《虚字诀》。

（1）词类采用八分法

《汉文启蒙》将汉语词类分为名词、形容词、代词、动词、副词、前置词、连词、感叹词八类。这种分类法的依据，恰恰是比丘林继承了语法史上的词类说以及罗蒙诺索夫（М. В. Ломаносоb，1711—1765）《俄语语法》中关于俄语词类的思想。并且，有学者指出，在具体到每一类词的特点的分析时，比丘林也还是没有超越俄语语法范畴的特点：与俄语中的名词相比，汉语中的名词在词义上有具体和抽象之分，汉语中的名词通过在前面加"小"构成主观评价形式，这与俄语名词的指小表爱形式相似；在对形容词的描述中，比丘林结合俄语中形容词的分类和特性，用于说明汉语中的形容词，把汉语中的"比、些、益、又、尤、俞、更、不如、逾、越"等与形容词、副词的连用看成形容词和副词的比较级、最高级的语法形式；在数词方面，与俄语中的数词范畴一样，将汉语中的数词也分为三类：数量数词、顺序数词和集合数词。在代词和动词的描述中比丘林继续套用俄语中的语法范畴，对汉语代词的分类，动词的态、体、时等都结合俄语中的语法观念对比说明，甚至用

---

① 柳若梅：《俄国历史上第一部汉语语法书——〈汉文启蒙〉》，《福建师范大学学报》（哲学社会科学版）2010 年第 2 期。

俄语动词的形动词、副动词的概念解释汉语中"之""者""所"等词与动词的连用，以便于俄罗斯学生的理解；介词与俄语中的前置词相对，比丘林将其分为位于与之搭配之前的和之后的两类。①

在《汉文启蒙》的最后，比丘林还按照罗蒙诺索夫《俄语语法》的章节安排，以"汉语中词类的划分"为主题，分析汉语词类划分的总的特点。而罗蒙诺索夫《俄语语法》的最后一部分是"论词类构造"，也是从整体上总结俄语词类划分的特点。

以上种种说明，尽管比丘林对欧洲人的几部汉语语法专著的捉襟见肘百般批评，但他自己也难以摆脱身为欧洲人、难免会从形态语言的立场来看待汉语的尴尬情形。五十步笑百步，《汉文启蒙》甚至有些地方还不及他批评的那些著作。比如，比丘林忽视了汉语中的量词，只有一处简单地提到了"个"与数词的连用，而马礼逊《通用汉言之法》所列的汉语量词表，则表现了比丘林所不具备的超前眼光。

（2）最大限度地发掘汉语重视语义的特点

若是《汉文启蒙》仅仅拥有上述词分八类的内容，其价值便会大打折扣。《汉文启蒙》的汉语语法规则有两部分内容：一是从西方语法学的角度对汉语进行词类划分并逐类描述，二是从汉语训诂学实字和虚字两方面展现汉语语法的特点。我们认为，第二部分的内容则是《汉文启蒙》的核心和精华所在。

"词在句子中的次序和虚词是汉语表示语法关系的两个重要方面。"②比丘林显然对此有着清醒的认识。在《汉文启蒙》汉语语法规则部分的第十一章"实字的使用"和第十二章"虚字的使用"的开头部分，比丘林就指出，实字和虚字的使用是有顺序的，是按一定的顺序分布的。并且比丘林通过介绍它们在句子中的位置和功能，分析汉语中句子之间的关系，体现出对汉语句法规律的探索。曾经有中国学者指出，汉语不同于形态变化丰富的语言，用西式语形词类系统肢解汉语

---

① 柳若梅：《俄国历史上第一部汉语语法书——〈汉文启蒙〉》，《福建师范大学学报》（哲学社会科学版）2010年第2期。

② 赵振铎：《中国语言学史》，河北教育出版社2000年版，第4页。

义词类会造成误解。① 换而言之，汉语只有语义词类，语义词类根本没有语形语法的那种刚性制约。西洋学者的通病或语形语法观的做法是，即使意识到汉语没有形态变化，却仍然套用形态语言的规则说明汉语事实。② 如果套用基于形态变化的语形语法框架去分析不采取形态变化的语义语法——汉语，就会导致汉语缺乏形态变化，词类的不确定性等问题。其实，这完全不是汉语本身的问题，而是分析方法的不适应。而这种不适应的分析方法，应该是从西方传教士开始采用的。比丘林的可贵之处，是作为传教士的他力图去发现汉语重视语义不重视形态的特点。他吸收了中国传统训诂学的思路，对实字、虚字展开论述，"在句中表示某一事物或事物的性质、动作、状态的，是实字"；"在句中表示动作的性质、事物之间的关系、评价、心理活动之间的关系，或者只为增强表现力和展现思维过程的，是虚字"，还分析汉语句子中词与词之间的关系。

比丘林所编写的《汉文启蒙》是俄国第一部比较完整和系统的汉语语法著作。俄国驻北京传教使团、喀山大学、彼得堡大学在进行汉语教学的过程中，都曾把该书作为最重要的教科书或参考资料。

小结

开始于公元前 2 世纪到前 1 世纪之间的特拉克斯的西方语法学原典《读写技艺》（其内容包括语音韵律、词语解释、熟语讲解、词源探讨、类比规则归纳和文学作品评价六部分）③，对西方人的汉语文法学影响较大。尤其表现在内容安排上，自那时以来将语音、文字、韵律等因素包含进语法的做法与今天极为不同。当然，也有学者认为，《汉文启蒙》等西方汉语语法学著作，与 17—18 世纪，波尔·罗瓦雅尔语法学派的研究方法有很大关系。④ 该学派也被视为普遍唯理语法的代名词。

---

① 李葆嘉：《中国转型语法学——基于欧美模板与汉语类型的沉思》，南京师范大学出版社 2008 年版，第 123 页。
② 同上书，第 129 页。
③ 同上书，第 49 页。
④ 柳若梅：《俄国历史上第一部汉语语法书——〈汉文启蒙〉》，《福建师范大学学报》（哲学社会科学版）2010 年第 2 期。

按照波尔·罗瓦雅尔语法学派的理论来看，人们借助于各种符号——语音、字母来表达自己的思想。符号由两部分构成：词的意义是符号的内部因素，音和字母是符号的外部因素。所以，波尔·罗瓦雅尔语法分为语音和语法两部分。《汉文启蒙》中的第一部分"汉语和汉字的基本概念"描述了汉字和汉语语音的关系，即从汉语的音、形两方面描述汉语，总结汉语读音和书写方面的规律，并详细介绍汉字的分类方法和习字规则，使学生全面了解汉语语言的外部因素。

应该看到，比丘林《汉文启蒙》的内容从总体上并没有超出希腊拉丁语法框架和欧洲普遍唯理语法的范围。其实马礼逊、公神甫、高第丕等人的汉语语法体系都难以超越这一框架。当然，比丘林既采用了俄语语法框架来看汉语，又从汉语语义框架来研究汉语，确实是一种比较全面的做法。可以说，比丘林注意到汉语重语义轻形态的特点，这是一个了不起的创见，这在 1840 年前的西方汉语语法体系当中，是难能可贵的。

第四编

英国汉学家马礼逊的汉语语法研究
——《通用汉言之法》

第七章 马礼逊与《通用汉言之法》

第一节 《通用汉言之法》的研究价值

1811年，马礼逊用英文写了一本汉语语法书《通用汉言之法》（以下简称《通》）。在此书之前，用外语写成的汉语教材和语法书大都出于天主教士之手，使用的语言多为拉丁语或西班牙语等。直到《通》的问世，才有了第一部用英文写成的语法学著作，其意义是十分重大的。

《通》是一本综合文法书，涉及的内容较多，不仅仅局限在语法上。但迄今为止，全面观照《通》的著述尚未出现，这也是我们深入研究它的原因所在。研究《通》，首先，可以从整体上把握马礼逊的汉语语法观；其次，通过与国内学者的现代汉语著作进行比较，可以凸显此书的特点及价值，更好地了解马礼逊汉语研究上的成就、不足，明确它的学术地位；最后，可以揭示此书对对外汉语教学的影响，全面地了解马礼逊本人在汉文化传播过程中所作的贡献。

作为第一个来华的英国新教传教士，马礼逊在汉语研究的很多方面都有首创之功。关于马礼逊的研究自然不在少数。目前大部分研究集中在他的生平、翻译活动及在中西文化交流史方面所作的贡献上。就著述而言，学界大都把视野放在《圣经》的翻译和《华英字典》的编纂上。就《通》而言，学者们的关注和探讨相对欠缺。目前，对《通》的研究主要有以下几位学者：

1. 徐文堪[①]在介绍马礼逊生平及其著作时，简要介绍了《通》的情

---

① 徐文堪：《马礼逊及其汉语研究简论》，见《传统中国研究集刊》（第六辑），上海人民出版社2009年版。

况。比如成书、刊行时间，认为《通》的内容有拼写法、词类论、句法论、韵律论四个部分等。他指出《通》是参照英语中的语法体系而编写的，该书写作的目的是给学习中文的西方人提供实际帮助。

2. 黄爱美①把《通用汉言之法》与瓦罗的《华语官话语法》进行了比较，分析两者在名词、形容词、代词、动词、副词、介词、连词、量词特点上的不同。黄氏详尽地分析了词法，却没有清楚地说明《通》在词法上的独特之处。

3. 日本的何群雄②没有仅仅局限于词法方面，几乎介绍了《通》的全部内容，但多是概括性地介绍。他试图通过《通》来探求19世纪新教传教士的汉语语法观。

4. 日本的内田庆市③主要介绍了《通》的广州方言与官话、词类等内容。他不仅指出马礼逊的语法框架是模仿英语，还指出了马礼逊对独特的汉语特点的认知。

以上几位学者的研究为我们进一步研究《通》提供了很好的思路。

第二节　马礼逊生平及其主要作品

一　马礼逊生平

罗伯特·马礼逊（Robert Morrison，1782—1834），英国著名汉学家。生于英国北部的小镇莫佩思，家境十分贫困。青年时期的马礼逊曾经有过一段放荡不羁的生活，在16岁的时候，马氏开始认识到自己存在的问题。由于父母都是虔诚的基督徒，马礼逊也深受影响，他加入了

---

① 黄爱美：《从马礼逊〈通用汉言之法〉看英国早期来华传教士的汉语研究》，《海外汉语探索四百年管窥：西洋汉语研究国际研讨会暨第二届中国语言学史研讨会论文集》，外语教学与研究出版社2008年版，第281页。

② ［日］何群雄：《19世纪基督教新教传教士的汉语语法学研究——以马礼逊、马什曼为例》，阮星、郑梦娟译，《国际汉语教学动态与研究》（第三辑），外语教学与研究出版社2008年版，第66页。

③ ［日］内田庆市：《关于马礼逊的语法论及其翻译观》，東アジア文化交渉研究，第2号。

纽卡索长老会（the High Bridge Prebytherian Church in Newcastle）。1799年，马礼逊开始刻苦学习圣经、拉丁文、希伯来文和希腊文，为宗教职业生涯作准备。

马礼逊先后就读于霍克斯顿学校（Hoxton Academy）和戈斯波特传教士学院（Gosport Missionary Academy）。由于其出色的表现，1804年5月28日，马礼逊被接纳为伦敦会的海外传教士。1805年，马礼逊受英国伦敦会指示，为前往中国传教作准备。除攻读神学课程外，马礼逊还学习天文、医学和初等汉语，听取传教士在非洲和印度等地传教经验的介绍，并收集有关中国的资料。同年，伦敦会找到中国人容三德，让他担任马礼逊的老师。1807年1月8日，马礼逊正式接受委派，出任神职。31日，启程前往中国。同年9月8日，到达广州。此时的马礼逊已经掌握了一定的汉语知识。

当时，来华传教士面临着很多阻力，马礼逊自然也不例外。清政府发布条令严禁传教士进入内地，中国人不准信教，且不能教西方人学习中文，违令者一律处以极刑。除了来自清政府的限制，马礼逊还受到东印度公司的敌视。他不敢暴露自己英国人的身份，只能冒充美国人。后来，在美国领事卡林顿的帮助下，才得以留在广州。除此之外，马礼逊还遭到罗马天主教主教的仇视和嫉妒，这使他的处境更为艰难。但马礼逊一直没有放弃，处境也慢慢转好。马礼逊在结婚当天接受了东印度公司的聘请，担任其译员。直到此时，马礼逊才解决了合法居住中国的身份问题，在生活方面才始有经济保障。随着长时间的接触，马礼逊逐渐意识到中国是个重视读书的国家，虽然担任译员在一定程度上会影响他全心全意进行的传教事务，但是却能帮助他更方便、更全面地学习中文。在中国期间，马礼逊凭借性格上的坚韧与对知识的执着追求，克服各种困境，独自承担着东印度公司繁重的公务，编写字典，筹建书院，开拓传教事务。这是一般人无法做到的。马礼逊一直致力于研究汉语和传教工作，但由于他长期从事繁重的工作，身体每况愈下，于1834年，在忧患和操劳中去世。

二 马礼逊主要作品

作为来华的基督新教教士第一人，马礼逊在中国生活了27年。在华期间，他不仅完成了大量的翻译工作，还亲自创作，为后人留下了大量文字著述。

马礼逊来华的重要使命之一就是将《圣经》译成中文。虽然此前已有很多传教士翻译过《圣经》，但是他们多就某些章节进行翻译。由于对《圣经》翻译相当重视，马礼逊来华之前已经做了大量的准备工作，并于1814年完成《新约》的新译本。

马礼逊来华的另一重要使命是编纂一本中文字典。在写给伦敦会的一份报告中，马礼逊说，希望字典会给以后来华的传教士，提供极为重要的帮助。《华英字典》是世界第一部英汉对照的字典，它也是中国第一部使用西方活字印刷术排印的中文书籍。该字典由马礼逊独自编著，由隶属英国东印度公司的澳门印刷厂印制。全书共为6册，于1815年至1823年在澳门陆续出版。《华英字典》总共分为三卷，分别是《字典》《五车韵府》和《英汉词典》。全书计2500余页，全面覆盖汉文化的方方面面，是一本"百科全书"式的巨著；而且是首次用铅字排版印刷的书，为中国出版业的现代化作出了示范。

《通用汉言之法》完成于1811年，1815年印刷出版。马礼逊用英语语法的框架和观念描述汉语语法，被当时欧美学习者视为非常实用的语法著作。它不同于现在的语法体系，而是涉及内容非常广泛。可以说，《通》既是关于汉语语文学的一部专著，也是具有现代意义的传教士汉语语法研究专书。

《中国大观》（*A View of China*）是马礼逊继《通用汉言之法》之后的第二部著作，同样是由东印度公司资助，并于1817年在澳门出版。关于该书的写作目的，马礼逊编纂该书时说同样是为了给学习中文的学生提供帮助。该书包括年表、地理、政府、节令、节日和宗教神学等部分。

《广东省土话字汇》（*A Vocabulary of the Canton Dialect*）则是一部方言字汇。马礼逊在中国的经历使他认识到，如果想真正学好中文，不仅要学会官话，还必须要学好方言。而他要在广州、澳门等地传教，就必须要学会广东土话。1823年，《华英字典》完成后，马礼逊便着手编纂这部方言字汇，并于1828年由东印度公司出资在澳门出版。全书共分为三部分：第一部分为英汉字汇，第二部分为汉英字汇，第三部分为成语词组。最后还附有《英国文语凡例传》。

《察世俗每月统纪传》和《中国丛报》是马礼逊分别在1815年和1832年创办的中文报纸。改变对华传教的方式，选择印刷出版是一种很好的方式。在此基础上，马礼逊创办出版社，刊印书报等，通过这些来传播基督教义。

除了《圣经》，马礼逊还翻译了多部中国古代经典著作，如《三字经》《大学》等。

第八章 《通用汉言之法》的汉语观

来到中国后不久,马礼逊便开始撰写《通》。他希望该书能成为一本真正意义上的中文语法书。由于当时尚未出现以英文编写供学生学习中文的著作,所以马礼逊在撰写该书时就说:"希望这本语法书将在某种程度上弥补这个缺陷。"① 正是出于"给学习中文的人提供实际帮助"这一目的,马礼逊强调"一切关于语言性质的纯理论的专题讨论都特意省去,重点在于阐述语言的实际应用"②。此书编纂的基本原则是以英语语法系统为基本模式,对汉语语法进行比较全面的概括分析,从而以求揭示其内在语言规律。1811年,也就是在马礼逊来到中国的第四年,这部语法书就编写完成了。作为新教教士最早的比较全面系统地研究汉语语法的著作,《通》在近代汉语语法研究史和对外汉语教育史上具有开拓性的意义。

《通》完成之后,马礼逊曾把手稿交给乔治·斯当东(George Leonard Staunton)审读。斯当东对其大加赞赏,还在给马礼逊的书信中提出了自己的意见,并建议由孟加拉政府予以出版③。大概在1812年,马礼逊将这本书寄给印度大总督。但不知什么原因,此书的正式出版被耽搁了很久,直到1815年才在印度正式出版。《通》第一版共刊行500部。

---

① Robert Morrison, *A Grammar of the Chinese Language*, Serampore: Printed at the Mission Press, 1815: PREFACE.
② Ibid.
③ [英]艾莉莎·马礼逊编:《马礼逊回忆录》,顾长声译,广西师范大学出版社2004年版,第69页。

第一节 《通用汉言之法》概况

一 全书体例

除序言外，对《通》所涉及的各个方面内容，马礼逊并未设立专门的章节。在叙述每一部分内容时，马礼逊会首先给出标题。在每一部分内容叙述完毕之后，马礼逊就会另起一页，继续另一部分内容。在本书的最上面中间位置，左页为"A GRAMMER OF THE"，右页为"CHINESE LANGUAGE"，左右两页正好构成了这本书的英文名称（见图8-1）。同样地，马礼逊把标题也放在每一页的最上面。左页的标题为大标题，标在本页的右上角；右页的标题则为大标题下的小标题，标在本页的左上角（见图8-1）。

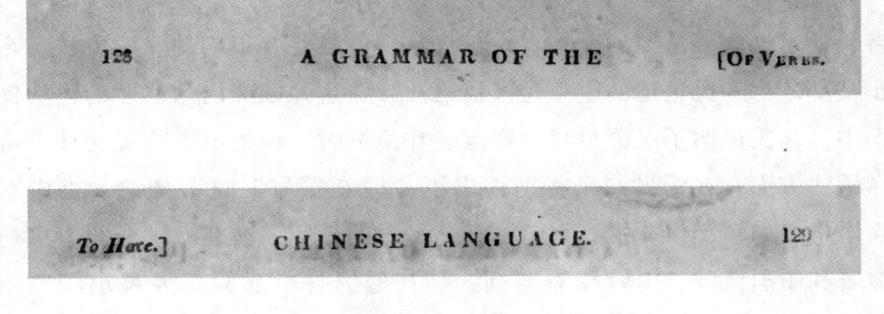

图 8-1 《通用汉言之法》书影①之一

在这本书使用的语言上，马礼逊一般是用英语陈述，在举例时会采用中英文对照的方式。对于不符合汉语表述习惯的问题，马礼逊有时也会指出，这些是出于为学习者提供帮助的需要。

二 内容简介

该书除卷首序言、目录、勘误表等，共280页，其中正文部分为

---

① Robert Morrison, A Grammar of the Chinese Language, Serampore：Printed at the Mission Press，1815：125-126.

240页。书中所有例句都用汉字,并附英译文,每一个汉字也都标有读音,包括声调。全书的内容非常丰富,主要涉及以下几个方面:

1. 序言。这一部分是关于中文独创性的评论。
2. 语音。内容涉及汉语拼音表、汉语词汇的欧洲拼字法、音节表、声调、声调练习表等。
3. 汉字。内容涉及汉字的书写方法、汉字的结构、部首表等。
4. 汉语字典。这一部分主要介绍字典的三种查字法。
5. 标点。包含句、读等内容。
6. 语法。主要指词法,内容涉及名词、数词表、形容词、代词、感叹词等词类。在每一词类下又有较为详尽的阐释,其中对动词的论述是作者最重视的部分,有近90页。这一部分较少涉及句法。
7. 地方土话。内容主要涉及广州方言。
8. 诗歌及韵律。主要涉及五言诗和七言诗的规则。

在序言部分,马礼逊着重介绍了自己的写作目的。他明确告诉学习者,学习汉语最重要的就是要认识汉字,尤其要有正确的学习方法。在正文部分,马氏论述的重点是汉语语法。在这种以英语为参照的语法体系中,马氏说明了汉语自身的特点。在论述时,他指出了英汉两种语言在语法方面存在的异同,特别提出了"时态符号"这一概念。书中对汉语量词的解释也非常有特色。在这本书的最后,马礼逊还介绍了广州方言和中国诗歌,内容相对概括。马礼逊编写《通》主要是出于实用目的,作者在书中对此一再强调。然而,书中有很多汉语例句是来自英语直译,显得生硬而不自然,甚至不够通顺。

第二节 《通用汉言之法》对"汉语拼写"的论述

在"汉语拼写"这一部分,我们总结归纳出了以下内容。

一 音节表

在音节表之前的"基本观点"(Preliminary Remarks)中,马礼逊还对汉语的注音方式作了一定的阐释。

（一）注音方式

马礼逊认为，"虽然汉字不是字母文字，且读音与汉字本身也没有必然联系。即使知道读音，也不能与这个读音所代表的汉字联系起来。因此，首先，我们可以用一个经常使用的，并且已经掌握读音的字，为具有相同读音却不常使用的汉字注音。中国人把这种注音方式称为'音'；其次，也可以使用两个汉字为一个汉字注音，中国人把这种注音方式称为'音切'。前一个字取音节的第一部分，后面的字取音节的最后一部分。"① 这种注音方式实际上就是"反切"，如图8-2所示：

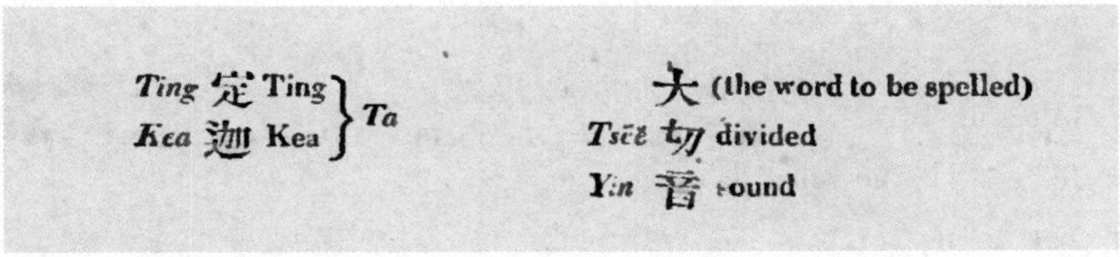

图 8-2　《通用汉言之法》书影之二

图 8-2 中是用两个汉字"定"和"迦"为汉字"大"注音的情况。马礼逊的这种注音方式与当时的情况相吻合。但在这里，他并没有明确指出汉语拼音的拼写规则，而是希望通过音节表的训练，让学习者来掌握汉语拼音的拼写规则。

（二）音节表

马礼逊指出："汉语中存在官话与方言，两者存在一定的差异。对外国人来说，不仅要学会官话，而且要学会方言。欧洲人在读汉字时，经常采用葡萄牙人读汉字的方法。"② 因此，在音节表中，马礼逊给定了三种发音方式：英国人所说的汉字读音、葡萄牙人所说的官话读音和广州方言的读音。他列出了以18个字母为代表的音节，分别是"A、C、E、F、G、H、I、K、L、M、N、O、P、S、T、U、W、Y"，比26个字母少了"B、D、J、Q、R、V、X、Z"。其中"W"被写成"Wa"。在以18个字母为代表的例子中，举例多少不尽相同。比如以

---

① Robert Morrison, *A Grammar of the Chinese Language*, Serampore：Printed at mission press, 1815：2.

② Ibid., p. 3.

"C"开头的例子多达 20 例,而以"E"开头的只有一例。我们以"I"开头的音节为例:在每一个汉字的前面,从上到下,分别描述了葡萄牙人所说的官话、英国人所说的官话和广州方言中对该字的发音,汉字后面又用英语对该字的意思加以解释说明。这样就使得整个音节表更加一目了然。

I. as in French(按:"I"相当于"French"中的"r"。)

Iang

Iang 攘　To exclude.

Yaong

Iĕ or jih

Jĕ　　日 The sun;day

Yat

Ien

Jen 然 certainly

Een

Ieng

Ieng 仍 As before.

Ying

Iin

Iin 人 A human being.

Yun

Ió

Iŏ　若 If.

Yok

Iou

Iou 柔 Softly：tender.
Yow

Ioo
Iu 如 As；if.
Yu

Iuen
Iuen 愞 Timid——also read No.
Une

Iun
Iun 润 Mellow：comfortable.
Yun

Iung
Iung 冗 To sprinkle：to mix.
Yung

以"攘"为例。葡萄牙人的发音是"Iang"；英国人的发音是"Iang"；广州人的发音是"Yaong"。从上表我们可以看到对同一个字的发音，英国人是在模仿葡萄牙人的发音，两者的发音基本相同，但与广州方言的发音又存在着一定的差异。这主要是因为西方人在学习汉语的过程中，必然会受到自己母语的影响，从而造成一种似是而非的现象。

对于音节，人们认为，"音节是语音的基本结构单位，是自然感到的最小的语音单位，发音时发音器官肌肉紧张一次就形成一个音节。音节是由一个或几个因素组成"。① 虽然马礼逊并未给出音节的定义，但对于音节是相当重视的。马礼逊非常详细地为我们展示了汉语音节表。但同时需要指出的是，马礼逊所举例子也存在一定的问题。首先，马氏指出对汉字所标注的汉语拼音，实际上是广州方言读音。广州方言是一

---

① 黄伯荣、廖序东：《现代汉语》（增订三版），高等教育出版社2004年版，第90页。

种具有地域性的语言，并不能代表汉语全部。这样一来，就给学习者造成一定的困惑。其次，汉字一般都不止一种意义，很可能有两种、三种，甚至更多。但在这里，马礼逊仅就其中一种意义进行解释翻译。比如"然"。"然"字后面对应的英文解释是"certainly"。虽然"然"在"当然"这个词里是"certainly"的意思，但是这样仅用一种解释未免过于以偏概全。在"然而"这个词里，"然"表示转折，自然不能用"certainly"表示，只能解释为"yet""but"或"however"。上述两种情况难免会给学习汉语的西方人造成一定的困扰。

二 声调

（一）四声

马礼逊指出："汉语可以用四个声调表达音节，中国人称之为'四声'，即平（píng）、上（shàng）、去（keǔ）、入（jò）。"① 他还分别给"四声"作了一定的解释：

平（píng）：even path (tone) neither low nor high.（同一轨迹，不高不低）

上（shàng）：a high exclamation, violent and strong.（强烈的感叹，强而有力的）

去（keǔ）：is distinct, clear, and delights in a lengthened path.（独特的、清晰的、惯于拖音的）

入（jò）：short, quick, and suppressed.（短、快、抑制的）

马礼逊还指出："'平声'还分为较高的和较低的。较高的平声称为'上平'（shàng píng），较低的平声称为'下平'（hiá píng）。因此，欧洲人认为汉语总共有五种声调（平声分为'上平'和'下平'），并且他们一般按照顺序把它们读出来：第一声，第二声……并且把声调标在音节上面。"②我们知道，古代汉语有四个声调，音韵学上通称为"四声"。"四声"的名称起于南北朝齐梁时代。根据中古汉语声调的四种

---

① Robert Morrison, *A Grammar of the Chinese Language*, Serampore: Printed at the Mission Press, 1815：19.

② Ibid., p.20.

分类以表示音节的高低变化，分别命名为：平声、上声、去声、入声。平声、上声、去声又称舒声，入声则为促声。可以看出，马礼逊对汉语声调的研究是有一定深度的。

关于"四声"，马礼逊认为 Manning 先生的研究具有一定深度，"上声的发音是最容易受到相邻音调的影响的；去声中，同样的操作发生在关闭的音节；平声却是非常开放。他认为分辨这三种声调需要一定的协助。而入声却是最容易分辨的。因为它极其短，并且在拼写上与别的音调是不同的"①。不难看出，虽然马礼逊只是客观陈述了 Manning 先生的研究，并没有阐释自己的观点，但他已经意识到"连读音变"这种特殊现象了。

同时，马礼逊也意识到北京话中原有的短音都被拖长了，或者说根本不存在短音。除此之外，马氏还明确指出音节末尾带"n"或"ng"的是短音。这说明马礼逊的眼光是很独特的，他已经看到入声的逐渐消失。虽然他只陈述自己的观点，并没有实际举例。

综上所述，马礼逊对"四声"的解释是比较确切的。

（二）声调的标记方法

在有关声调这一问题上，马礼逊认为："欧洲人为每一种声调都找到了合适的标记方法。他们在音节上加上标记符号就像是在字母旁边标上音标。他们把上平声记作为'—'，下平声记作为'^'，上声记作为'`'，去声记作为'´'，入声记作为'˘'。这些标记符号加在元音'e、o、u'等上头。"② 这几种标记方法不同于现代汉语中的声调标记方法。一般来说，在现代汉语中，汉语拼音的声调标记符号分别可以表示为："-" "´" "ˇ" "`"。

（三）送气音和不送气音

马礼逊认为："在汉语拼音中，常用一些标记符号来表示送气音。如 上 入 丨 丿 ㄩ 。汉语中只有初始不送气音，也就是说是不

---

① Robert Morrison, *A Grammar of the Chinese Language*, Serampore: Printed at the Mission Press, 1815: 20.

② Ibid.

是送气音，是由这个音节的首字母决定的。比方说只有充当首字母时，'k、p、t'等才可能是送气音。"① 同时，马氏认为非常有必要区分葡萄牙人所说的汉语官话中的"cu"和"çù"。汉语中的"cu"不能被写成罗马字母。"cu"和"çù"分别相当于"tsu¹"（不送气音）和"tsu²"（送气音）。

中国人并不把送气音看成是同一音节的改变，"塞音、塞擦音发音时，口腔呼出的气流比较强的叫送气音，共有p、t、k、c、ch、q等六个；口腔呼出的气流比较弱的叫不送气音，共有b、d、g、z、zh、j等六个"。② 送气音和不送气音是两个不同的首字母发出的音。比如"爸"和"趴"。"爸"的声母是"b"，不送气音；"趴"的声母是"p"，送气音。而英语却不同，同一字母既可以表示送气音[p']，也可以表示不送气音[p]。以"p"为例："peach"中的"p"就是送气音；而"sport"中的"p"却是不送气音。在这里，马礼逊也注意到英语和汉语在送气音这一现象上存在着一定的差异。但马氏认为在英语和汉语中，送气音的使用情况一样，都用于首字母送气。马礼逊的这种说法是正确的。

马礼逊认为要想学好声调的发音必须找当地人作为指导老师。在学习汉语时学习者没必要十分理解其中的意思，但是必须要说得好。因此，他建议学习汉语声调的人应该尽早接触那些本地人。事实上，从对外汉语的角度来说，一般12岁之前的人的汉语声调学习效果较好，毕竟这也符合黄金学习期的规律。

（四）声调练习音节表

在"声调"这一问题上，马礼逊在最后给出了声调练习音节表。

马氏所罗列的"声调练习音节表"不是按音序排列，而是按照"Ⅰ、Ⅱ、Ⅲ、Ⅳ……"的罗马序号顺序排列的。在每一个罗马序号下都有同是一个音节，但分属不同声调的四个汉字，按照"平上去入"四声的顺序从上到下排列。每个汉字前面是汉语拼音，后面用相应的英

---

① Robert Morrison, *A Grammar of the Chinese Language*, Serampore: Printed at the Mission Press, 1815: 21.

② 黄伯荣、廖序东：《现代汉语》（增订三版），高等教育出版社2004年版，第39页。

第八章 《通用汉言之法》的汉语观

语加以解释说明。在这个声调练习音节表中，不同的读音对应不同的汉字，简洁明了，给大家在学习汉语声调的时候提供了方便。

例：

I.
Siēn 先 Before.
Sièn 鲜 Musk.
Sién 线 Thread.
Si ð 屑 Labour.

X.
Kāng 刚 Hard.
Kiàng 讲 To speak.
Kiáng 降 Condescend.
ki ð 角 A horn.

XIV.
Kiaī 皆 All.
Kiaì 解 To explain.
Kiaí 介 To assist.

XVI.
Szū 师 A master.
Szù 史 Historian.
Szú 四 Four.

从"XIV"和"XVI"两个例子不难看出，在马礼逊给出的例子中，并不是每个字都是按照"平上去入"四个声调依次排下来的。笔者认为这主要涉及两个方面的原因：一方面是因为汉语中并不是每个音节都有四个声调；另一方面是由于马礼逊对广州方言的声调掌握程度不够，他不可能对广州方言中每一音节对应的几种声调都非常了解。比如，"师""史"和"四"在现在看来是属于两个音节的，这里却把它们归为同一音节。因此，我们在看待这一问题时，要涉及历时和地域这两个层面。不过，这个声调练习音节表的确会给学习者提供一定的帮助。

在声调练习音节表之后，马礼逊还解释说，他对声调音节表的描述是他从一本小的中国字典中摘录出来的。在字典中，末尾相同和音调相同的音节组合在一起。拼音和声调的组合的方式不是使用反切中第一个字的声调，而是使用第二个字的声调。①马礼逊的这种认识是正确的。

三 汉字的书写

在马礼逊看来，学习汉字非常重要。他认为，"中国汉字用毛笔写成，正确的书写方式是从上到下，从右往左，一行接着一行"②。如"门篇"就是从右往左书写的，现在写成"篇门"。马氏还指出："汉字最初是象形文字。从古文字开始，汉字就被很好地保存。随着时间的发展，汉字也在逐渐发生改变。在某些情况下，一些汉字甚至会失去其象征义。但在字典里，给汉字下定义的时候，常常会说明其象征义。有时，为了了解复合词的整体意义，我们首先要了解组合中每一个字的意义。"③ 从以上的论述，我们可以看出，马礼逊不仅重视汉字，也特别重视汉字的意义。

在这一部分，我们分别提取了四个部分的内容：汉字字体、汉字部首、查字典的方式和标点符号。

（一）汉字字体

马礼逊认为当时使用的汉字字体可以分为五种（原文中每个名称均按照从右往左的顺序，这里为了表述方便，把它们反了过来）：

1. 正字（chíng tseé），right character。
2. 行字（híng tseé），walking character。
3. 草字（Tsaoü tseé），grass character。
4. 隶字（lé tseé），a stiff ancient character。
5. 篆字（chuèn tseé），the seal character。

以"东"字为例，这五种字体表现得尤为明显（见图 8-3）。

---

① Robert Morrison, *A Grammar of the Chinese Language*, Serampore：Printed at the Mission Press, 1815：25.

② Ibid., p. 26.

③ Ibid.

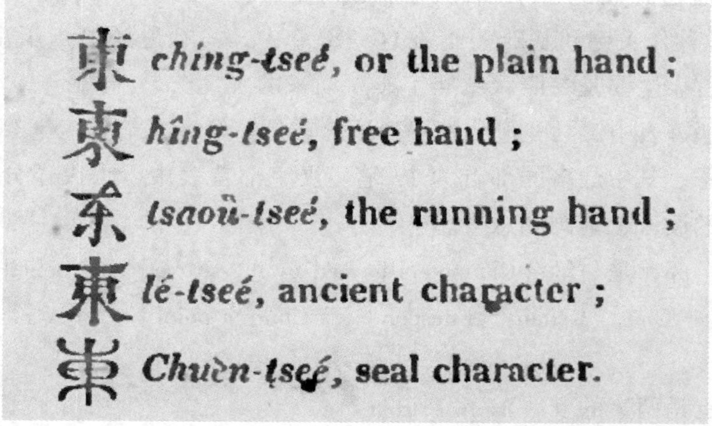

第八章 《通用汉言之法》的汉语观　　107

```
東  ching-tseé, or the plain hand;
東  híng-tseé, free hand;
东  tsaoù-tseé, the running hand;
棘  lé-tseé, ancient character;
朿  Chuèn-tseé, seal character.
```

图 8-3　《通用汉言之法》之汉字字体①

　　从马礼逊对汉字字体的概括归纳可知，他基本是按照由近及远的时间顺序分析汉字字体的演变历程。在每一种字体下，马氏还作了相应的解释，"其中，'正字'是指字形或拼法符合标准的字。它是普遍使用的一种字体，多用于官府文件和书籍出版；'行字'的写法比较自由，但不像'草字'那么潦草；'草字'多用在书信或公文中；'隶书'是一种横平竖直的古代字体，和'正字'很像；'篆书'是刻印文字"②。现在对这几种字体的称呼为"楷书、行书、草书、隶书、篆书"。在现在看来，汉字，"是一种形体和意义紧密结合的表意文字，随着文化的发展和时间的推移，汉字的形体也发生了巨大的变化。在历史的进程中，汉字出现过甲骨文、金文、篆书、隶书、楷书五种正式字体，同时出现的还有草书、行书等辅助字体"③。虽然马礼逊对汉字字体的研究还不够深入，只介绍了上述五种，但基本上能说明当时汉字字体的使用情况。对每一种字体的介绍也基本符合该字体的特点。

　　（二）汉字部首

　　在马礼逊看来，汉字很复杂，"为了使之变得简单，可以简编汉字。

---

①　Robert Morrison, *A Grammar of the Chinese Language*, Serampore: Printed at the Mission Press, 1815, p. 27.

②　Ibid.

③　黄伯荣、廖序东：《现代汉语》（增订三版），高等教育出版社 2004 年版，第 167 页。

中国人通过'部'来简编汉字，汉字总共有214个部首。在欧洲，'部'被称作关键和基础"①。在这一部分中，马礼逊还给出了部首表。这个部首表主要是参照《康熙字典》而来的。

在部首表中，马礼逊分别罗列了部首是一笔、二笔、三笔等不同笔数的例子。其中最多的部首为17笔。汉字部首表中，马氏还分别给出了它们的读音、笔画和意义。

如：部首是一笔（Characters formed by the stroke of the pencil）：
Ye 一 One　　Keuen丨to descend　　Chu、a point　　Yay 乙 one

部首是两笔的（—By two strokes）：
Urh 二 two　　　　Jo 入 to enter　　Pa 八 eight

部首是十七笔的（—By seventeen strokes）：
Yŏ wind instrument.

单独作为汉字的部首，有时候也会和其他部件组合在一起，作为其他汉字的部首。马礼逊特别重视这种情况。在这种情况下，马氏会在部首后面附上括号，并加以标注说明。"括号里的第一个字表示它独立出现作为汉字时的样子，第二个字表示当它与其他部首组合成字时的样子。"② 比如"刀"可以独立作为一个汉字出现，当它作为部首和其他部件组合在一起时，就变成了"刂"（见图8-4）。除此之外，为了突出这种情况，马礼逊还在和其他部件组合在一起时的书写方式后面加上了字母"c"，这样就使得这种特殊情况一目了然。比如图8-4中的"刂"后面就有"c"，"c"也可以放在"刂"的下面。马礼逊认为同一个部首在组合中，会因位置的左右而发生改变。比如"土"在"堆"和"杜"中的书写方式就不同。

（三）查字典的方式

马礼逊认为查字典的方式主要有三种：部首查字法；笔画查字法；音序查字法。这与现行通用的查字典的方法基本一致。

---

① Robert Morrison, *A Grammar of the Chinese Language*, Serampore: Printed at the Mission Press, 1815: 27.

② Ibid., p.33.

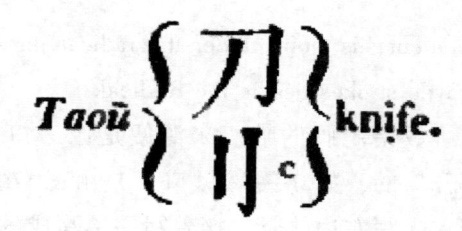

图 8-4 《通用汉言之法》之部首①

1. 部首查字法

马礼逊认为:"先出现的 214 个部首,使得所有的中国汉字排列在字典中。在组合的汉字中,部首在汉字左边的情况多于在其他位置。但是部首在右边和在上面、下面和中间的情况却是差不多的。虽然,部首的置放位置是没有规律可循的,然而,它一般出现在汉字比较显眼的部分。"②我们知道,如果知道一个字的部首,就可以使用部首查字法。比如"仁"这个字,我们在查字典的时候,就可以找到部首"亻"进行查找。马礼逊还指出,在字典中,部首下面的内容也是按顺序排列的:

首先,排在第一个的是除部首外由一笔组成的汉字。

其次,排在第二个的是除部首之外由两笔组成的汉字。

依此类推。

2. 笔画查字法

在三种查字法中,马礼逊对笔画查字法阐述得最为详细。

"为了找出字典中的汉字,首先,你要找出这个字的部首,看看部首是多少笔画。然后根据部首笔划找出部首所在地方。接着,要查出这个汉字除了部首之外的笔画,这样就可以很快地找到所要查的汉字。如果这样还没查到要找的汉字,不外乎有两个原因:不是弄错了部首,就是数错了笔画。"③难以确定部首又不知道读音的字,可用笔画查字法。

---

① Robert Morrison, *A Grammar of the Chinese Language*, Serampore: Printed at the Mission Press, 1815: 28.

② Ibid., p. 34.

③ Ibid.

例如：

Pëén，便 convenient，is found under the radical jín 亻 which is on the left side. Pëén has seven strokes beside the Radical.

马氏还指出："数错笔画的唯一来源便是像'口'这种直角的汉字，或者是在底部开口的，如'冂'。'口'是由三笔组成的，'冂'是由两笔组成。它们首先写左边的竖，接着写一笔写成的上边和右边的部分，最后写底部的交叉部分的笔画。"① 如图 8-5 所示。

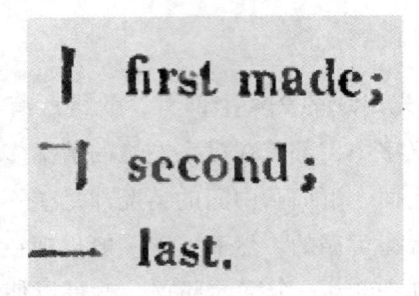

丨 first made;
¬ second;
一 last.

图 8-5　《通用汉言之法》之笔画顺序②

马礼逊非常重视汉字的书写原则，"汉字书写的一般原则是从左边开始写，在写垂直的笔画之前，要先写水平线（横线），除了最后才写的最下面的水平线（横线）"③。

最后，马礼逊还举了字典中的一些例子：

Peen，便 convenient，"亻"，放在左边，共七笔。

Gue，愛 to love，"心"放在中间，共九笔。

3. 音序查字法

马礼逊认为："除了《康熙字典》外，中国的很多字典都是按照音序进行排列的。知道读音的字，可以用音序查字法。"④ 我们知道，只有在对这个字的读音非常清楚的基础上，才能很快地查到这个字的所在

---

① Robert Morrison，*A Grammar of the Chinese Language*，Serampore：Printed at the Mission Press，1815：34.

② Ibid.

③ Ibid.，p. 35.

④ Ibid.

之处。这也是音序查字法的关键所在。在这种查字法中,马礼逊并没有举出例子,仅仅说明有音序查字法这种情况。

除此之外,马礼逊还指出:"在一些中国和拉丁字典中,存在音序和部首两种编排方式并存的情况。知道读音,或者知道书写方式,都可以很容易在字典中找到这个汉字。"①

总之,在部首查字法和笔画查字法中,他不仅说明查字法的步骤,还实际举例。但是最后的音序查字法的介绍,却显得有点草率。马礼逊介绍的三种查字法与现行的查字法基本一致。他在之前的论述中也提到在学习汉语时,先认识汉字是非常重要的。因此,他也非常重视查字法。

(四)标点符号

"标点符号是辅助文字记录语言的符号,是书面语的有机组成部分,用来表示停顿、语气以及词语的性质和作用。"② 马礼逊认为:"在汉字书写中,标点符号一般被忽略。历史书和评论中也经常提起。书写中使用的标点符号有且只有两点,分别是'.'和'。'。其中,'.'放在字与字之间,断开句子间的组成部分,被称为读。当句子结束时,在后面加一个圈,称作'圈'或'断'。"③

例如:

从图8-6中,我们可以看到"."和"。"在文章中的实际应用。这的确是古书中存在的问题。

马礼逊认为汉语有两个标点符号"读"和"断",其论述与郭锡良先生对古文标点符号的观点基本吻合,只是在名称上略有不同。郭锡良先生在论述古书的标点问题时,认为"古书是不加标点的,读书时要自己断句,也就是'句读'。古人读书,一句话完了,常常在字的旁边加一个点或圆圈,叫作'句';一句话没完,但读时需要有一个停顿,就在字的下面加一个点,叫作'读'(dòu)。两者合称'句读'。并且古

---

① Robert Morrison, *A Grammar of the Chinese Language*, Serampore: Printed at the Mission Press, 1815: 36.
② 黄伯荣、廖序东:《现代汉语》(增订三版),高等教育出版社2004年版,第190页。
③ Robert Morrison, *A Grammar of the Chinese Language*, Serampore: Printed at the Mission Press, 1815: 36.

人读书很少用'读',主要是用'句',所谓'句读',基本只起断句作用,和现在使用的标点符号性质很不相同。"① 从这里,我们可以看到,马礼逊的汉语底蕴非常深厚。

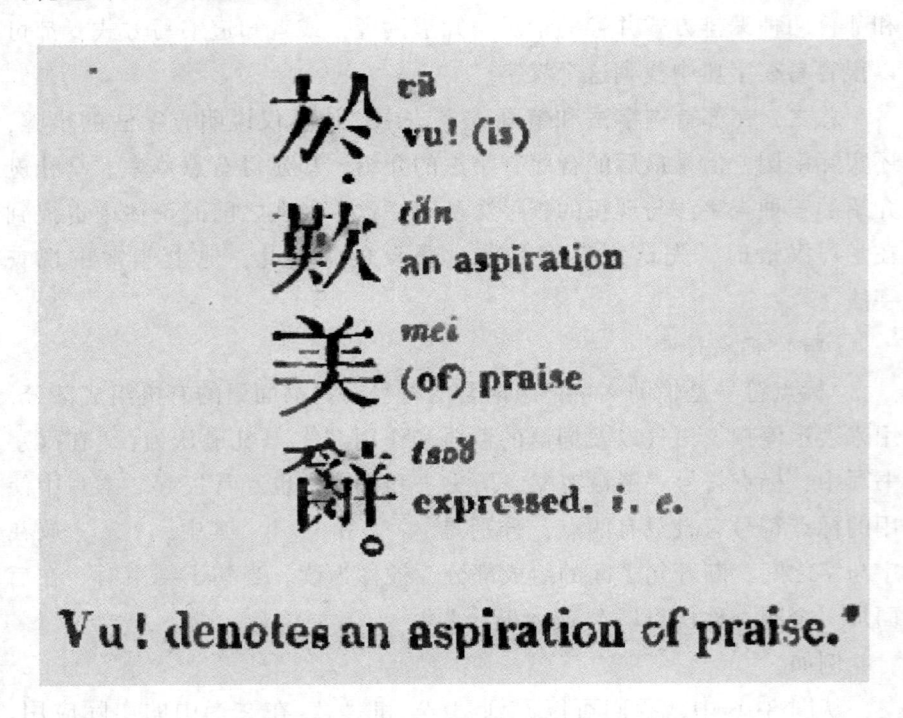

於 ヒü
欸 vu! (is)
　 tǎn
美 an aspiration
　 mei
辭 (of) praise
　 tsoǒ
　 expressed. i. e.

Vu! denotes an aspiration of praise.

图8-6　《通用汉言之法》中的"句读"②

第三节　《通用汉言之法》对汉语语法的论述

马礼逊编写《通》的初衷是写一本关于汉语的语法书。一提到语法,很多人就会很自然地想到"词法"和"句法"这两个组成部分,研究汉语语法的人也多是从这两个方面来进行研究的。在这里,马礼逊花了大量篇幅介绍词法,对句法只是稍作提及,仅举了几例。虽然

---

① 郭锡良:《古代汉语》(修订本),商务印书馆2009年版,第684页。
② Robert Morrison, *A Grammar of the Chinese Language*, Serampore: Printed at the Mission Press, 1815: 36.

《通》这本书涉及的内容相当广泛，但很明显，马氏仍然把语法作为整本书的重中之重。自然，这也是本编所要研究的重点。

一　词类

马礼逊把汉语词类分为九类，分别是：名词、形容词、数词、代词、动词、副词、介词、连词、叹词。身为英国人，马礼逊深受母语的影响，对汉语词类的划分方式和当时英语的词类划分基本一致。然而，马礼逊的分类标准与现代汉语的分类标准并不完全相同。马氏多是就某个词在某一特定情况下具有的特点所做的分类。英语是典型的屈折语，因此词类的划分标准以形态为主。而在现代汉语中，"词类是根据词的语法性质而进行的分类。划分词类的目的是为了说明语句的结构和各类词的实际用法。如今划分词类的依据主要有三个：词的语法功能、词的形态、词的意义。其中，词的语法功能尤为重要"①。由此可见，马氏对词所作的分类具有不确定性。

我们对马礼逊的八种词类作了如下整理归纳，表述顺序与《通》基本一致。

（一）名词

在之前的论述中，马礼逊已经明确认识到，"汉语是单音节词，没有词形变化。而名词的单复数及性数格一般都是借助助词或其他形式完成各种形态。名词也经常和一系列的量词搭配使用"②。在这一部分，马礼逊主要从三个方面对汉语的名词进行了介绍：名词的搭配使用（也就是名词的语法特征）、量词表、名词的形态（如数、性、格等）。

1. 名词的搭配使用

（1）马礼逊认为名词常与数量词组合，数量词既可以位于名词前，也可位于名词之后。如：

　　　　货船二十（只）支

---

① 黄伯荣、廖序东：《现代汉语》（增订三版），高等教育出版社2004年版，第8页。
② Robert Morrison, *A Grammar of the Chinese Language*, Serampore: Printed at the Mission Press, 1815: 37.

"of merchantmen twenty sail"

一（只）支船

"a ship" 被硬性地翻译为 "one sail ship"。

一层楼

"A story, or flight of rooms"

因此，他把量词的用法也归并到了名词这一部分。在这里，作者通过大量的举例介绍量词和名词的搭配。介绍的量词有"餐、盏、节、座、幅、桴、张、札、帙、枝、阵、成、轴、炷、串、重（chóng）、方、封、位、行（háng）、下、伙、画、回、员、竿、架、根、口、间、件、局、句、卷、个、科、颗、股、块、管、欵、两、辆、棱、粒、连、领、亩、面、枚、门、把、疋、匹、片、部、本、旬、刀、台、头、担、条、帖、点、顶、朵、綻、对、端、团、段（只列出，但并未举例）、文、尾、首、乘、双"，共77个。

例如：

①Taoū 刀 The numberal of quires of paper, as

一 Yǎy 刀 taoū 纸 chè

"A quire of paper;" 100 sheets.

②Teě 帖 The numeral of petitions to government, visiting cards, &c

奉　Fùng　　　一 yǎy ⎫
Present　　　　　　　⎬ one (N.)
禀　pìn　　　　帖 teě ⎭
Petition

每一个例子，马礼逊都是先列出汉语拼音，然后写上对应的汉字，最后用英语翻译。接着在下一行举出该量词在句子中的实际应用。在句子中，也是首先用汉语把句子写出来，每一个字的后面都有对应的汉语拼音；最后在下一行用英语完整翻译这句话。

在这里，我们可以看到，马礼逊非常重视量词，他认为汉语中的量词非常丰富，量词和名词搭配的频率也非常高。马氏甚至对他所知道的每一个量词进行了举例，也就是我们所看到的"量词表"。但是对于量词的具体特征，马礼逊并没有明确说明。他是立足于实际应用来解释意思。可以说,马礼逊在名词这一部分,花了大量篇幅来介绍量词,是非常有特色的。那时,在国人的语法研究中,量词还没有从名词中独立出来。直到丁声树的《汉语语法讲话》,量词才被独立出来。由此,我们也可以看到马氏超前的汉语观。

(2)"者"经常放在名词后面,作后缀

马礼逊把"者"看作起辅助作用的词,也就是助词。"者"在句子中的作用是用来复指主语,引出谓语。

心者身之所主也
三光者日月星

虽然马礼逊仅举两例来阐释"者"的用法,但是他的观点非常明确。"者"在古代汉语里也经常被提到,如"庸者笑而应曰"(《史记·陈涉世家》)。现代汉语中,"者"多作后缀,如"作者""读者"等。

2. 名词的复数

"数"是最基本的范畴之一。马礼逊认为,由于汉语缺少词形变化,很多人头脑中并没有"数"这一范畴。汉语属于孤立语,名词的复数意义不可能依靠词形变化来实现,这就导致名词由单数变成复数的情况非常复杂。因此,马氏主张在动态语境中观察名词的复数。

(1)在名词前面加前缀

多人　　好多对象　　几只船到了

"多、好多、几只"都是表示多个意义的词或词组,它们作定语修饰名词。马礼逊认为汉语的这种组合方式就是表示复数。我们知道,在名词前面加的前缀,实际上就是加的定语,且定语以形容词居多。现代汉语中也有很多类似情况,如"许多人""很多人""不少人"等。

马礼逊在这里还特别指出在此类情况下,作前缀的词有时也可以用在名词后面作后缀。如"多人"成立,"人多"也同样成立。但需指出的是,在"多人"和"人多"中,"多"都不是词缀。词缀是指只能黏附在词根上构成新词的语素,它本身不能单独构成词。而这里的"多"

并不是只具有构词的功能。"多"可以单独构成词,并分别与"人"组成两个不同结构的短语。事实上,马礼逊所说的前缀和后缀,只是指结构关系发生了变化,其含义与今天有别。"多人"是偏正结构,"人多"是主谓结构。

(2) 在名词后面加后缀

先生们　　行商等　　夷辈　　匪类

我们可以把上述例子概括为"名词性的指人成分(包括词和短语)+们"这种结构。现在,仍然会采用这种结构表示复数。

(3) 名词重叠

人人知道

重叠法构成名词的复数,在现在也是常见的。最常见的几种形式是单音节量词通过"AA""一"+"AA"形式来表达。例如"个个""件件""一个个""一件件"等。

(4) 篇章语境中分析出复数,如:

有人来到相斗,此人应当被拿解官府。

从这句话中的"相斗"二字,我们可以看出,这里的"有人"肯定不仅仅只有一人,在这里表示复数。

从马礼逊对名词复数的表达方式可以看出,他认为汉语中通过词汇手段和词序手段表达,这点与英语不同,英语中通过词的形态变化——词尾来表达复数。由此可见,马礼逊在这种情况下也是结合了汉语实际,以此来更好地帮助学习者学习汉语。

3. 名词的格

在马礼逊看来,"名词的数、性、格在与动词的时态搭配使用时,也不会产生任何词形变化。但如果仅仅是出于提供学习语言的实际帮助,格的用法可以被保留下来以供学习"①。所以他在介绍名词这一部分内容时,特意保留了西方语言名词中特有的格与性。但是,这里我们必须说明,汉语中没有"格",因为它们并不像英语那样,随着在句中位置和作用的不同而具有一定的词形变化。如在英语中,表示"他"的"he"会有相应的属格"his"和宾格"him",而汉语中,"我打他"和"他打我"并没有因为在句子中的位置和作用的变化而产生词语形式上的变化。

"格表示名词、代词在句中和其他词的关系。名词、代词作主语时用主格的形式;作及物动词的直接宾语时用宾格的形式;作间接宾语时用与格的形式;表领属关系时用属格的形式。"② 除了这四种格,马礼逊还增加了呼格和离格。马氏认为汉语中名词的格用"的""之"构成的所有格形式表示。一般来说,一个名词变格后就意味着这个名词具有了另外的语法功能,比如一个名词宾格就表示具有充当宾语这一语法功能。

表 8-1 便是马礼逊对汉语中名词六种"格"的介绍。从马氏对六种"格"的介绍,我们可以看出其对"格"的介绍十分详尽。在每一种"格"下都分别陈述了各自的使用条件,并举出了例子。只可惜,这并非汉语的语法现象。用英语语法规律来硬作解释,难免捉襟见肘。

表 8-1　　　　　　　《通用汉言之法》中的汉语"格"

格	使用条件	举例情况
主格	作主语	先生
属格	由助词构成,"的""之"构成了所有格的形式,表示占有者	先生的、宦官的笔、孟子之母
与格	由"与""过""对"组成,作间接宾语	你与他送这个、我已讲过先生、你对他说
宾格	主格和宾格相似,作宾语	此信烦驾带至省城
呼格	由表示"祈祷"的助词组成,用来表示"呼叫",跟在名词后面	主乎
离格	由介词和连词构成,如"由""自""从""同""以"等	他由英咭唎国到广东来了

---

① Robert Morrison, *A Grammar of the Chinese Language*, Serampore：Printed at the Mission Press, 1815：62.

② 叶蜚声、徐通锵:《语言学纲要》,北京大学出版社 1997 年版,第 110 页。

4. 名词的性

马礼逊认为,"名词的性由极少量的表示雄雌的名词构成,有时也可从对篇章的分析中得出。没有生命的东西就没有'性'。任何事物都有优劣之分,也有阴阳之分。同类事物中完美或优秀的被称为'阳性',不完美或低等的被称为'阴性',如太阳为阳,月亮为阴;天为阳,地为阴等"①。在这里,马礼逊提出"性"这一概念,也同样是出于学习的目的。我们认为,"性是某些语言里的名词的分类。形容词常常修饰名词,它也随着有关的名词而有性的变化。'性'是一个语法的概念,一般分为阳性、中性和阴性三种"②。

马礼逊主要是通过表人性别的词和表动物雌雄的词来探讨语法上的"性"这一范畴,与阳性、中性和阴性无关。如:

人:男人、女人;儿子、女儿。
动物:公马、母马;牛牡、牛牝;鸟有雌雄之分。

马礼逊认为,有时候,很多名称可以正反互说。比如在表示动物公母的时候,我们有时不说"公牛""母牛",而说"雄牛""牛牯""牛公""牛母"等。

与名词的"格"相比,马礼逊在这一部分的论述略显单薄,仅是通过一些例子来试图阐述"性"这一概念。在这里,我们还是应该意识到汉语中没有"性"这种语法范畴。

5. 在一些名词中,"子"和"耳"经常会作为后缀

桌子　几管笔耳

我们知道,词缀有前缀、中缀、后缀三种情况。后缀是指用在词根后面的词缀,是一种重要的构词法。马礼逊已经意识到了这种重要的构

---

① Robert Morrison, *A Grammer of the Chinese Language*, Serampore: Printed at the Mission Press, 1815: 67.
② 叶蜚声、徐通锵:《语言学纲要》,北京大学出版社1997年版,第110页。

词法。他在这里指出后缀用在名词后面的情况。实际上，后缀并不仅限于跟在名词后面，动词、形容词后面同样也可以加上后缀，但词性都变成了名词。如"滚子""胖子"等。

事实上，在现代汉语中，"子"作为后缀，用法非常普遍。如"孩子、箱子、钉子、面子、兔子、鞭子、娘子、珠子"等。而"耳"多在古代著作中出现，现代已经很少能看到了。如"此亡秦之续耳"（司马迁《鸿门宴》）、"何处无竹柏？但少闲人如吾两人者耳"（苏轼《记承天寺夜游》）等。这两个例子中的"耳"是语气词。事实上，"几管笔耳"中的"耳"也是语气词，而并不是马礼逊所认为的词缀。

在现代汉语中，名词表示人或事物，包括表示时间、处所、方位的词在内。在这部分内容中，马礼逊并没有说明名词的种类，也没有分析名词的特点。他从另外一个视角，阐述了名词的各种搭配情况与语法范畴。

（二）形容词

马礼逊认为，在汉语中，形容词和名词一样，都是无词尾变化的单音节词。形容词表示性质、状态等。朱德熙指出，形容词凭借语言单位的外在形式分为"简单形式（性质形容词）和复杂形式（状态形容词）两类"[①]。

在这一部分，马礼逊的论述主要涉及了三个方面的内容：形容词的原级（搭配使用情况）、比较级和最高级。

1. 形容词的原级（搭配使用情况）

在"形容词原级"这一问题上，马礼逊举出了三种情况：

（1）当没有和实词联系起来的时候，常在形容词后面加上助词。如：

> 重者、高的、低的

（2）形容词常跟在动词"是"后面。如：

---

① 朱德熙：《语法讲义》，商务印书馆2009年版，第73页。

他是恶的。
这米是好的。

（3）形容词后面也可以不跟动词或者助词。如：

这米好。
一家仁一国兴仁　一家让一国兴让。

从以上列举的三种情况，我们不难看出马礼逊强调的是形容词经常作谓语或谓语中心。当然，他也相当看重形容词和助词"者""的"的搭配使用。

2. 形容词的比较级

马礼逊认为，"形成形容词比较级的比较词主要有：更、过、不如、比、又、还、再、比不得、越、越发、尤等"①。不难看出，马礼逊所列出的比较级多为副词。在马氏看来，形容词比较级形式的构成离不开副词。

例如"好"：

可以组成的词有：更好、好过、更好过

在这里，马礼逊把词组看成词，语法单位混淆不清。

可以组成的句子有：这个比那个更好/这个好过那个/那个不如这个好/这个比那个好/那个比不得这个/这个比那个越发好/这个与那个孰好。

同时，马礼逊还认为通过一些例子，很容易理解形容词的用法，不用非要遵守一定的规则。也就是说，形容词在句子中的使用情况是比较自由的。

马礼逊还举了不少形容词比较级的用例，如：

（1）两个事物之间的比较

短三寸　高一尺

---

① Robert Morrison, *A Grammar of the Chinese Language*, Serampore: Printed at the Mission Press, 1815: 69.

马氏还指出，英语中的"rather…than…"结构，在汉语中，可以用"宁可、不可、不敢"表示。如：

  我宁可死，不可得罪神。
  我宁愿住在北京不住南京。

英语中的"than"，在汉语中，用"于"表示。

  物之高大莫过于天。

在上述两个例子中，我们可以很清晰地看到，马礼逊试图把英语中的比较级构式结构运用到汉语之中，这无疑是比较牵强的。在"我宁可死，不可得罪神"这句话中，我们看到"宁可"是用来修饰动词"死"的；而在"我宁愿住在北京不住南京"这句话中，根本就没有形容词。马氏只是在论述比较级，而并非形容词；再看"物之高大莫过于天"，两者间的比较物是"高大"。其中，"高大"是形容词。这句话可以看作形容词的比较级，即"没有比天更高大的物体了"。还有，马礼逊在论述形容词的比较级时，有的句子中甚至没有出现形容词。马礼逊用这种方法来阐释汉语的比较级，收录了一些不是比较级的例子，难免会存在一定的问题。

（2）形容词重叠表示比较

在"那一山比这个是高高的"这一例句中，马礼逊认为是用形容词重叠表示比较。这种说法并不十分准确。我们知道，无论是状态形容词，还是重叠后的性质形容词，都只表示一种状态，并没有表示比较的意思。句子中的状态形容词与其他成分搭配时，才有可能有表示比较的意义。且"那一山比这个是高高的"这句话存在语病，一般不能成立。我们可以说成"那一山是高高的"或者"那一山比这个高"。马氏选用的语料存在句式杂糅的毛病，由此可以看出，虽然马礼逊认识到形容词重叠这一特性，但是认识上尚存在不足。

其实，"状态形容词本身就有很多重叠的词语，如绿油油、水灵灵等；除此之外，状态形容词重叠后依然可以成立，如'雪白、漆黑、血红'重叠后变成'雪白雪白、漆黑漆黑、血红血红';而有些性质形容词可以重叠,重叠后用法同状态形容词。如'早、绿、痛快'重叠后就变成'早早的、绿绿的、痛痛快快的'"①。

3. 形容词的最高级

马礼逊认为,汉语形容词存在最高级,且有以下两种情况:

(1) 由"绝、最、第一、顶上、十分、好、好过、绝好"构成的最高级形式。如:

那条河绝深。
一省之中总督为第一大人。
穷到极。
富贵不过的。

(2) 有"极、一等、至"经常作前缀或后缀,表示最高级。如:

至圣。
极真。

和上面形容词的比较级一样,马礼逊同样是把很多副词应用到和形容词的搭配使用中,比如"那条河绝深"中的副词"绝"就是用来形容后面的形容词"深",从而形成形容词的最高级形式。他将表程度很深的程度副词作为表示形容词最高级的手段。"一省之中总督为第一大人"这句话想要表达的是"一省之中,总督为权利最高的人",这句话是表示最高级的意义。但在原句中,"第一"是序数词,我们找不到任何关于表示形容词最高级的痕迹。原因在"形容词的比较"中已作解释,这里不再赘述。

另外,无论是在名词还是形容词中,马礼逊都存在词缀误判的情况,如"多""极""至"等,不是词缀,而是词。

---

① 黄伯荣、廖序东:《现代汉语》(增订三版),高等教育出版社2004年版,第17页。

（三）数词

马礼逊在本书中分别对基数词和序数词进行了介绍。数词表示数目和次序。分基数词和序数词。

1. 基数词

马礼逊认为可以通过三种不同系列的特征来表示基数词。

（1）用正字书写，这是最普遍使用的一种方式。

（2）在正式场合或盟约、合约中使用的较复杂的词语。如何正确选择使用哪种数词是相当有难度的。

（3）用草字书写。这种情况大部分是用来记录账目。①

(First series)	(2nd)	(3rd)	(Eng)
Yay 一	壹	丨	one
San 三	三	川	three
She 十	拾	丨三	
San 三	三	十	13

在上述情况（3）中，数字"一"到"十"，在用如上的三种方式表示完之后，会有相应的英语翻译。"十"之后的数字便不再有英语翻译。

基数词表示数目的多少，可分为系数（一、二、三等）和位数（十、百、千等）两种。马礼逊并没有明确告诉我们，他想要论述的基数词是什么类型的，只提到了不同场合该使用何种字体。但从他上面所举的例子中，我们能看出，马氏注意到汉语中对同一基数分别用三种字体表示，很有特点。

2. 序数词

马礼逊认为，"一般在基数词前面加上前缀'第'表示序数词"。序数表示次序前后。马氏一共列举了三种序数词。

（1）第一种区别名称的序数词

原本的数目字。对这种情况，马礼逊并未展开论述。据笔者所知，这个所谓的"原本的数目字"就是指"一、二、三、四、五、六、七、

---

① Robert Morrison, *A Grammar of the Chinese Language*, Serampore：Printed at the Mission Press, 1815：82.

八、九、十、百、千、万、亿",通过在前面加"第"或"初"等构成序数词,也就是第一、第二、第一百等。

(2) 第二种序数词

大写的数目字。即壹、贰、叁、肆、伍、陆、柒、捌、玖、拾、佰、仟、万、亿,这种数目字与上面的数目字相对应。

这种情况在如今仍被广泛使用,且多用于银行中。

(3) 最后一种序数词

花码的数目字,也叫作苏州码数目字。

苏州码字又称花码、番仔码、草码、菁仔码,是一种传统在中国民间流行的数字(见图8-7)。现在有些地区的街市、旧式茶餐厅及中药房仍然可以见到。

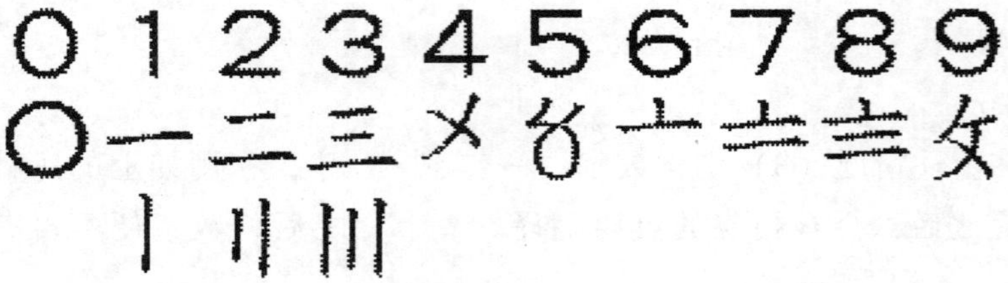

图 8-7

苏州码字脱胎于中国历史上的算筹,也是唯一还在被使用的算筹系统。花码由南宋时期从算筹分化出来。同算筹一样,花码是一种进位制计数系统。与算筹不同的是算筹通常用在数学和工程上,花码通常用在商业领域里,主要用途是速记。如今,这种表示序数词的方法已经很少被提及了。

马礼逊仅仅是把上述三种情况简单罗列出来,并未加以解释说明。

(四) 代词

马礼逊把代词分为五种:人称代词、疑问代词、指示代词、辅助性代词(关系词)、个别词和不定式代词。一般来说,"代词有代替、指示作用。传统语法按代词的作用把代词划分为三类:代替人或事物的叫做人称代词,表示疑问的叫疑问代词,指称或区别人、事物、情况的叫指示代词"①。因此，我们可以对马礼逊的分类进行合并。其中，可以把个别词归入指示代词中；辅助性代词（关系词）可以归入疑问代词中；不定代词可以分别归入人称代词和疑问代词中。在这一部分中，马礼逊还涉及了两种语法范畴：数和格。

1. 人称代词

（1）人称代词的单复数

马礼逊分析了人称代词的单数和复数，指出：

表示单数的人称代词：我、你、他。

表示复数的人称代词：我们、你们、他们。

除此之外，马礼逊还举了一些人称代词在句子中的实际应用的例子，如：

> 我所寻之书已经寻着了。
> 他们一齐来闹事是以主人严责他们。

（2）三种人称

马礼逊试着去论述三种人称，但事实上他只对第一人称和第三人称作了比较细致的论述，对于第二人称的内容涉及得较少。在这一部分，他还区分了三种人称的单复数。

第一人称。

马礼逊认为，"'我'是最常用的第一人称。在写作中，我们也经常看到'余、予、吾、俺'这样的第一人称单数。从文章整体内容来看，第一人称单数中的'我'有时也被看作第一人称代词复数，如在'我中国人'这句话中，可以表示'我们这些中国人'，这时的'我'表示复数意义；但是如果加上动词，这句话则变为'我是中国人'。此时，'我'是实实在在的第一人称单数"②。

第二人称。如：

---

① 黄伯荣、廖序东：《现代汉语》（增订三版），高等教育出版社2004年版，第27页。

② Robert Morrison, *A Grammar of the Chinese Language*, Serampore：Printed at mission press, 1815：89.

"汝""尔"。

马氏认为除了"们","等、辈、侪、偶、曹"也构成复数形式。
第三人称。

马礼逊指出,英语中的"he、she、it、they"除了用"他"和"他们"表示,还可以用"伊""彼""其""之"。如:

尔之爱我也不如彼。

在这里,需指出的是,马礼逊认为汉语中没有合适的词能够和英语中的"she"和"it"保持一致。我们知道,在那个时期,是没有"他""她""它"之分的,所有的第三人称都被统一写成"他"。

(3)"之之"

马礼逊认为,"'之之'这种搭配有时候会出现,前一个'之'表示所有格,后一个'之'是代词"①。如:

教之之子。
Teach their children.

从马礼逊的英语翻译中,可以看出,马礼逊省略了一个"之"。他在这里已经认识到第一个"之"的作用没有实在意义,用在动宾之间,是为了取消句子的独立性;第二个"之"的作用是充当第三人称。

(4)尊称与谦称

在马礼逊看来,中国人不喜欢简单地用"我"和"你"表示人称,很多时候用"尊驾""老爷"等。这点在第一人称和第二人称中都有所表现。

在第一人称谦称上,马礼逊指出:"人们在自称的时候,不说'我',而说'小的、蚁';商人自称'商人';官员自称'敝职';身

---

① Robert Morrison, *A Grammar of the Chinese Language*, Serampore: Printed at mission press, 1815: 92.

体部位称为'身';兄弟之间较为年轻的,称'弟';皇帝自称'朕''寡人'等。"①

在第二人称尊称上,马礼逊发现,在很多场合中,"你"有另外的尊称替代,"在县里,称'太爷';在州里,称'大老爷';在省里,称'大人';对君主,称'皇上、陛下、万岁'等"②。

除此之外,在人称问题上,马礼逊还指出"彼"表示"那个""那儿";"此"表示"这儿""这个"。两者分别表示"你"和"我"。他还举出了相应的例子:"彼此均有同情。You and I have the same feelings or disposition."事实上,"彼"和"此"都是指示代词,分别表示远指和近指;也可以指人,相当于"这人""那人"。马礼逊认为它们是人称代词的说法,并不十分准确。但他对"彼"和"此"的意义和用法认识得较为准确。

(5) 所有格

马礼逊指出,所有格由"之"和"的"构成,如"我的""他们的""我之"等。例如:

> 我的意思是如此。
> 我之房子。

还有,反身代词由代词后加"自己"构成。如:

> "我自己""他们自己"等。
> 此一句系他自己所说的。
> 此事关我自己,不管他人。

马礼逊还特别指出,只有从篇章中我们才可以发现,无论用在句子中的什么位置,"自"和"己"都是独立使用的。如:

---

① Robert Morrison, *A Grammar of the Chinese Language*, Serampore: Printed at mission press, 1815: 93.

② Ibid., p. 92.

> 君子贵人而贱己先人而后己。
> 克己复礼。
> 所谓诚其意者毋自欺也。

另外,马氏还指出,第三人称有所有格。"其"通常表示"他的""她的""他们的"。如:

> 人当教其子以存其善。

"伊"也经常用作"他的""他们的"。

> 某月某天某日有贼人到此处,小的被伊偷去衣服一箱。

我们知道,这里的"伊"其实并不表示所有格,仅表示第三人称"他"。当提到亲戚、故乡、处所的时候,会通常使用"我的"或者是"你的"。如:

> 我的母亲

在这里,马礼逊再次提到"尊称"这一概念,穷人称自己的母亲为"家母";而称对方的父亲为"令尊";对自己可使用"家、舍、敝、贱、小";对"你"(对方)可使用"贵、令、高、尊"。如"家父、舍亲、令堂、尊眷、敝处、贵国"等。

2. 疑问代词

马礼逊认为疑问句由代词"谁、哪个、孰、何、什么、是那一、谁来、是谁"表示。如:

> 是那一个人?
> 孰得而御止之乎?
> 我所说的话你因何不依?
> 这个东西系谁的?

疑问代词的主要用途是表示有疑而问或无疑而问。从这里，我们可以看出，马礼逊的有些表述是并不准确的。比如"是那一""谁来""是谁"这三个都算不上词，而应是短语。可以看出，马礼逊对词和短语的划界不清。

3. 指示代词

"This"和"That"是英语里的两个指示代词，马礼逊认为表示"This"的有：这、斯、此；表示"That"的有：那、彼、他。如：

这个字、此字、那只狗、他人、彼间屋、这些茶杯、那几把雨伞、这等物

马礼逊指出："彼、其、伊作为指示代词，由文章整体结构决定'其'是单数或是复数；当'是'表示人、事物等作主语的时候，其作用与'this'相当；'彼'和'此'经常合在一起搭配使用，首先被提到的是'that'，'this'后被提到。"① 对这些，马礼逊的认识较为准确。

可以看到，马礼逊通过英语中的指示代词"This"和"That"引出汉语的指示代词，最终还是有想把汉语套用到英语语法体系的嫌疑。

4. 辅助性代词（关系词）

马礼逊认为，"'所'前面一般有表示'谁、哪个和那个'等代词，用在动词之前；'者'用在句子中'表示人的成分'旁边"②。如：

我所要的东西。
凡所买卖什物还需交易公平。
行善者有福矣。——行善之人有福矣。

现在学术界的认识是，"'者'和'所'是两个起辅助作用的代词。它们都称代一定的人或事物，但是却不能独立作句子成分用，必须放在

---

① Robert Morrison, *A Grammar of the Chinese Language*, Serampore: Printed at mission press, 1815: 105.

② Ibid., p. 106.

其他词和词组的后面或前面，构成'者'字结构和'所'字结构，使整个结构成为句子的一个成分。有的语法著作称它们为'助词'"①。可以看出，马礼逊的论述虽稍显简单，但与现在学术界的观点基本一致。

5. 个别词

马礼逊认为个别词有"每"和"各"等。如：

每一个人俾一个人。
还有"各项""百般"等。
百般都是一样。
凡事都要小心。
无人不去。

除此之外，马礼逊还举出了英语中"Either"和"Neither"的例子：

Either：彼两个人都不见过。
不论是哪一个。
Neither：两个不是。

马礼逊认为"每""各"都是个别词，因为英语中这两个词是个别词。但现代汉语中，人们认为它们是指示代词："每""各"是分指，指全体中的任何一个个体；"每"侧重于个体的相同的一面，"各"侧重于不同一面。除了"每"和"各"，还有"某"和"另"。"某"是不定指；"另"是旁指，指所说范围之外的。②

6. 不定代词

马礼逊认为自己在前面五种代词上已经花了大量篇幅，在这一部分仅举少量用例。当所指代的对象不确定时，就叫作不定代词。英语中的不定代词比较多，如"something、anyway、nobody"等。

---

① 郭锡良：《古代汉语》（修订本），商务印书馆1999年版，第330页。
② 黄伯荣、廖序东：《现代汉语》（增订三版），高等教育出版社2004年版，第29页。

（1）都在。
（2）一总在。
（3）不论那一个。
（4）不拘什么人。
（5）人应当知道自己之意如何。
（6）敬老怜贫人皆有是心也。
（7）有人家他所喜悦惟别的他不多悦。

古代汉语中的"或"和"莫"都是不定代词。现代汉语中并没有这一类代词。在马礼逊看来，（7）这句话中的"人家"、（3）中的"那一个"、（4）中的"什么"、（5）中的"人"和（6）中的"人"都是任指，但"人"是名词，并不是不定代词；"一总在""都在"等例子中，马氏误将表示范围的副词"一总""都"等看作不定代词。

综上所述，马礼逊在对代词的分析论述上存在着一定的问题，比如在不定代词的问题上就涉及得不够全面，如对词的归类不够准确等，将动态语境下的意义误以为是词义。但不可否认的是，在这一部分，马礼逊所论及的内容非常细致，对每一种代词的情况都考虑得非常全面。

（五）动词

在马礼逊看来，中国人把动词看成生字（a living word），把名词看成死字（a dead word）。有时，也把动词看成动字，把名词看成静字。动词的语气和时态主要借助一些辅助词来实现。表示动作时间的词放在动词前面。的确如马礼逊所认为的那样，在汉语中，动词是非常灵活的，它在实际使用中起着非常重要的作用。"动词表示动作、行为、心理活动或存在、变化、消失等。"①

马礼逊在这一部分主要写了三类动词："有""是"、表"建议"的动词。在每一部分下，又简单地介绍了"动词的单复数保持同形""语气和时态靠助词构成"等内容。举例说明这些用法之后，又依次介绍了与"to have、to be、do、must、ought、should、may、can、will、let、to advise"等相对应的汉语表达方式。各标题下，都分别按"人称、单复

---

① 黄伯荣、廖序东：《现代汉语》（增订三版），高等教育出版社2004年版，第13页。

数、时、语气"举出了例句，并附译文。后面又依次排列"现在时""过去时""完成时"等时态，以及"陈述语气""疑问语气"等语气。

限于篇幅，我们仅列出《通》中与"to have"相对应的动词部分的语气范畴和时态范畴，具体如表 8-2 所示。

表 8-2   《通用汉言之法》中的汉语"语气"①

类别	To have					
语气	现在时	过去时	完成体	过去完成式	将来时	过去将来式
陈述语气	我有；你们有许多棉花；你有什么货物买？	我先时有；你先有么？	我已经有过。	医生来此处时前曾经有银针一管。	我将有；恐怕他们将有遭逆风。	我将有过了。
祈使语气	许我有；准我有；我要你有；我欲你们即有。					
可能语气	你随意可以有那件物。	向来你应该有慎听先生所讲出来的话。	我不记得实在哉者，我曾经可有过亦未定。	前几年我可以有过银汤羹几把。		
虚拟语气	若你有些货卖去更好因目下价钱太高。	若我有就借与你亦何妨之事。	若他曾经有过这对象在自己家里因何他未曾说知？	若你来时之前我曾有此物你所取我必有送过你。	若我明年将有些货物卖我就告诉你听。	等待明年十二月若那一时未到我将有过了你来时我必讲过你知道。
不定式语气	以有财帛丰盛而从不赐予穷老人岂为善乎？		有过。	他既曾有过大本业任意肆欲。		

注：马礼逊在"to have"的不定式语气部分中并未为其划分时态与体态，表 8-2 中的划分是笔者根据其例句中归纳得出。

在对与"to have"相对应的动词的分析中，马礼逊分别用了"陈述语气""可能语气""祈使语气""虚拟语气""不定式语气"对其进行论述。并且在每一语气类型下，也都用了大量篇幅去论述各种时态，如"现在时""完成时"等。在这一部分，马礼逊是按照英语中"to have"

---

① Robert Morrison, *A Grammar of the Chinese Language*, Serampore: Printed at the Mission Press, 1815: 113-168.

的使用情况套入汉语中的，实际上二者有很大的不同。

下面我们以现代汉语汉语中"有"的用法为线索，与马礼逊对"有"的研究作对比。"有"在现代汉语中的用法如下：

1. 动词

（1）表示存在：村里有一个老实人。

（2）表示所属：他有一本书。

（3）表示发生、出现：有病/情况有变化

（4）表示估量或比较：他有一米七多。

（5）表示等候、等待：有朝（有朝一日）；有期（有一定期限）；有时节（有时候）。

（6）表示大、多：有学问。

2. 语素

用于某些动词前组成套语，表示客气。如：

  有烦；有请；有劳

3. 多构成连谓句式

  小二黑有资格谈恋爱。（小二黑有谈恋爱的资格，前后有条件和行为的关系。）
  那块钻石有核桃那么大。

从上述分析中，我们不难看出，马礼逊与现代汉语中对"有"的研究和分析角度完全不同。马礼逊认为英语的"to have"是个有很多用法值得被研究的语法点，所以他就花了大量篇幅去介绍"to have"的用法与"有"关系密切。而实际上，汉语中"有"的使用情况和英语中"to have"的语法功能并不对应。马礼逊完全是从语气和时态这两个在英语中有着明显标记的特点来分析的。而现代汉语"有"则往往具有不同词性。

马礼逊认为，"以上的语气和时态都是有明显标志的，但事实上，一篇好的文章并不是完全按照时态标志而来，有时候甚至会省略。并且有时同一时态的不同标记会混在一起使用，没必要去理解得那么精确"①。事实上，以上的论述存在一些问题。对于形态变化不丰富的汉语来说，用时态标记来分析它，本身就是不合适的。是为削足适履。

(六) 副词

马礼逊把副词分为表次数、表序数、表处所、表时间、表数量、表怀疑、表肯定、表否定、表疑问、表比较等类型。所分种类繁多，但仍与现代汉语的分类有一定的出入。比如表次数的和表序数的副词在现代汉语中已经归入数词中，但这里仍看为副词。我们以马礼逊《通》中表示时间的副词来分析。如：

1. 现在时

今、目下、现今、兹今、现在

2. 过去时

他曾经来、近时、才刚、方才、昨天、从前好久、上古

3. 将来时

明天、后来、未曾、将近、将来、自今以后、等一些他慢慢来

4. 表立即的

即刻、立刻、他就来

5. 表不确定的时间

多次、累次、有时、你早回来、少时、每日、每七日、每月、

---

① Robert Morrison, *A Grammar of the Chinese Language*, Serampore: Printed at mission press, 1815: 143.

年年、常时、他来时我写字、你做完方可回归、我总不再复见他

马礼逊认为，在英语中，"manner"会经常省略后面的"ly"。当它和名词搭配的时候，是形容词；当和动词搭配的时候，是副词。不可否认，马礼逊对英语副词的诠释是完全正确的。但在汉语中却并非如此。首先，汉语并不像英语有所谓的词形变化，英语中的"ly"是汉语中并不存在的。其次，马礼逊的举例也存在着一定的偏差。比如针对其之前的论述，马礼逊举了两个例子"快马一匹"和"他走得快"。在"快马一匹"这句话中，我们很容易就看出"快"是形容词，用在名词之前，作定语；"他走得快"这句话中，"快"作补语。马礼逊却把这两句话中的"快"都看作副词，他是在把英语中副词的特点直接套用在汉语中。很显然，两者都是形容词，在汉语中也不会有形态的变化，虽然充当的成分不同。

（七）叹词

在这一部分，马礼逊并没有指出汉语有哪些叹词，仅仅说明叹词在实际应用时的几种情况。如：

1. 悲痛的表达

呜呼！
可怜我！
了不得我！
吁嗟呼！

2. 表惊讶

何哉！（what!）

3. 表钦佩、赞赏

休哉！（how excellent!）
大矣哉！
猗欤休哉！

马氏还指出:"'矣夫'用在句尾表示赞赏;而'夫'经常用在句首,表示一个连接词。"① 对此,他并未举例。

叹词是表示感叹和呼唤、应答的词。上面的例子中,马礼逊并不是在每个句子中都使用了叹词。有些虽然表示感叹的语气,但这是由句子本身决定的,而并非感叹词。如"可怜我"和"了不得我"这两句中,就没有感叹词。马氏所认为的叹词是从动态语境中分析得出的。与今天叹词的内涵有差异。

(八) 介词和连词(虚词)

马礼逊对汉语虚词的分析仅限于介词和连词。鉴于马氏对两种词类的分析角度几乎完全一样,在这里,笔者一并表述。

对于虚词的介绍,马礼逊把汉语中介词和连词的所有用法都套用在了英语的框架之中。

1. 介词

(1) "of"

"之""的"(表属格)

  我朋友之屋。

"因""为"(表原因)

  他系因热病而死。
  他为热病死了。

(2) "for"

表代替(instead of)

  我请你代我办那件事。

---

① Robert Morrison, *A Grammar of the Chinese Language*, Serampore:Printed at mission press, 1815:258.

表原因（on account of）

他爱儿子因为他好性情。

2. 连词
（1）"though" "although"
"但"

虽然他有病尚且必来。
虽我系数次劝他还不见他改过。

（2）"and"
"和，与；就；而且；但是；然后"
常有"而、及、又、并"表示：

他及他的兄弟在城里居住。
他来而说过我知道。
这个并那个为他所造的。

"亦"和"也"也经常表示"and"，但是不够正式。

在介绍的次序上，马礼逊先是把英语中的介词和连词列出来，然后把它们翻译成汉语，最后再举例说明。这样介绍汉语虚词的方法明显是行不通的，没有揭示出介词与连词的最本质的特点。"介词起标记作用，依附在实词或短语前面，共同构成'介词短语'，整体主要修饰、补充谓词性词语，标明跟动作、性状有关的时间、处所、方式、原因、目的、施事、受事、对象等。"[①] "连词起连接作用，连接词、短语、分句和句子等，表示并列、选择、递进、转折、条件、因果等关系。"[②]

《通》对介词和连词的介绍存在的问题较多。首先，很多从英语中

[①] 黄伯荣、廖序东：《现代汉语》（增订三版），高等教育出版社2004年版，第37页。
[②] 同上书，第38页。

翻译过来的词性,并不与英语的词相吻合。比如在介词"down"下,马礼逊举了这样一个例子:你放下书。这句话的英文翻译是"Put down the book"。这里的"down"是介词,没有任何问题。而汉语"你放下书"这句话中的"下"却是趋向动词,用在动词后,表示由高处到低处。现代汉语中的"下"的词性有名词、动词和量词三种,并没有用作介词的情况。在这一点上,马礼逊存在盲目模仿英语的情况。其次,马礼逊关于英语介词的用法介绍非常详尽,但是接下来并没有对各个情况进行分析,也没有深入说明各个类型的使用环境,只是在下面用汉语举了几种例子。这些例子,并不能显示介词或连词的特性,甚至从这些例子中,我们并不能判断出这些是否属于马礼逊为其设定的词性:介词或连词。这不能不说是一个遗憾。

通过以上的介绍,我们将《通用汉言之法》《马氏文通》与现代汉语的词类名称进行对比,如表 8-3 所示①:

表 8-3　《通用汉言之法》《马氏文通》与现代汉语词类名称对比

现代汉语词类名称	《马氏文通》	《通用汉言之法》
名词	名字	Noun
形容词	静字	Adjective
动词	动字	Verb
代词	代字	Pronoun
介词	介字	Preposition
量词		Numeral
数词		Number
连词	连字	Conjunction
助词	助字	Particle
叹词	叹字	Interjection
副词	状字	Adrerb

通过表 8-3,我们发现《通》在词类划分方面的特点:

第一,马礼逊把汉语词类分为九类,分别是:名词、形容词、数

---

① [日]何群雄:《19 世纪基督教新教传教士的汉语语法学研究——以马礼逊、马什曼为例》,阮星、郑梦娟译,见《国际汉语教学动态与研究》(第三辑),外语教学与研究出版社 2008 年版,第 66 页。

词、代词、动词、副词、介词、连词、叹词。他对汉语词类的划分与当时的英语词类划分情况相吻合,现行的汉语语法体系也主要是在英语语法的影响下形成的,马氏对词类的划分与现代汉语词类的划分情况基本一致。通过比较,我们可以看出,马礼逊在《通》中对汉语词类的划分比《马氏文通》更接近现行的体系。从这点来看,马礼逊对汉语词类的划分是有进步意义的。但事实上,马礼逊的词类内涵与当代词类内涵并不一致。① 以副词为例,马礼逊的例子"一次""两次""三次"。马氏判断这些语言单位为副词的根据是在英语中,"He came twice"中的"twice"是副词。依此类推,"他二次来"中的"二次"也是副词,起修饰限定动词"来"的作用。除此之外,马礼逊还举出了另外一个例句:"He first discoursed respecting Astronomy; secondly, respecting Geography, and finally (or lastly) he discoursed respecting good writing. 始者他论及天文,次者及地理,终者他论及文墨。"② 用来说明"始者、次者、终者"作为副词在汉语句子中的应用。从这两个例子可以看出,马礼逊在《通》中处理汉语词类的方式是从英语语法的观念出发,将典型的英语例句汉译后,以英语词类的标准将汉语中相应部分划为与英语相同的词类。但这并不是意味着,马礼逊是完全照搬英语。有些时候,他也切实考虑到了汉语中的实际使用情况和汉语的自身特点。比方说,在人称代词中,马礼逊提到了"尊称"这一概念。当提到"你的",多用"贵""令""高""尊"。他说人们在自称的时候,不说"我",而说"小的""蚁""贱""舍",商人自称"商";官员自称"敝职"等。涉及"性"和"格"的时候,马氏也明确表示汉语中并没有这两种语法范畴,他之所以把它们列出来,只是为了帮助西方人更好地学习汉语。从这点我们可以看出,马礼逊是对汉语进行了实际考查分析的。

第二,马礼逊在这里介绍了六种语法范畴,分别是:数、格、性;体、时、态。性是某些语言里的名词的分类。数一般包括单数和复数两

---

① 杨慧玲:《19 世纪汉英词典传统——马礼逊、卫三畏、翟理斯汉英词典的谱系研究》,商务印书馆 2012 年版,第 283 页。

② Robert Morrison, *A Grammer of the Chinese Language*, Serampore: Printed at the Mission Press, 1815: 20.

种意义。格表示名词、代词在句中和其他词的关系。这三种语法范畴大部分都与名词、代词有关。在这一部分中，马礼逊在介绍名词的时候论述了"数""性""格"三种语法范畴；在介绍代词的时候论述了"数""格"两种语法范畴。"体"表示行为动作进行的方式，是动词特有的语法范畴。"时"也是动词的语法范畴，表示行为动作发生的时间。这时间往往以说话的时刻为准，分为现在、过去、未来。"态"表示动作和主体的关系。它是动词所具有的语法范畴，一般分为主动态和被动态两种。马礼逊在动词部分，花了大量篇幅，分别使用了"时""体""态"三种语法范畴，对动词中的每一种情况进行详尽介绍。"如果说形态是词的变化形式方面的聚合，那么语法范畴就是由词的变化形式所表示的意义方面的聚合。由词形变化表现出来的语法范畴，是有形态变化的语言所具有的。"① 前面已经说过，汉语是没有词形变化的。所以，马礼逊还是在把英语模式照搬到汉语中来。这种方式对于研究汉语本身来说，是一种削足适履，未免让人有捉襟见肘之感。但不可否认的是，就像马礼逊在开头提到的那样，如果仅仅是为了给学习中文的西方人提供帮助，这未免不是一个有效的途径。

二 句法

在这一部分，马礼逊列举了九种情况，试图以此来说明汉语的句法特点。

1. 作主语的名词常常放在与所有格有关的词之后。

> 两广总督大人。
> 这个人之儿子。

2. 官府所在乡、县等后跟官员的名字。

> 顺德县周祚熙。
> 香山县彭。

---

① 徐通锵、叶蜚声：《语言学纲要》，北京大学出版社1997年版，第109页。

3. 表示行为的时间词放在动词前面表示那个动作。

　　他明天将来。

4. 日期的表达是年放在月前，月放在日前。

　　嘉庆十六年二月初一日禀。

5. 形容词一般放在名词前面。

　　高山　　好人

形容词有时也可放在名词后面。如"地方好大"，也可以说成"好大地方"。

6. 特殊情况下，形容词放在名词后面，也可用副词。

　　事情大。
　　这个系一端事弊得狠。

7. 形容词和名词之间有时候会被放在中间的动词隔开。

　　大有关系。

8. 除非有明确表示，在句首的"无"，表示后面每个部分都被否定。但除去某些表达顺序有变化的情况。

　　无处不闻，一方不见者矣。
　　无义之不详，一音之不备矣。

9. 双重否定表示强烈的肯定。

其船无不被坏了。
你无不知。

  我们不难看出,除了第9种情况,前8种情况都是在围绕一个共同的主题——语序。这说明那时的马礼逊已经认识到语序是汉语语法的一个重要特点。这在当时来说,实在难能可贵。对汉语来说,"语序是一种重要的语法形式或语法手段,不仅是表示语法结构的语法意义的形式,也是语言表达或修辞的手段。有些语言(如印欧语)由于有丰富的形态变化,很多语法意义不是通过语序来表示,因此语序相对比较自由。"①汉语由于缺乏严格意义上的形态变化,从而导致很多语法意义和句子类型往往要通过语序来表示,所以语序在汉语语法里显得特别重要。语序有时会改变整个结构关系。"短语和句子大都是由较小的语言单位逐层组装起来的,按照不同的结构类型分析出不同的句法成分。"②比如在第5例中,形容词既可以用在名词前面,也可以用在名词后面。"地方好大"和"好大地方"就是属于形容词和名词的前后次序问题。"地方好大"是主谓结构;而"好大地方"却是偏正结构。
  值得注意的是,在第4例中,马礼逊把汉语中日期的表达是按年、月、日的顺序也看成是汉语的句法特点,这就未免过于牵强。汉语时间顺序的表达,是习惯问题,不是句法问题。与汉语采用年月日的顺序不同,英语的时间采用的是月日年的顺序。马礼逊之所以把它放在这里,认为是基于语序不同。
  在第9例中,马礼逊提到了双重否定。双重否定是一种用否定形式表示肯定意义的特殊句式。最常见的双重否定是先后两次否定,即有两个否定词的方式;也可以采用一个否定词再加上否定意义的动词或反问语气的方式。双重否定表示肯定的意思,比一般的肯定语气更强,更加肯定有力。马礼逊注意到了汉语的这一表达方式,《通》中有三个例子,如:

---

① 安玉霞:《汉语语序问题研究综述》,《汉语学习》2006年第6期。
② 黄伯荣、廖序东:《现代汉语》(增订三版),高等教育出版社2004年版,第5页。

1. 其船无不被坏了。

That vessel must inevitably be lost.

2. 你无不知。

You cannot but know, or——you know it fully.

3. 你不得不知。

You cannot but know, or——you must know.

从马礼逊的例子中，我们可以看到例 1 和例 2 的使用情况是一样的。它构成的情况是"两个否定词连用"：两个否定词连续出现，中间没有被其他成分切断。两个否定词可以是"无""不""没有"。这一种情况在现代汉语中仍然是相当广泛的。例 3 同样适用于现代汉语。此类双重否定又叫能愿式双重否定，两个否定词中间为能愿动词。构成"不+能愿动词+否定词"的格式。今天的用例情况如下：

你不会不走的。
你不得不走。
这里不能没有你。

与马礼逊《通》不同的是，现代汉语中还存在下面三种双重否定的类型：

1. "不（没有、非）+动词成分+不"

这个会议，你不去不可以。
没有发现不正常情况。
非杀不足以平天下。

2. "不是+否定词"

不是没有困难。
不是不喜欢她。
不是我不管。

3. "没有（无、非）+名词性成分+否定词"

没有一个不佩服他的。
无风不起浪。
非他不嫁。

总而言之，虽然马礼逊在这一部分只列举了9种情况，且没有进行细致分析，但抓住了汉语语法"语序"这一特点。除此之外，还注意到了双重否定表示肯定这一句式。句法在汉语语法中占有十分重要的地位，马礼逊的做法显然还远不能让我们抓住汉语句法的特点。

第四节 《通用汉言之法》对方言的论述

本来，马礼逊将这部分内容放在"句法"前面，笔者把它放在这里，是为了表述的方便。由于马礼逊长期居住在广州，故十分熟悉广州方言。《通》中有关广州方言的部分有如下内容。

一 关于官话与方言的不同

马礼逊认为方言和官话不同，这点在他的音节表里已经显现出来了。他还指出，只能通过反复练习才能学会方言。"在广州方言中，有很多发音没有与其相应的汉字。还有一些字，是他们本省人自己约定俗成的。但是，这些汉字在汉语字典中未作收录。各省方言也被称为白话、土话、土谈，与之相对的，官方通用的称为官话。在欧洲，葡萄牙文中把汉语方言叫作'国语'。在广州方言中，表示事物的名称和官话是一样的。尽管发音不同，但写出来的汉字却是相同的。"[①] 以发音不同为例，"he"被写成"佢"。在复数中，它们由"te^3"构成。"我们、你们、他们"分别写成"我 te^3""你 te^3""佢 te^3"。其实，方言与官话的很多不同仍然没有被提到。

---

① Robert Morrison, *A Grammar of the Chinese Language*, Serampore: Printed at mission press, 1815: 259.

二 有关广州方言的几个特点

马礼逊就自己所观察到的广州方言的特点作了如下归纳。

1. 在语法范畴上,马氏提到了"属格"。如:

"mine"可以表示为:我的或我 ka²;"ours"可以表示为:我 te3ka²。

其余的人称也采取同样的方式。

2. 在词类上,马氏提到了如下几种类型:①

(1) 指示代词(定冠词):个;个个。
(2) 疑问词:乜;乜野;乜野人;边个人;乜谁;边个野;乜野。
(3) 动词"系"(to be):系乜野人。
(4) 副词"不"(not):唔;系唔系。冇;冇人;佢冇来;冇事。

3. 马礼逊还提出了几种分别与英语单词、短语和句子相对应的广州方言,如:

(1) "how":点样;咁样;边处。
(2) "thing":野;好野;唔好野。
(3) "to bring":拧黎;黎;揇黎;揇;拧去;去;揇去;饭。
(4) 疑问句常常由"系吗"构成,或者"呢"。

上述各种情况广州方言是经常出现的。马礼逊只是简单地对官话和方言进行了对比,接着又很粗略地介绍了方言中的语法现象。在介绍方

---

① Robert Morrison, *A Grammar of the Chinese Language*, Serampore: Printed at mission press, 1815: 259.

言语法时，马礼逊分别罗列了形态（格）、词类（指示代词、疑问词、动词、副词）及句式（疑问句）等几项内容，多以举例方式呈现，且多举的是词语的例子。但仅仅通过一些例子，并不能让我们很清楚地知道广州方言语法的特点所在。比方说从马礼逊的叙述中，我们仅能得出广州方言的指示代词有"个"和"个个"，但具体的使用情况我们却无从知道。马礼逊似乎也明白了这一点。因此，他适当增加了一些句子，以观察广州方言词语的部分功能。

以下例句是马礼逊论述广州方言时的用句，标题为涉及的词：

1. 代词

  我唔知道。
  你爱我唔似他。
  我意思系咁样。
  乜野事。
  系边一个人。
  个几把雨伞。

2. 形容词

  佢系恶。
  呢个好过个个。
  最上等酒。
  佢做上一等功夫你可以讬佢做。

3. 动词

  你有好多棉花。
  你有乜野货物卖。
  你先有吗？

4. 表示时间

  日：佢明日将有系吗？
  佢到过北京一次。
  若佢在个处叫佢黎。
  个功夫做完。

5. "yes" 经常用 "係" 表示。

  係也野人？係唔係？

6. "呢" 经常用在疑问句末尾。

  点样呢？

  以上用例说明，广州方言在句子中的实际应用有些与普通话相似，有些却很不相同。比如"你有好多棉花"这句话几乎与汉语普通话中的表述一致。有些也只是个别词语的使用不同，如"佢到过北京一次"这句话中，只有"佢"与官话中的"他"不同。而有些则完全不同，如"呢个好过个个"一句，除了广州本地人，很少有人能够了解这句话的意思。从马礼逊所举的例子来看，他把握住了广州方言的大致特点。

第五节 《通用汉言之法》对诗歌的论述

  马礼逊认为，"当汉语被说出来的时候，音节的组成使其散发出一种相当强有力的声音。对本土人来说，一句话中音调有着不同的分配。在鞑靼语中，音调却是非常少的，并且在方言中一般都是被效仿的。在阅读古典书籍时，中国人习惯用一种类似音乐剧的发音方式，好像是在吟诵"[1]。可以看出，马

---

[1] Robert Morrison, *A Grammer of the Chinese Language*, Serampore: Printed at mission press, 1815: 273.

礼逊已经认识到"韵律"这一概念。这点在诗歌中表现得尤为明显，马礼逊也看到了这一点。他指出："中国的诗大部分是格律诗。然而，如今，诗人把重心放在了音节的组合上，或者每一行的重音和数量上。"①

一 《诗经》

从古至今，《诗经》在中国文学史上的地位一直非常重要。马礼逊用了一系列的比喻来形容《诗经》的发展过程，这一比喻是非常形象的。"中国文人喜欢在前言中提及收集的诗篇，与中国诗的每一时期相比较，就好像是一棵逐渐长大的树。《诗经》诞生时期，是根形成时期；李苏繁荣时期，是萌芽时期；建安时期，分出了很多枝叶；唐代，虽然这棵树的树叶少了一些，但却开花结果了。"②

《诗经》是一部由孔子编订的包含了大约三百首诗歌的一个集子。马礼逊已经意识到《诗经》的重要性，他花了大量篇幅去介绍《诗经》的创作情况，对"风、雅、颂"也进行了一定的论述。"《诗经》根据乐调的不同分为风、雅、颂三类。'风'包括生活中一般会出现的诗歌；'雅'涉及官方颂歌集；'颂'则一般是颂赞的。"③ 在马氏看来，中国人喜欢把每一首诗一行一行地排列下来。句子或者是每一行一般由四字组成。但也不是常常这样，有时会有例外。在论及《诗经》的时候，"风、雅、颂"是一定要被重视的，但马礼逊并未对此进行详细介绍，只是把三个名词简单罗列了一下。

二 五言诗和七言诗

在这一部分，马礼逊还重点介绍了五言诗和七言诗。他把最有规律的组合称作"诗"，每句一般包含五个字或七个字，即五言诗和七言诗。五言诗有四行、八行和十六行的。七言诗一般是四行或八行。二四六八行必须押韵。这种形式的韵被称为"同韵"，并且把押韵的那个字

---

① Robert Morrison, *A Grammer of the Chinese Language*, Serampore: Printed at mission press, 1815: 273.

② Ibid.

③ Ibid., p. 274.

第八章 《通用汉言之法》的汉语观　　149

称作"韵脚。"因此，中国人说五言八韵，也就是说韵文每一行有五个字，总共有十六行；每一行的尾字都是相同的音。七言诗里的每一行也是相似的情况。但是需要注意的是，每一行中的二四六三个字必须是不同的。

马礼逊对"平仄"也作了简单介绍。他认为，"如果一行有五个字，那么第二个字是平声，第四个字就必须是仄声；相反的，如果第二个字是仄声，则第四个字就是平声。每一行中的第二个字和第四个字，如果在这一行里是平声，那么在另一行里就是仄声"①。

从以上对五言诗和七言诗的介绍情况来说，马礼逊基本抓住了这两种体裁的精髓。

三　诗以外的其他体裁

马礼逊认为，"诗是一种很有规律的体裁，此外还有其他一些体裁。这些体裁比诗更长，比如'赋'。除了这些，还有一些简短的、后来以唱的形式出现的体裁，如'歌''曲''辞''词'"②。马礼逊还特别指出，学习者如果没有深刻了解他们的古代历史和这个国家的风俗礼仪，想要理解他们的诗词创作是非常困难的。最重要的和优美的片段时常通过一些暗示来说明，这点外国人是很难感知的。除此之外，在一些风格特别简洁的诗句中，也经常有一些生僻的字眼。这更需要读者有一定的文学功底。

下面是马礼逊对一篇"辞"的介绍：

不　相　年　日
用　欢　年　日　　送
惜　在　春　人　　春
花　尊　更　空　　辞
飞　驾　归　老

---

① Robert Morrison, *A Grammer of the Chinese Language*, Serampore：Printed at mission press, 1815：275.

② Ibid.

"An Adieu to Spring
Day after man advances to vacant old age
But year after year the spring returns
Let us rejoice together and take a bottle
It is in vain to regret the flowers that are fled."

马礼逊在整本书的最后部分介绍了极具中国特色的中国韵律学。韵律学所涉及的内容是非常多的，在这里，他重点介绍了中国第一部诗歌总集《诗经》和五言诗、七言诗，稍微提及了"赋""歌""曲""辞""词"。对于后几种体裁，马礼逊只是在用汉语写成的"辞、曲"等的下面，用英文加以翻译，并未进行论述。在这里，笔者认为马礼逊在这里把每一种体裁都罗列出来，是为了让学习中文的西方人更加全面地了解中国诗歌。在马礼逊看来："仔细阅读这些诗歌会有助于记住汉语的诗句，这对那些力图更好地掌握这门语言的学习者来说是非常有用的。"①

以上便是马礼逊介绍汉语语法特点的全部内容。在内容上，涉及的范围非常广泛，而不仅仅是词法和句法两大方面，还包括语音、方言、韵律学等内容。可以说，《通》是一部语文学而非今天人们所理解的"语法学"专著。

---

① Robert Morrison, *A Grammer of the Chinese Language*, Serampore: Printed at mission press, 1815: 275.

第九章 《通用汉言之法》的学术地位

本章主要探讨《通》在西方汉学家汉语研究中的定位,并试图通过与《马氏文通》之后的汉语语法体系作比较,以此来探究《通》在汉语研究史上的定位。

第一节 《通用汉言之法》在来华传教士汉语研究中的定位

在 16 世纪末到 19 世纪末的西方传教士汉学研究中,汉语语法学一直是他们的主要研究对象。"起初,耶稣会传教士主要研究官话语音并制定汉语罗马字、编纂字典,稍后西班牙多明我教会传教士开始研究汉语文法。18 世纪以后,一些未到中国的欧洲学者(身兼文学、历史学、考古学、哲学、语言学、植物学、医学等专长),也借助多种途径了解汉语知识,撰写汉语文法专著。作为中国转型语法学的前奏,西洋学者的汉语文法研究可称之为'西洋汉语文法学',即立足或基于西洋语法学框架,采用比附或对比方法,不同程度地吸取中国传统虚字学成果,而为西洋人学习或了解汉语所提供的汉语文法学。"[①]

西方传教士著述的汉语语法著作数量繁多。据李葆嘉统计分析,西方早期汉语语法研究分为三个阶段[②]:第一阶段以多明我语法学为主流;第二阶段以罗曼汉语学为主流;第三阶段以日耳曼语法学为主流。马礼逊的《通用汉言之法》属于第三阶段。这些语法书或许还不够完

[①] 李葆嘉:《中国转型语法学——基于欧美模板与汉语类型的沉思》,南京师范大学出版社 2007 年版,第 65 页。

[②] 同上书,第 66 页。

善，但是对几世纪前汉语的研究提供了极为宝贵的资料。其中，比较重要的语法著作有：瓦罗（Francisco Varo）《华语官话语法》（*Arte de la lengua mandarina*，1703）、马若瑟（Joseph Prémare）《汉语札记》（*Notitiae Linguae Sinicae*，1728）、马什曼（Joshua Marshman）《中国言法》（*Clavis Sincia*，1814）、马礼逊（Robert Morrison）《通用汉言之法》（*A Grammar of the Chinese Language*，1815）、雷慕沙（Abel Rémusat）《汉文启蒙》（*Elémens de la grammaire chinoise*，1822）、甲柏连孜（Georg von der Gabelenta）《汉文经纬》（*Chinesische Grammatik*，1881）、狄考文（Calvin Wilson Mateer）《官话类编》（*A Course of Mandarin Lessons Based on Idiom*，1892）等。

在李葆嘉看来，西方传教士的汉语语法学论著不外乎有以下几个特点[①]：

第一，研究汉语语法的目的非常明确，注重实用性。

第二，注重汉语语法的教学方法，在体例上，多倾向于教材编排。

第三，采用传统语文学内涵描写汉语，注重语法的综合性。也就是说，这些语法著作不仅包含语法，还包含语音、方言、音韵等内容。

第四，内容的互文性：论著内容雷同或引发剽窃之争（有些人认为马什曼的《中国言法》就是抄袭了马礼逊的《通用汉言之法》）。

第五，按照英语语法模式来描写汉语语法。一方面，西方传教士是为了掌握汉语而分析汉语，并非为研究汉语而描写汉语。另一方面，在比较研究的背后，是西方学者的拉丁语法典范论和普遍唯理语法观。

当然，以上的五种特点也适用于马礼逊的《通》。

拉丁语有"八大词类"（即名词、代词、形容词、动词、副词、介词、连词和感叹词），在八大类下还有下位的次分类。在此基础上，马礼逊还加入了数词。数词又被分为基数词和序数词。除此之外，在名词部分，马氏还给出了丰富的量词表。在量词还没有被独立出来的情况，马礼逊已经有了重视量词的概念。从这些传教士的著作中，还可以看出，他们都非常重视词法，却很少论及句法。《通》也顺应了这种趋

---

① 李葆嘉：《中国转型语法学——基于欧美模板与汉语类型的沉思》，南京师范大学出版社 2007 年版，第 83—86 页。

势。事实上，从 19 世纪中叶开始，才有了以法国的儒莲（Stanislas Julien）和德国的甲柏连孜为代表的对汉语句法的专门描写。究其原因是西方语法学研究由词法研究向句法研究的转移。

在《通》之前的语法著述中，"小词"是传教士研究的重点。英语中所谓小词指的是一些短小精悍的常用词，这种词具有一词多性和一词多义的特点，使用范围较广，表达方式多变，搭配关系复杂，需要引起学习者的格外注意。① 在这种以模仿为主要模式的语法著作中，西方传教士自然会把"小词"加入其中。"小词"作为一种凸显标记，代表了日常生活中高频词汇，标记着汉语的词类，使传教士通过识别相应的小词就能够了解它们在汉语中的用法、地位。在《通》之前的《华语官话语法》中，"小词"几乎贯穿了瓦罗的整个语法体系。在瓦罗看来，拉丁语中相应的语法范畴在汉语中都是通过小词和词与词的句法位置来实现的。因此，要想探究瓦罗的语法体系，必须要先掌握这些小词。在《通》之后的语法著作，如马什曼的《中国言法》中，"小词"仍然占据非常重要的地位。在《通》中，马礼逊仅在两种情况下提到"小词"：一是小词作前缀或后缀；二是"小词"构成名词的数、性、格这几种语法范畴。这两种情况所占篇幅非常小，由此，我们可以看出，马礼逊试图摆脱"小词"的束缚。

对《通》在西方传教士语法中的定位，众说纷纭。比较高的评价有："作为第一部系统论述中国语法的著作，该书在汉语语法研究史上具有开拓性意义。"② "在书中，马礼逊教士第一次对古代汉语语法进行了最为详细的研究和分析。他几乎提出了研究古代汉语语法的全部理论问题，并对相当多的语言现象和语法问题进行了总结和回答。此书是近代汉学界以西方语法学理论和体系处理汉语语法体系问题的鼻祖。"③ 在有的学者看来，19 世纪的德国著名汉学家甲柏连孜博士（Geory von der Gabelentz）的名著《汉文经纬》（*Chinesische Gramamatik*），以及本

---

① 孔繁秀：《论小词的特殊用法（英文）》，《语文学刊》（外语教育教学）2013 年第 8 期。
② 吴义雄：《在宗教和世俗之间：基督教新教传教士在华南沿海的早期活动研究》，广东教育出版社 2000 年版，第 488 页。
③ 刘正：《图说汉学史》，广西师范大学出版社 2005 年版，第 241 页。

世纪的瑞典著名汉学家高本汉的名著《汉语音韵学研究》,似乎都没能超出马礼逊当年的考虑范围。而另外一些评价则较为严格。贝罗贝指出:"该书书名虽冠以'汉语语法',但'更应归类为教学课本'。作者到了中国以后,注重寻求与英语会话中常用句等同的句子,这部著作对将英文翻译成汉语有帮助,但不能把它看作是一本真正能指出语言规则的语法著作。"①

英国的汉学研究一直落后于法国和德国,直到基督教新教传教士以后,英国的汉学研究才开始不断发展进步。"作为基督教新教在中国传播的鼻祖,马礼逊所著述的《通》自然功不可没,它标志着英国式汉语文法学研究的形成。"② 它是第一本用英语写成的汉语语法书,其开拓之功不容忽视。其在英语世界的地位更是绝无仅有的。《通》这本书虽然在内容上超出了语法学研究的范围,但它对学习汉语的西方人来说意义重大。

第二节 《通用汉言之法》与《马氏文通》及其他国内汉语语法体系的比较

语法体系一般也被称为语法系统,通常有两种含义:一是指法系统,即客观存在的语法事实、语法规律的系统性;二是指语法学系统,即"语法学家对于语法现象的观点,及其根据这些观点作出的一切阐释"③。这两种含义存在一定的区别:语法体系是客观存在的,是人类思维经过长期抽象得出的成果;语法学体系是一种个人或少数人科学研究的成果,是语法学家根据客观存在的语法体系所作的解释、说明或总结的规律,具有主观性。鉴于语法学家在研究语法的过程中,搜集材料的范围、观察问题的角度、分析问题的方法、描写现象的方式以及语料的选用上的不同,这就导致在描写同一语法事实,说明同一语法规律

---

① [法]贝罗贝:《20世纪以前欧洲语法学研究状况》,《中国语文》1998年第5期。
② 李葆嘉:《中国转型语法学——基于欧美模板与汉语类型的沉思》,南京大学出版社2007年版,第119页。
③ 蔺璜:《汉语语法体系的嬗变》,《语文研究》1995年第2期。

时，也往往会产生不同的看法，因而也就形成了不同的语法学体系。

与《马氏文通》及以后的国内汉语语法学体系作比较，《通》也有自己的特点。

我们首先来看看自《马氏文通》问世至今的语法体系。

自《马氏文通》问世以来，国内曾出现过许多不同的汉语语法体系，归纳起来主要有三种，即"词本位""句本位""词组本位"。"本位"是借用的政治经济学术语，表示以什么为基础描写语法现象。顾名思义，"词本位"是以词为基础描写语法现象；"句本位"是以句子为基础描写语法现象；"词组本位"是以词组为基础描写语法现象。在汉语语法学史上，这三种语法学体系分别是不同时期的产物。

一　词本位

《马氏文通》这本书总共分为十卷，除卷一为"正名"外，卷二至卷九全部在介绍词类，直到卷十才开始论句。因此，这本书是以"词本位"这种语法体系为代表的典型著作。这种重词法轻句法的特点有它的依据。《马氏文通》是在1898年出版的，正值西方词本位语法盛行之际。19世纪以前的西方学者在论述语法时总是以词法为主，句法不受重视。马建忠不可避免地受到了西方人这种语法描写方式的影响。在《马氏文通》之后，也出现了很多属于词本位语法体系的语法著作，其中比较著名的是陈承泽的《国文法草创》、杨树达的《高等国文法》。

这种词本位语法体系明显不符合汉语语法的自身特点。"汉语的词本位语法体系，是从西方语法学中借鉴过来的，它忽略了汉语本身的语法特点。汉语与印欧语系的语言存在着很大的差异，因此，西方的词本位语法体系并不适用于汉语的实际，以词类为纲来描写汉语语法现象，显然是不合适的。因此，语法学家不得不再探求和构拟一种与汉语语法特点相适应的、新的语法学体系。"[①]

二　句本位

很多学者看到词本位语法体系存在的问题之后，不得不试图寻找一

[①] 蔺璜：《汉语语法体系的嬗变》，《语文研究》1995年第2期。

种新的与汉语特点相适应的语法学体系。黎锦熙先生首次在《新著国语文法》的《引论》里提出汉语语法的句本位语法体系。他指出:"仅就九品词类,分别汇集一些法式和例证,弄成九个各不相关的单位,是文法书最不自然的组织,是研究文法最不自然的进程。"① 黎锦熙先生在这本书里介绍的句本位语法体系内容丰富,大致可以概括为以下三个特征:一是"依句辨品"的词类观。也就是说,词的归类是由词在句子中所具有的句法功能决定的。二是中心词分析法,这是典型的传统语法分析法。三是以句子为基点进行句法分析。这一特征主要体现在两个方面:其一是"把一切句法分析都附丽在句子的模型上进行。具体地说,就是把各种句法成分都纳入到'主语→谓语'这个模型里头去,例如把宾语、补语、状语看成是附属在谓语上的东西,把定语看成是附属在主语和宾语上的东西"②。其二是虽然承认词组,但又不允许词组在句子中充当句子成分,当词组出现在句子里的时候,又要把它分解开来,让它变得不是词组。句本位语法体系的代表著作还有刘世儒先生的《现代汉语语法讲义》及张志公先生主持制定的《暂拟汉语教学语法系统》。

  龚千炎先生曾经对句本位语法体系作过一个客观的评价:"从总体看,'句本位'显然要比词本位进步,因为它不是孤立地静止地看问题,而是从整体中看个体、从动态中看语言结构。"③ 但是,我们认为,这种语法体系同样不符合汉语的特点。汉语缺乏形态变化,词与句子成分并不存在对应关系,句子由词或词组组合而成。黎锦熙先生介绍的句本位语法体系所具有的三个特征都存在着一定的问题:"依句辨品"这种判别词类的做法过于灵活,也造成了词无定类;"中心词分析法"忽略了汉语句子的层次性;"以句子为基点进行句法分析"对于分析词类是不利的。由此可见,句本位语法体系仍然存在一定的问题,亟须寻找真正符合汉语语法的语法体系。

---

  ① 黎锦熙:《新著国语文法》,商务印书馆 1995 年版,第 1 页。
  ② 朱德熙:《语法答问》,商务印书馆 1985 年版,第 69 页。
  ③ 龚千炎:《中国语法学史稿》,语文出版社 1987 年版,第 48 页。

三　词组本位

虽然词本位和句本位两种语法体系存在着严重的弊端，但是这个问题始终未能得到解决。直到 20 世纪 80 年代初，朱德熙先生才从根本上否定了这种语法体系。他指出："在这种语法体系里，由于词组、句子成分，中心词等基本概念之间，互相不协调，产生了许多矛盾。……实在不能说是一个好的语法体系。"[①] 同时，他也给出了自己的观点，"由于汉语的句子的构造原则跟词组的构造原则基本一致，我们就有可能在词组的基础上来描写句法，建立一种以词组为基点的语法体系"[②]。他的这种观点就形成了后来的词组本位语法体系，《语法讲义》就是依据这种语法体系进行编写的。朱德熙先生的词组本位语法体系也可以概括为三个方面的内容：一是把词组作为抽象的句法格式来描写；二是词组和句子之间是一种实现关系；三是没有句子成分这个概念。

和词本位语法体系、句本位语法体系相比，词组本位语法体系的可取之处非常明显：由于汉语中词、词组和句子的结构原则基本一致，所以以词组为基点来解释说明句法，基本不会产生矛盾；同时，如果能够把词组的结构解释清楚，句子的构造也就随之解释清楚了，这样就省去了用两套方式来分别分析词组和句子的麻烦。

尽管词组本位语法体系或多或少也存在一些问题，但在总体上仍然是目前最适合汉语语法的语法体系。

我们在对马礼逊的《通用汉言之法》与《马氏文通》之后的国内汉语语法体系进行对比之后，可以有以下几点发现：首先，很显然，《通》与《马氏文通》都是典型的词本位语法体系。《通》花了三分之二的篇幅在论述几大词类，每一词类下都给出了详尽的论述。而在句法部分，马礼逊却只是简单列举了几个例子，例子下也并未给出任何观点。由此可见，《通》属于词本位语法体系，这是与 19 世纪西方语法学著作的语法体系相适应的。其次，黎锦熙先生的句本位语法体系有三个特征，其中之一是"依句辨品"的词类观。马礼逊对词类的划分也是

[①] 朱德熙：《语法答问》，商务印书馆 1985 年版，第 72—73 页。
[②] 同上书，第 75 页。

依据这种标准。在《通》中,每一种词类的判断都是在动态语境中进行。马氏通过词在句子中的作用来判断词的归类,这种划分词类的方法具有很大的随意性,更易导致词无定类。对于词组本位语法体系,《通》完全没有体现。马礼逊在编写的过程中并没有考虑到汉语本身的语言规则和语法规律,也没有认识到汉语中词、词组和句子的结构规则基本一致。

第三节 《通用汉言之法》的价值与缺陷

一 《通用汉言之法》的价值

马礼逊是英国早期新教来华传教士的第一人,他在汉语研究方面有很多突出的成就。《通用汉言之法》是第一部用英语写成的关于中国语言学的著作,是传教士在汉语语法研究方面的最初尝试。

《通》使用的语言,主要是英语和汉语相结合,并且在汉字读音上加注声调。这种切合实际为西方人考虑的做法,有利于他们更好地学习汉语。同时,这为汉语在国际上的对外传播也提供了一定的帮助。从这本书的整体来看,马礼逊是下了很大工夫才得以完成的。

《通》介绍的主要内容是语法,其中尤以词类为重。从马礼逊对词类的划分中,我们就可以看到马礼逊有着深厚的汉语底蕴。通过之前的论述分析,把马礼逊的《通用汉言之法》与传教士同类著作的汉语语法体系进行比较之后,可以发现《通》中对汉语观点的阐述是比较超前的。首先,在词类划分体系比《马氏文通》更为接近现在通行的体系;其次,从马礼逊在文中所列出的量词表来看,马礼逊的眼光也是超前的;最后,对于汉语中的一些独特现象,马礼逊也作了细致的观察。比如说汉语有尊称、汉语中没有"数性格"这样的语法范畴等。总之,《通》,不仅可以为当时其他传教士撰写语法书提供借鉴,同时也不失为后世研究传教士汉语语法观的一个好素材。

《通》举例繁多。很多情况下,马礼逊都试图通过大量的例子使自己的阐释更加清楚明白。纵观全书,所举例子包括中国典籍、皇帝的上谕、政府颁布的公文以及中文信件等,除此之外,书中很多例句或说明系马礼逊自己所创。因此，在丰富的例句中就出现了文言和口语共存的现象。充满文言色彩的句子与当时汉语实际使用情形相吻合，且这些例子都很短，并不晦涩难懂，理解起来非常容易。比如"毋虚度日""你如何办"等口语化特征明显的用例使得该书更加通俗易懂。这也达到了马礼逊之所以写这篇文章的目的。"举例繁多"这一特点非常符合汉语教学的要求。对于一些简单或类似的问题，马礼逊甚至仅列举例子，并未作理论性的解释说明。这种编排方式对学习者来说，比给出复杂的语法规则更易于掌握。这种从例子中提取信息的方式，有利于培养学习者独立思考的能力。

《通》还穿插了不少介绍中国文化的内容。比如说在"尊称"这一问题上，马礼逊列举了大量例子，分别指出在何种情况下应该使用何种相应的称呼。这样既可以使学习者了解中国人的这种特殊称谓，同时也可以避免因不了解中国习俗而引起的麻烦；又比如，在诗歌部分，马礼逊提醒学习者在掌握中国诗歌时要充分了解传统文化知识。《通》绝不仅仅是向学习者传播汉语知识。

《通》作为对外汉语教材的特点不容忽视。事实上，马礼逊有着较强的教学意识，这一点从《通》的序言中就可以了解到。《通》序言第一句话就透露自己把这本书看作教材，"接下来的主要任务是，给学习汉语的学生提供实际帮助"①；接下来，他又强调在学习汉语的时候，尤其要注意汉字的书写，"强烈建议学生应该把重点放在汉字上，暂时不要考虑自己知道什么词组。等你会写的时候，所有的汉字都被包含在其中"②；接下来，马礼逊又说，"学习汉语存在着一定的难度，但这些难度并非不能克服。在学习中文的过程中，要坚信它容易被掌握，不能因其很难被掌握而泄气"③；在序言最后，马礼逊认为此书应当考虑读者的接受度，故此他用英汉两种语言表述，以求学生更好地学习中文。从以下几个方面，可以更清楚地看到《通》作为教材的特点：首先，

---

① Robert Morrison, *A Grammer of the Chinese Language*, Serampore：Printed at mission press, 1815：PREFACE.

② Ibid.

③ Ibid.

《通》整本书考虑到了实用性原则。实用性原则是指教材"有利于满足学习者当前学习和生活的实际需要,有利于满足学习者未来对目的语使用的目的和方式的需要"①。《通》主要是按照欧洲人的习惯和他们的自身语言特点进行编写的。在内容上,虽然有些违反汉语自身特点,马氏自己也指出为了实用目的,可以违反这些原则。

其次,从内容难易程度上来说,《通》简单易学。马礼逊这本书并不是完全按照汉语语法规则编写,而是站在欧洲人的角度,在充分考虑他们语言习惯的基础上编写的。学习者在学习的时候,只要了解自己熟悉的英语以及相对应的汉语例子,就可以很容易地掌握汉语特点。如果不能完全了解汉语例句,后面还有对应的英语翻译。这对于以英语为母语的西方人来说,学习起来更加方便。

最后,注意教学与实践的结合。一般的对外汉语教学教材都会在课后设有练习,但《通》却没有专门设立课后练习。它主要是通过列出各种表,如音节表、声调练习表、量词表等,使学生通过练习方式达到自己的学习目标。这一点符合对外汉语教学中的实践性原则。实践性原则,就是组织和引导学生通过大量的、自觉的语言实践来掌握汉语,以培养他们运用汉语进行交际的能力②。

马礼逊编写《通》时所具备的强烈的对外汉语教学意识,以及他在编写过程中的诸多努力,使《通》对对外汉语教学具有一定的参考作用。同时,它也不失为研究对外汉语教学发展史的一个范本。

"在英语世界,这是第一部汉语学习的书籍,它的开拓之功不容忽视,而且也为后来马礼逊的洋洋巨著《华英字典》的出版奠定了一定的基础。"③

二 《通用汉言之法》存在的缺陷

《通》研究的主要内容是汉语语法。马礼逊把词类分为九类,且几

---

① 李泉:《对外汉语教材研究》,商务印书馆2006年版,第7页。
② 赵春英:《论对外汉语教学的实践性原则》,《上海师范大学学报》(哲学社会科学版)1993年第1期。
③ 胡优静:《英国19世纪的汉学史研究》,学苑出版社2009年版,第5页。

乎对每一种词类都进行了细致分析；而对于句法，他仅仅是列举了九种情况，并试图通过几个例句来解释汉语语法规则，并未对这些例句作任何说明，在书中也几乎看不到句法分析。这种"重词轻句"的研究方式对深入研究汉语语法是非常不够的。语法是由词法和句法两部分组成的，缺一不可。只重视词法，轻视句法，不利于全面观照汉语语法的特点。事实上，马礼逊在词法研究方面也存在一些问题。

首先，在词类划分上存在一些问题。马礼逊在对一些词类进行分析的时候，存在着混淆词类界限的问题。前面说过，马氏把"人应当知道己之如意何"中的名词"人"归为不定代词。除此之外，在论述中，马礼逊还在介绍某一词类的过程中多次借助动态语境，今天看来，这些对词类研究都是远远不够的。可见，马礼逊在对词类划分上不够严格，他并没有对每一种词类作最严格细致的划分。现代汉语词类划分以语法功能为主，兼顾语法形态和语法意义，并且在参照语法功能时以一个词是否经常具备某种功能来确定它的类。如"快"，以它经常充当定语确定为形容词。与现代汉语词类的划分相比，马礼逊不太考虑词的语法功能的经常性，故随意性强，更易导致词无定类。

其次，词和短语界限不清。词是由语素构成，比语素高一级的语言单位。词是最小的能够独立运用的语言单位。短语也就是词组，是词和词的语法组合。马礼逊在这里却把一些词和短语混为一谈。比方在副词中，马礼逊认为，表示次序的有"始者""终者"等，实际上它们根本不是词，而是短语。又比如疑问代词中的"是那一""谁来""是谁"，马氏认为是词，但这三个都算不上词，而是短语或句子。可见，马氏对语言单位的级别问题认识不清。

再次，汉语用例不够准确。鉴于这本书是传教士在汉语语法研究的早期尝试，对汉语自身的语法特点了解得还不够透彻。在了解和掌握《通》的时候，我们不难发现，有很多晦涩难懂的地方。马礼逊作为地地道道的英国人，在英语方面用例自然是没有问题的。而一旦涉及汉语，就出现了不少问题。比如在汉语语音方面，他是用国际音标来标注。在具体的读音和声调上就不可避免地出现一些错误，因而造成一定的误解。如"冻"，马礼逊认为这个字的读音是"Túng"，很显然这个读音是错误的。又比如在很多例子中，他都是借助广州方言。广州方言具有地域性，这就难免会给其他地区的学习者带来一定的麻烦。这一特点在前面已作举例，这里不再赘述。再者，对于很多问题，马礼逊仅仅是列出几个例子，并未作任何说明。这些问题必须加以完善，才能真正为学习者提供实际帮助。

最后，《通》存在的最大缺陷就是在论及汉语语法的时候，先把英语语法的特点摆出来，然后把汉语语法的特点套入其中。马礼逊将英语的语言规则也看作汉语的语言规则。在书中，英汉之间很多不相宜、不对应的地方也被搭配在一起，生拉硬扯地比附，使得汉语语法的特点没有被真实明白地表达出来。这一点对于外国人学汉语也会造成人为的麻烦。正如贝罗贝所说，"设想一个刚来到中国的欧洲人开始学习汉语时，他往往会试图在母语和汉语之间寻求某种联系。这正是马礼逊写作的初衷。他致力于讲英语的一些习惯和短语用汉语翻译过来，并着重讲解英语中一些动词。它往往用例句来取代对汉语语法规则的论述，在书中几乎看不到句法分析。"[①]

小结

作为新教来华传教士的第一部汉语语法著述，《通用汉言之法》在词类的划分上已经开始向现行的汉语词法体系靠拢。马礼逊通过观察，发现汉语有尊称，汉语中没有"数性格"这样的语法范畴。尤其是《通》对量词的单列，说明其学术眼光已经超越了批评他的比丘林等人。尽管马礼逊也是按照欧洲人的习惯和他们自身语言特点进行编写的，也有用英语法生硬比附汉语语法的情况，但从《通用汉言之法》来看，他的汉语语法研究在接近汉语事实方面向前迈进了一大步，特别是与瓦罗、公神甫相比。

[①] ［法］贝罗贝（Alain Peyraube）：《二十世纪以前欧洲汉语语法学研究状况》，《中国语文》1998 年第 5 期。

第五编

美国汉学家高第丕的《文学书官话》
——汉语理论语法的代表

第十章　高第丕与《文学书官话》

高第丕（1821—1902），又称高泰培、高乐福，美国南浸信传道会（American Southern Baptist Mission）传教士。据《教务杂志》记载，咸丰二年（1852）三月二十八日高第丕来华，后因病于1858年返回美国，两年后回到上海（Rev. W. Muirhead.，1877：314）。同治二年（1863）调往山东登州（今蓬莱）传教，后又到泰安等地。光绪二十六年（1900），因义和团起义返回美国，两年后去世。

高第丕一生著述颇丰，据笔者统计，仅在1855—1873年，就出版有《赞神诗》（*Hymn Book*，1855）、《上海土音字写法》（*Phonetic Primer*，1855）、《文学书官话》（*Madarin Grammmar*，1869）、《配音书》（*Phonetic system of writing Mandarin*，1872）、《古国鑑略》（*Epitome of Ancient History*，1873）等八九种著作（Rev. W. Muirhead.，1877：322—396）。

除此之外，高第丕还是晚清开始创办的重要期刊《教务杂志》（*The Chinese Recorder and Missionary Journal*）极为活跃的撰稿人。《教务杂志》创办于1868年，共在中国发行75年，主要服务于来华传教士，是帮助他们交换工作信息的重要英文刊物。高第丕曾于19世纪70—90年代在《教务杂志》上发表了一系列文章，据笔者观察，其内容涵盖以下几个方面：《圣经》中记载的古代社会与中国的对比；中国苗族土著居民；耶稣之死及原因；用连载的方式介绍了明代王世贞的《凤洲纲鉴》；等等。另外，高氏在圣经的纪年方面也很有见解。这些都表明，高第丕具有宽阔的学术视野。

在高氏一系列的著述中，有关汉语特点的探索尤为可贵。我们认为，他在汉语研究方面的贡献体现在两个方面：

一是创制了记录汉语方言土音的书写符号。其最为成熟的表现是于

1888年3月在《教务杂志》上发表《中国方言注音符号书写系统》(*A System of Phonetic Symbols for Writing the Dialects of China.*)（T. P. Crawford, 1888）。该系统采用高第丕自创的一套象形符号来记音。此前在发表《上海土音字写法》《文学书官话》及《配音书》等几部著作时，高第丕已经在用这种书写符号记录上海方言与登州方言读音。有学者认为，高第丕的音节二分法是形成汉语拼音字母的基础（Duncan Kay, 1888）。其实，这种说法是有失偏颇的。毕竟，在16世纪末传教士来华之始就不但已经认识到声母与韵母的二分，而且系统地体现在记音和拼写上了。可以肯定的是，高第丕的注音系统在传教士中的确有一定的影响，但是由于它要求人们重新记忆一套象形符号，这对于采用音素文字的西方人来说是个巨大的挑战，故而高第丕书写符号普及的面并不广。截止到1890年1月，一共只有九本书采用高第丕的注音系统，其中有七本是关于社会科学方面的。

二是总结了当时汉语官话口语的语法体系。其表现就是我们要谈到的《文学书官话》。

《文学书官话》一书编写于高第丕在登州传教期间，刊订于清代同治八年（1869）秋天，英文名为《*Mandarin Grammar*》，又可译为《官话语法》。该书著者署名为"登州府美国高第丕，中国张儒珍"（T. P. Crawford, 1870）。张儒珍，一说为浙江镇海（今宁波）人，字挺秀，号斑修。据笔者推测，其身份应为随高第丕到登州传教的教友。

作为19世纪中叶的白话文教材，《文学书官话》曾被日本学者金谷昭（1867：1）称赞道："音论，字论，句法，文法，以至话说，用法，章解句析，逐一备论无所遗。盖彼国文法之说，实以是书为嚆矢矣。从此法分解论释百般文章，修辞论理之道，亦可立也。"（高第丕、张儒珍，1867：1）作为一部用白话文写成的官话口语教材，它在汉语研究史上具有非常重要的地位。（李海英，2013）

《文学书官话》共二十一章，概括说来无非分为四大块内容。第一章"音母"，介绍官话的声母、韵母、声调。第二章"论字"，就汉字的笔画、部首、偏旁作了简单的介绍，其中还顺带讲到按音节多少对语言片段进行分类。这部分内容最为简略。第三到第二十章，涉及官话语法方方面面的问题，如词类、句式等。第二十一章"论话色"，多少带有汉语修辞简介的性质。高第丕将论述的重点放在第三部分。

在《文学书官话》（以下简称《文》）中，高第丕尽力依照汉语实际，对汉语语法体系提出了自己的看法，形成了独特的汉语语法体系。

第十一章 《文学书官话》的汉语语法体系

第一节 《文学书官话》的词法与句法

一 词类划分

在《文学书官话》（以下简称《文》）中，高第丕将汉语的词分为15类，即名头、替名、指名、形容言、数目言、分品言、加重言、靠托言、帮助言、随从言、折服言、接连言、示处言、问语言、语助言。现代汉语所研究的词类，《文》已经都有所涉及，只是叫法不同，分类更为细致。而且，从类目的设定来看，充分考虑到了汉语词使用的实际情况。尤其是对名头（名词）、形容言（形容词）、分品言（量词）、接连言（连词）等词类内涵及语法特征的分析，虽然与今人相比有术语上的差异，但在对基本问题的看法上极为一致。

作为一部正式出版且比《马氏文通》早30年的汉语语法著作，《文学书官话》的词类划分不乏精妙之处。《文》所设的15类词，已经深入探讨了现行汉语词类系统的下位分类。目前黄伯荣、廖序东编《现代汉语》所涉及的14类词，除区别词外，《文学书官话》均有涉及，并且每类词下所涉及的内容基本也是目前语法学界的定论。比如充分注意到一般动词和能愿动词的差别，只不过其名称为靠托言和帮助言而已。

二 句法成分

高第丕认为，句法成分主要有"根本""靠托言""尽头"三种，即今天所谓主语、谓语、宾语成分。

《文》将精力放在了"靠托言"和经常充当"根本"的"名头"及相关术语上。尤其是"靠托言",《文》全书中都有涉及。

所谓"靠托言",就是"谓语",《文》主要涉及充当谓语的动词类型、谓语所关涉的成分、连用问题、时态、语气、语序等。高第丕提出靠托言有动字、静字之分。《文》认为,动字是显出他根本的行为来,静字是显出他根本的形势来。(高第丕、张儒珍,1869:22)根据高第丕在《文》中的表述,我们认为,动字就是走、飞、想、讲、写、打、吃、来、去、行、开、爱、恨、信这样的词,因为他们都是表动的;静字则为是、有、值、站、坐、死、住、在、为这样的词,因为他们都是表静的。高氏又指出,名头为君字,靠托言为臣字。

"靠托言"可以关涉"尽头"。关于"尽头",《文》的表述是:要么,靠托言靠到主语(根本)来,要么归到宾语(尽头)去。当然,尽头可有可无。据此,我们有理由推断说,《文》的作者认为汉语句子一般不缺少主语或者宾语。但从我们的角度来说,汉语中的非主谓句有叹词句(如:啊!),形容词句(如:好得很!),动词句(不带宾语的,如:起来!),拟声词句(如:哗啦!)等,可谓比比皆是。《文》中"名头为君字"的说法应当是没有考虑到这些汉语句子的实际存在。

关于靠托言的时态、语气、语序问题,高第丕分别用了"时候""口气""行法"的说法。《文》指出,"靠托言"有过时、当时、后时"三个时候"。过时、后时还可能有记号"了"或"要"。"三个口气"即直说的口气、问的口气、使令的口气。关于这一点,人们现在的一致看法是:句子是有语气的,单个的动词没有"口气"。《文》的说法不符合汉语实际。"三个行法"即顺行、退行、逆行。"顺行的,根本在先,靠托言在中,尽头在后。退行的,根本在先,尽头在中,靠托言在后。逆行的,尽头在先,根本在中,靠托言在后。"三个行法,说到底就是主、谓、宾在句中的语序问题。照今天看来,语序的这种改变对汉语动词本身的影响不明显。而语序,恰恰是按照结构分析汉语句型的一个绝佳的角度。不过在一个半世纪以前,在没有多少像样的汉语语法著述可供参考的条件下,《文学书官话》所作的这些尝试也是难能可贵的。

与"名头"(名词)相关的内容,有"位次""地步""承接"等。

笔者认为，高第丕的"位次"的实际是指将语序与人称的结合后的一种概念。

《文》中"名头有六个地步"，即"行的地步、有的地步、受的地步、用的地步、得的地步、余的地步"。其实，六个地步来源于印欧语言的六格，即主格、宾格、与格、属格、呼格、离格。《文学书官话》其实也是以六格来总结名词充当的几种句法成分的，是在此基础上的丰富。比如，高第丕增加了工具格，其间考虑到了名词作独立语的情形，还有时间名词作状语等。《文》还用"标记"来分析名词，如"的""之"为属格的标记，并且将"的"视为属格名词的一部分。这些都是受拉丁语法影响的表现。所谓的"六个地步"实际是借助西方范畴来表达中国概念，只不过观察更为细致罢了。

三　词组及句子类型

《文》认为"词组结构"有"六样"，即"纲读、目读、余读、枢读、用目读、扣目读"。高第丕把具备主语、谓语两个部分且语意完整的句法单位称为"句"，把不具备主语、谓语两个部分且语意不完整的句法单位称为"读"，"六样"实际是指由词组充当的不同成分。

《文》还主张按照句子的复杂程度将其分为单句、双句、合句三类。"单句"与现在我们所谓的"单句"没有什么不同；"双句"大体相当于我们现在所说的复句，它是西方语法学一般不涉及的一种语言单位；所谓的"合句"相当于我们现在所说的"句群"。另外还分析了"句名"，包括直说的、使令的、问语的、叹息的、设若的、转折的、推及的、志向的、比量的共九种。这实际是句子的语气分类与复句关系类别的一个大杂烩。

第二节　《文学书官话》与传教士汉语语法研究史

一　传教士汉语语法研究谱系概述

自利玛窦以来，关于汉语研究的著述可谓绵延流长。起初，以耶稣会为代表的传教士只研究汉语语音，制定汉语罗马字，编纂词典，并不重视汉语语法的研究。稍后西班牙多明我会传教士才开始注重语法，以研究汉语语法为特色。从16世纪末开始，各种汉语语法论著陆续问世。其中系统的汉语语法著述，应该从欧洲来华传教士卫匡国、瓦罗等开始。从目前的传教士研究史来看，卫匡国的《中国文法》可以认定是耶稣会士的第一本汉语语法著作，也是欧洲人所撰且得以完好存世的第一本汉语语法著作。根据有的学者记录，该书应该成书于1650年以前（姚小平，2009：151）。《中国文法》共分三章，首章谈语音，后两章论语法，是欧洲学者深入研究中国语言不可缺少的参考书，是西方人学习汉语文法最早的工具书。因为卫匡国来华的时间是在1643年，《中国文法》成书时间又约在1650年前，所反映的正是明清之际的汉语语法事实，与本书所讨论的时段——清代不相契合，故而本书没有设专章进行深入讨论。

据统计，西方早期汉语语法研究可以分为三个阶段（李葆嘉，2007）：第一阶段以多明我语法学为主流，像胡安·柯伯《中国语言文法》、瓦罗的《华语官话语法》就属于这一阶段。在瓦罗之前和之后也有一些汉语著作，但均已失传；第二阶段以罗曼汉语学为主流，代表人物有黄嘉略（Arcade Hoang）、傅尔蒙（E. Fourmont）、马若瑟（J. H. de Premare）等；第三阶段以日耳曼语法学为主流，马礼逊（R.Morrison）、马什曼（J. Marshman）、洪堡特（W. F. von Humbaldt）、郭实腊（K. F. A. Gutzlaff）、威妥玛（T. F. Wade）、高第丕（T.P.Crawford）、狄考文（C. W. Matter）等人都属于这个阶段。

笔者认为，在日耳曼语法学流派中，学术理路又有很大的不同，简单的可以归纳为两种情形：一种偏重于对语法体系和语文体系的归纳总结，如马什曼（J. Marshman）《中国言法》、马礼逊《通用汉言之法》、高第丕《文学书官话》等；另一种偏于对汉语句、段、篇等语料的呈现，以课文的方式编排，让读者从语料中摸索出语法规律，而较少去总结汉语语法条目，其特点是鲜活生动，注重实例，编写目的是帮助传教士或外国人实际掌握汉语。这方面的代表著作有狄考文的《官话类编》、鲍康宁（F. W. Baller）的《日日新》等。

总的说来，《文学书官话》属于第一种情形。如前所述，它结构严谨，条分缕析，在语法体系的勾勒上用力颇勤。同时，《文》又兼有第二种类型注重实例的特点。比如，《文》在最后附加了练习，希望针对具体的例子，让学生正确掌握其中每个"字"在语音、文字、语法上的特点。如以"真神拿泥造了一个男人，也吹气在他鼻子里，他就活咯。"为例，其中高第丕对"拿"的分析是"拿是靠托言，舌尖的，气小，单音，下平声，合字，手字部，动字，靠神为根本，归到泥为尽头，过时，直说的口气，顺行的"。通过练习，《文》所涉及的15种词的归类，靠托言等句法成分，句子的语气类型等，学生都得按要求准确判断出来。用高第丕在《文》结尾的原话来说，"学生要用一本官话书讲，直到这本文学书里的事情，都要熟记在心里"。这些无疑说明《文》具备充当对外汉语语法教材的基本要素。从某种意义上说，《文》是集汉语语法概论和对外汉语教科书特点于一身的一部专著。

与新教来华传教士早期的汉语语法著述如马礼逊的《通用汉言之法》相比，《文学书官话》更像语法学的专著。它完全以语言要素为论述的中心，按语音、文字、语法、修辞的顺序来编排。其中语法部分又以词类为重点，兼及句法和句型。可以说，《文》在语法内容的系统性上已经达到了相当的高度。《通用汉言之法》论及语音、文字、语法和韵律等部分，全书浅显易懂，但语法部分理论建树深度似乎不够，在今天看来它更像是一本语文学著述，在语法内容的深度与广度上均不及《文》。毕竟，随着研究的深入，像高第丕等后来的汉语语法学者已经鲜有将"韵律"等非语法的因素置于语法体系框架之内的做法。

二 《文学书官话》是传教士汉语语法研究谱系中的特例

（一）《文》完全以官话口语写成

如前所述，《文》前后的众多著述，要么完全以外语写就，如瓦罗的《华语官话语法》；要么以汉外两种语言表达，如狄考文《官话类编》。直接用汉语官话口语写作刊行，并把当时官话口语作为研究主体的，《文学书官话》是一个特例。据笔者见到的耶鲁大学藏本来看，《文》正文全部以汉语写成，只在全书开头有一个简短的英文序言和内容说明，用高氏自己的原话说是省掉了太多的迂回和繁琐的东西。更为重要的是，参与研究的学者已经不只是西方学者高第丕，还有中国人张儒珍。张儒珍所做的编写与订正工作，有助于汉语语法规律的总结，使

《文》在用例的准确度上更加接近汉语事实，这些对于汉语官话口语研究的可信性来说也是必不可少的。当然，这也是全书行文比较流畅的一个重要原因。

我们知道，白话文语法著述大多出现在五四运动以后，这方面的代表作——黎锦熙《新著国语文法》是1924年才出版的，与《文学书官话》相距50余年。我们有理由认为，作为中西合璧的一本白话文语法著作，《文学书官话》用汉语官话口语写作，并把它作为研究对象，是著者非凡的学术魄力与眼光的体现。

（二）《文》对汉语词类八分法传统有所突破

拉丁语法的词类八分法一直是西方传教士分析汉语词类的传统框架，像卫匡国、瓦罗的汉语词类体系就是立足于这一框架下的创新。

18世纪初西班牙传教士瓦罗出版的《华语官话语法》（1703），基本上立足于希腊—拉丁语法的八分法（即名词、代词、动词、分词、介词、副词、感叹词、连词），对汉语词进行分析解释。从目前见到的《华语官话语法》的汉译本来看，瓦罗在八类词的基础上添加了量词和形容词，而且在叹词、连词一章顺便讨论了否定词、疑问词以及表示条件的词，只不过把它们多数归到小词中，这应该看成是他的创见。但在分析每种词的语法特点时，《华语官话语法》多以拉丁语法所涉及的性、数、格、时、体、态等语法范畴来比对汉语。比如，也以主格、宾格、属格等来分析汉语名词、代词的格变；以比较级和最高级来分析形容词；认为"中国人有时用一些小词来表示动词的时态和式，一如拉丁语的动词那样"。

加拿大学者白珊（2003）认为，瓦罗所提供的样板，不仅在以后的语言学探索中被其他传教士所遵循，而且可能还决定了日后整个中国语言学的历史发展。"他的影响，不但及于传教士，而且施及传教士，而且施及后来编著汉语语法的中国人和欧洲人。"正像白珊（Sandra Breitenbach）在《华语官话语法》英译本序言中所指出的那样："通过比较汉语和拉丁语，人们意识到汉语的结构原理不同于欧洲诸语言；但不幸，这类比较也限制了对汉语内在结构的真实认知。"即使在近200年后出版的《马氏文通》——由国人写成的第一部汉语语法著作中，词类"八分法"痕迹依然明显，只是在八种词的基础上添加了"助字"

一种，真正应了那句话，"间亦有以拉丁语法强解汉语之处"（《辞海》1989年版）。

与卫匡国《中国文法》和瓦罗《华语官话语法》相比，《文》的词类定名已有相当大的进步。主要表现有以下三个方面。

1. 不再出现"小词"这一术语

在西洋汉语语法中，"小词"是一个关键词。表达语法意义的字都叫"小词"，涵盖面几乎跟虚词一样广泛，如"的"就是表示属格关系，永远置于名词或代词之后。卫匡国在《中国文法》中认为，"子"和"们"都属于小词。瓦罗在《华语官话语法》（1703）中指出，小词可以构成比较级和最高级。如构成比较级的小词有"更、过于、不如、越、愈、宁可、还、何况、多"等。即使到了后来英国传教士马什曼的《中国言法》（1814）中还是认为"小词"的范围比较宽，包括副词、介词、连词、叹词。

从马礼逊的《通用汉言之法》开始，"小词"的概念不再出现。到《文》中，"小词"则被分化到语助言（即助词）等词类中。在我们今天看来，所谓"小词"，完全是以西方语法关照汉语语法的结果，今天这一类词分别已被归入助词、副词等类。在这一点上，高第丕《文学书官话》的做法是恰当的，他在前贤的基础上作了超越和突破。

2. 加强了对动词的研究

卫匡国《中国文法》认为汉语动词有三个时态（现在、过去、将来），三种语式（主动式、被动式、祈愿式）；瓦罗则主张动词是句子中的一个成分，它有式和时态，但没有格。在汉语中，动词也没有变位形式，中国人有时用一些"小词"来表示动词的时态和式，这些"小词"有时放在动词的前面，有时放在后面。

马什曼的观点是，动词是汉语语法中最为有趣的部分，它是表示主动还是被动，及物或者不及物，一般来说取决于跟其他"字"的联系。他还主张汉语用助动词来表示语式或语气，助动词分别表示可能（当、宜）、愿望（愿、欲）、假设（苟、若）、命令（请、容、许）等；汉语有不定式、动名词和分词；时态有不定时、确定现在时、完成时、过去关联时、将来时等。虽然马什曼主张不能再像以往那样用拉丁语法来解释汉语，但实际他的做法还是站在英语立场上为汉语语法辩护（姚小平，2009：182）。

动词在所有的语言中都是最有活力、最不易把握的词类。但从以上分析来看，前面几位传教士多是在西方语法注重时、体、态、性、数、格的框架基础上研究汉语动词，就汉语动词自身特点的探索比较薄弱。与此相对，高第丕在这方面有了非常大的变化。他主张，"靠托言"即现代汉语中由动词充当的"谓语中心"，可以分为动字、静字两种。动字相当于动作动词或者是心理活动动词；静字相当于非动作动词字，或者非及物动词。还将能愿动词单设一类，即"帮助言"。同时还注意到了"靠托言"有的带了"尽头"（即宾语），有的没带尽头，如"草长得快"就是无"尽头"可归的一例。另外，《文》的作者还注意到了两三个动词连用的情形，"有个时候，有两三个靠托言，扣起来，都靠一个为根本的。像'你去买肉吃。''去'是靠托言，动字，靠'你'为根本，不归到什么为尽头，……"这些表述，都是立足于汉语实际的分析。虽然高第丕在分析"靠托言"时也用到了时态、记号等西方语法范畴，但在语法规律的总结上基本没有脱离汉语语法事实。

3. 词的归类更加准确

卫匡国《中国文法》将副词分为21类，如"今日、明日、昨日、这里、第一、善、妙、好、巧、少、多"等原本该分别归入名词、代词、数词、形容词的用例，卫氏全部将其归入副词；他又将"前、后、上、下"归入介词。这种归类，说明卫匡国对汉语词类的认识尚不够全面深入。

与之相比，《文学书官话》在词的归类上更为科学：它首次把数词从形容词中独立出来；还第一次把量词从名词中独立出来，比《文学书官话》晚80年问世的《现代汉语语法讲话》就继承了这种做法，并影响至今；开辟了"形容词"术语使用和分类的先河。《文学书官话》中的"形容言"与现在的"形容词"内涵相同，也是专指表示人物、事物性质或状态的词；《文学书官话》的"形容言"还包含着一种特殊的类别，即非谓形容词，如"男""女""公""母"等；《文》还最早将非谓形容词归入形容词（张延俊，2011）。

我们将几部重要的中外汉语语法著述中的词类名称进行对照，如表11-1所示：

表 11-1　　几部重要的中外汉语语法著述中的词类名称对照（按时间先后）

著述名称	华语官话语法	中国言法	文学书官话	马氏文通	现代汉语
著者及时间	（瓦罗）（1703）	马什曼（1814）	高第丕、张儒珍（1869）	马建忠（1899）	黄伯荣、廖序东（2007）
记录符号	西班牙文（拉丁文）	英文、汉文	汉文	汉文	汉文
词类系统	名词	名词	名头、示处言2	名字	名词
	动词	动词（含助动词）有时态、不定式、动名词和分词	靠托言、帮助言	动字	动词
	形容词	形容词	形容言	静字	形容词
	数词、小词1	数词	数目言1		数词
	量词	类别词	分品言		量词
	代词	代词	替名、指名、问语言2、数目言2	代字	代词
					区别词
	副词	小词1	加重言、随从言、折服言、问语言1、数目言3	状字	副词
					拟声词
	叹词	小词2	语助言2	叹字	叹词
	介词、小词3	小词3	示处言1	介字	介词
	连词	小词4	接连言	连字	连词
	小词2	小词	语助言1	助字	助词
			问语言3		语气词

三　《文学书官话》汉语语法体系的影响

高第丕写作《文》，是为了给当时教会学校和学汉语的外国师生做教科书，故《文学书官话》出版之后，在当时的教会学校受到广泛好评。这与作者在初版所附的英文序言表达的初衷是一致的。高第丕曾在信中说:"看起来(它)满足了人们一直以来的愿望,为在我们这里的所有学校和其他一些地方提供了让人满意的服务。"(T. P. Crawford, 1870)当时有的学校还在使用《文学书官话》的手写本,因为人们发现它简单且易于理解。

到20世纪30年代,国内学术界对《文》的评价开始变得相对消极,刘大白曾说:"一八六九年(民国元年前四十三年,清同治八年)更有了美国人高第丕氏和中国人张儒珍氏共著的《文学书官话》,是一部正式的今话文文法书。但是以前的那些,固然是不成系统,不能称为文法,而且都是仅仅说明古话文底虚字助字之类的;而《文学书官话》,又仅仅短期地流行于外国人社会和基督教社会间,现在差不多已经不存在了。"(刘大白,1932)在这些学者看来,一部仅仅流行于基督教信仰者和外国人圈子的著作,且仅仅过了70年便不复存在,其影响力似乎真的非常有限。从《文》在当时国内的影响力看,上述说法并不是完全没有道理。

与在国内的不再被重视相反,《文》在日本则被广为传播。早稻田大学图书馆所藏的明治刻本《大清文典》,是《文学书官话》的日本整理本,由学者金谷昭训点。《文》于1869年在国内刊印成书后,1877年即有日本学者大槻文彦所著《支那文典》刊行,它所"解"的原本正是《文学书官话》。经过有关学者的比较研究发现,《支那文典》在汉语语法研究方面虽远不及《文学书官话》的学术含量那么足,但它标志着日本现代汉语口语语法研究的起始。另外,19世纪中后期日本学者村上秀吉所编《支那文典》(1893)也是以《文学书官话》为原本的(李无未,2008)。进入20世纪以后,分别又有石崎又造(1940)、太田辰夫(1948)、鳟泽彰夫(1987)等对《文学书官话》进行研究,对其也有相当的评价。由此可见,《文学书官话》在日本有相当的影响,这也从一个侧面反映了它的学术价值。

小结

高第丕的《文学书官话》,虽然与马礼逊的《通用汉言之法》一样,也脱胎于西方的希腊—拉丁语法,如在词类八分法(即名词、代词、动词、分词、介词、副词、感叹词、连词)的基础上添加量词和形容词两类，但它又充分地考虑到了汉语的特点。甚至有学者认为，与比它晚三十多年的《马氏文通》相比，马建忠局限于普遍唯理语法观的九分法，高第丕、张儒珍的《文学书官话》则更切合汉语，这与张儒珍传统小学功底深厚和更懂得中国传统语法分析是密不可分的。前提是，人们要承认，中国传统语法分析是基于语义分析的语法，这与西方基于语形分析的语法传统是不一样的。也就是说，这种观点赞同训诂学其实就是中国的传统语法学。

第六编

美国汉学家狄考文的汉语教学语法体系
——《官话类编》

第十二章 《官话类编》的价值及研究概况

美国著名汉学家、北长老会传教士狄考文（Calvin Wilson Mateer）（1836—1908），是近代最有影响的基督新教传教士之一。狄考文于1863年年底来中国，1864年1月到登州传教。他开办蒙养学堂，创办了中国第一所基督教大学——登州学院，填补了近代山东新式高等教育的空白；积极从事新式教科书的编写工作，出版了《形学备旨》《代数备旨》《笔算数学》等教材；参与翻译的官话和合本《圣经》，是"最成功的译本"[①]，具有极高的学术价值和影响力。

作为一名传教士，狄考文除了将西学传入中国之外，还积极从事官话的推广工作。他编写的《官话类编》（*A Course of Mandarin Lessons Based on Idiom*）成为来华传教士汉语学习的首选工具书。该教材从1867年开始准备，到1892年出版，共花费了25年的时间。《官话类编》的语料以口语为主，其中词汇多来源于生活，通俗易懂；涵盖面广，包括文学、自然科学、商业、历史和宗教等领域，"在以后的30年里一直是大部分到中国北部的传教士学习汉语的首要之选"[②]。

关于狄考文，前人对他作过不少研究。据统计，到目前为止，学术界对狄考文的研究主要集中于教育、宗教和历史三个方面，尤其关注狄考文在促进中国教育现代化和中西方文化交流方面所作出的贡献。如顾长声的两部著作《从马礼逊到司徒雷登》（1985）和《传教士与近代中国》（1991）对狄考文等传教士在华的活动进行了简单的梳理。《从马礼逊到司徒雷登》重点概述了狄考文在华的教育活动，为以后史学界的

[①] 朱维之：《基督教与文学》，上海书店1992年版，第70页。

[②] Irwin T. Hyatt, Jr., *Our Ordered Lives Confess: Three Nineteenth Century American Missionaries in EastShantung*, Harvard University Press, 1976: 189.

研究奠定了基础。在《传教士与近代中国》中,顾氏以登州文会馆作为典型案例,详细分析了当时基督教学校办学的性质。另外,史静寰《狄考文与司徒雷登:西方新传教士在华教育活动研究》(1999)一书对狄考文的教育活动及思想进行了叙述和分析。该书紧紧扣住狄考文所处的时代背景,广泛考察了狄考文在华创办学校、发展教育的漫长过程,将他在办学育人方面贡献的研究推向了深化。

关于狄考文为来华传教士学汉语而编写的《官话类编》一书,前人研究相对较少。近二三十年,国内论文主要有:(1)邢公畹《论汉语的"连锁复句"——对〈官话类编〉一书连锁复句的分析》(1990)中认为从《官话类编》的200篇课文,大体上可以看出当时口语里复句的全貌。邢公畹先生搜集了书中的141句连锁复句,包括含动词"是"的连锁复句、含动词"有"的连锁复句和含一般动词的连锁复句如"看""说"等,例如:"他说了无数的歪话,甚不中听。"作者认为,《官话类编》中的这些复句基本上系统地记录了清朝末年的北京口语。(2)张美兰《美国传教士狄考文对十九世纪末汉语官话研究的贡献——〈官话类编〉专题研究》(2007)考察了《官话类编》这一汉语教材记载的当时南北官话中词汇和句式上的特点。张美兰教授认为该书真实地反映了19世纪末南北官话系统的不同状况,是对比研究南北方官话不同特点的宝贵资料,她还认为19世纪末以北京话为基础的北方官话已经开始占主导地位。

基于以上研究成果,我们将对《官话类编》的语法特点、语料运用等进行研究,通过与其他传教士编写的汉语书的比较,以发现《官话类编》一书的独特之处,从而考察狄考文的汉语观。

第十三章　狄考文及《官话类编》简介

1807 年，马礼逊被英国伦敦布道会派遣到中国传教，这被认为是西方传教士来华传播福音的开端。自马礼逊之后，更多的传教士开始了他们在中国的传教生涯，美国长老会传教士狄考文是其中比较著名的一位。考虑到传教的困难，狄考文便先将目标转向教育，他创办教会学校，出版教材，希望借助教育的力量来传播宗教思想。

第一节　狄考文其人

狄考文于 1836 年出生在美国宾夕法尼亚州（Pennsylvania）坎伯兰（Cumberland）的一个基督教家庭，他的父母都是很虔诚的基督教教徒，父亲是当地长老会的成员，狄考文从小就接触圣经。从美国西部神学院毕业后，受北美长老会差遣，狄考文于 1863 年 7 月与夫人邦就烈（Julia Brown Mateer）从纽约出发，漂洋过海来到中国，经烟台到达登州，从此开始了他在中国长达 40 年的传教和办学生涯，直到 1908 年在青岛去世。

狄考文夫妇来到山东登州后，要做的第一件事就是学习当地的语言。他一边考察当地的情况，一边请教中国老师，努力地学习汉语。由于在登州找到一个好的汉语老师很不容易，因此狄考文学习汉语主要靠自学。就是凭着不懈的努力，他的汉语水平提高很快。学习汉语的道路虽然十分艰难，但为了便于更好地跟中国人交流和传播基督教，狄考文为此付出了不懈的努力。在自己顺利掌握汉语之后，狄考文想编写一部能展现汉语官话口语特点的教材，以帮助更多的传教士学习汉语。

在花费了 25 年的时间之后，狄考文编写了《官话类编》。编写教材的过程实际上也是他不断学习汉语的过程。其间他聘请登州文会馆早期毕业生邹立文为助手，协助自己把关和整理课本的语音、词汇和语法等内容。为提高《官话类编》的质量，他和邦就烈一起花了三个月的时间到长江流域，访问了许多南方传教士，了解和掌握了不同汉语方言区的用词情况。这一次的访学不仅丰富了他编写《官话类编》的内容，也大大地提高了他的汉语官话水平。

第二节 《官话类编》简介

1892年《官话类编》第一次出版后，就受到传教士的广泛欢迎。1898年，狄考文对该书进行了第一次修订，修改了初版在语音、词汇等方面的错误，并补充了文章，增加了更多的日常词汇。这个修订版是《官话类编》的第二个版本。我们使用的就是这个版本，是由上海美华书馆（Shanghai：American Presbyterian Mission Press）出版的，共786页。当然由于《官话类编》受到普遍的欢迎，所以它也是一版再版。目前见到有1892、1898、1900、1909、1913等几个版本。

《官话类编》全书共有200篇课文，组成课文的句子大多来自于生活。由于狄考文觉得这些日常用语不能满足传教士的需要，因此又在课本的附录中增加了中国老师选自文学作品的一些书面用语。该书收集的语料不仅包括官场用语，还包括艺术、文学、商业、历史和宗教用语等。

在课文体例编排上，狄考文采用中国古代书籍常用的竖排式，中文居左；每句对应的英语翻译在右；课文下方是生词的发音及其英语解释；每句课文前都有阿拉伯数字标明序号。在该教材中，如果遇到南北官话及各地方言用不同的词表达相同的意思时，狄考文会将不同的表达方式并排列出来。通常位于右边的是北方官话的表达方式，位于左边的是南方官话的表达方式，中间的是山东方言的表达方式。这种编排方法是一个很大的创新，便于读者学习和查阅（见图13-1）。

《官话类编》全书的内容包括前言、课文和附录三大部分。

前言部分阐明了作者编写教材的目的和过程、教材风格、课文选材、文章翻译、课文注解、全书安排等，并介绍了他对中国的官话以及汉字和汉字音节的认识，为后人了解和学习教材提供了很多的背景

第十三章 狄考文及《官话类编》简介

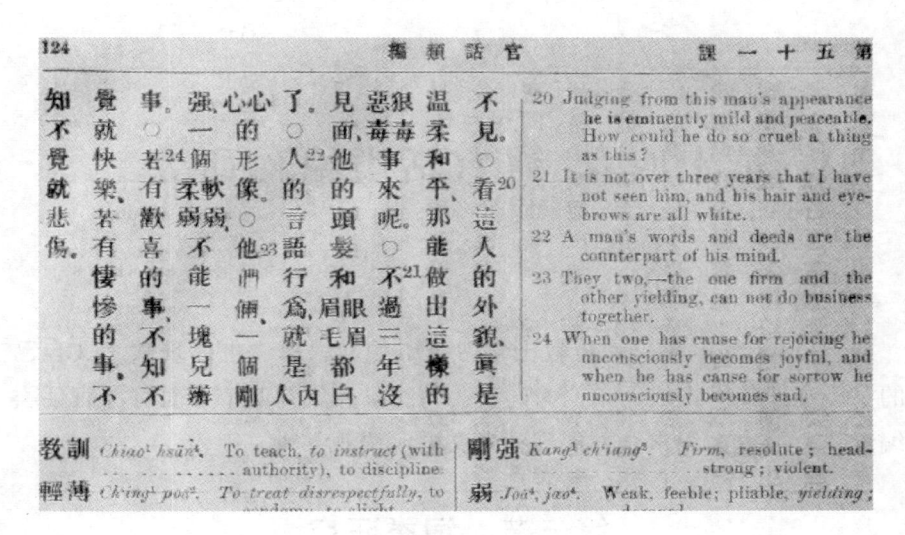

图 13-1

资料。

  课文部分以俗语为中心收集了两百课的日常生活中的句子和短语。课文内容没有很大关联，每个句子之间也没有前后语境上的联系。每课围绕一个语法点，反复练习，有利于更好地诠释重点。教材一开始以单句或者基本复句为主，随着学习程度的加深，又收录了比较复杂的长句子，增加了多重复句，采取循序渐进的方式，便于学习者学习。

  附录部分内容十分丰富，包括：词和短语的附属（增补）表，狄考文将课文中重点词的使用方法在附录中进一步列举出来；对话和演说部分，狄考文增加了13篇演说语体的课文，更加突出了该教材的口语性质；索引部分，狄考文将课文的生字按部首排列，同时将多音字也标注出来，便于学习者查找。

第十四章 《官话类编》研究

《官话类编》不仅是传教士学习汉语的教科书，也体现狄考文自己的汉语观。我们将从词类、构词法、句法以及例句四个方面对《官话类编》进行研究，以求全面展现狄考文的汉语观。

第一节 词类研究

说到词类，一般指的是词的语法分类。英语是屈折语，有丰富的形态变化，因此划分词类的主要依据是形态，包括数、格、体、时、态等的变化。汉语缺乏形态变化，因此划分词类的主要依据是词的语法功能，即词与词的组合能力，其次才参照语法形态和语法意义。词类是一种语法聚合，是一种语言中具有相同的句法功能、能在相同的句法位置上出现的词聚合在一起而形成的。

1898年出版的《马氏文通》一书，第一次由国内学者系统地介绍了汉语的词类。马建忠将"字"（即词）分为"实字"和"虚字"两大类，"凡字有事理可解者，曰实字。无解而惟以助实字之情态者，曰虚字。实字之类五，虚字之类四"①。"实字"包括"名字""代字""动字""静字"以及"状字"，"虚字"包括"介字""连字""助字"以及"叹字"。自马建忠开始，黎锦熙、吕叔湘、王力等本土学者都对汉语词类进行了细致的研究。

新教传教士狄考文在《官话类编》中虽然没有系统地介绍词类，但是也对词类进行了归纳和整理，将英语词类的划分方法带到了汉语中。《官话类编》对汉语词类的看法与现代汉语对词类的划分基本一致。狄

---

① 马建忠：《马氏文通》，商务印书馆2008年版，第19页。

考文将汉语词类分为名词、代词、形容词、动词、副词、数词、量词、助词、介词、连词和语气词等。在清代末年，狄考文就能较完整地介绍汉语的量词是一个很大的进步。首先，我们将详细地分析《官话类编》课文中涉及的有代表性的代词和量词。

一　代词

代词是指具有指示、称代作用的词，包括人称代词、指示代词和疑问代词三大类。《官话类编》里的代词除了包括现代汉语中的代词外，还有一些有方言特色的代词，如"偺""你纳"等，在形式和意义上具有浓重的口语色彩。由于英语中有不定代词，狄考文也将这个术语用于汉语中，同时他还介绍了汉语中的泛称代词。

我们将《官话类编》中的所有的代词分类作了统计，如表14-1所示：

表14-1　　　　《官话类编》中的代词及其分类

代词			
	人称代词	第一人称	我、偺、咱、俺
		第二人称	你、您、你纳、您纳
		第三人称	他、佢
		反身代词	自、己、自己、自家、自个儿、自己个儿
	指示代词	近指	这、这里、这儿、此地、这头、这面、这边、这处
		远指	那、那里、那儿、那头、那面、那边、那处
	疑问代词	问人	谁、哪个
		问事物	甚么、什么、哪里、哪儿
		问原因、方式	怎么、怎么样、那么
		问数量	几个、多少、几多
		问时间	几时、几儿、多咱、几咱、么咱、多会、多早晚儿、多早、几早
	不定代词		都、凡、众、大众、大家、拢总、通统、通身、共总、统共、统总、全、全然、共、俱、俱都、俱以、皆、皆都、尽、尽皆、尽情、大凡、列、诸
	泛称代词		各、各人、各自、每、每人、逢、每逢

（一）人称代词

《官话类编》中的人称代词包括第一人称代词、第二人称代词、第三人称代词以及反身代词。

1. 第一人称代词

第一人称代词有"我"以及口语中常用的"偺""咱"和"俺"。

①我

《官话类编》中"我"的用法与现代汉语的基本一致,经常作主语和宾语,后面通常加"们"表示复数。例如:

(1) 这个东西,我不能给你。
(2) 我们没有地方写字。

②偺、咱、俺

"偺""咱"和"俺"经常作主语、定语和宾语。"偺"和"咱"后面常加"们"表示复数。例如:

(1) 就是你的口头语,也不可这样大放无拘,你不论在谁跟前,都好自称偺老子吗。
(2) 咱们歇歇罢。
(3) 明天是俺大哥的生日。
(4) 他妈一点奶也没有,你能给俺雇个奶妈子不能。

狄考文认为"'咱'是'偺'的发音的缩写形式,'偺'和'咱'从不在南方官话中使用,'俺'可以在中部官话以及北方和南方的部分地区使用"①。

2. 第二人称代词

第二人称代词有"你"以及口语中常用的"您""你纳"和"您纳"。

①你

"你"经常作主语和宾语,后面通常加"们"表示复数。例如:

---

① Calvin Wilson Mateer, *A Course of Mandarin Lessons Based on Idiom*, Shanghai: American Presbyterian Mission Press, 1900: 222.

（1）你去告诉他，等一等。
（2）你们可以等一等。

②您、你纳、您纳

他指出，"'你纳'和'您纳'只在北京话中使用，可以解释为'你老人家'的缩略形式。'纳'有时也可以和'他'构成'他纳'。"①"您""你纳"和"您纳"经常作主语和定语。例如：

（1）您的公事都完了吗。
（2）您纳/您的少爷，不是在户部有差使吗。
（3）你纳这么坐了，叫我怎么坐呢。

"纳"，从狄考文的表述来看，他把它当成第二人称代词的一部分，但实际上"纳"是北京方言中的语气词。"'您纳'是北京土语习惯，把对对方的客气称呼置于句尾。"② 这种用法仍保存在今天的北京方言中。

3. 第三人称代词

第三人称代词有"他"以及口语中常用的"佢"。狄考文在课本中没有列举使用"佢"的例子。估计是因为这个词在官话中较少使用的缘故。

"他"的用法和现代汉语中的用法基本一致，经常作主语和宾语，后面通常加"们"表示复数。例如：

（1）他没/没有吃早/朝饭。
（2）你去告诉他，等一等。
（3）他们不能来。

---

① Calvin Wilson Mateer, *A Course of Mandarin Lessons Based on Idiom*, Shanghai: American Presbyterian Mission Press, 1900：222.
② 徐世荣：《北京土语辞典》，北京出版社1990年版，第298页。

狄考文认为"'佢'在长江流域使用,相当于'他',属于南方沿海地区的方言,而不属于官话"①。但实际上"佢"是粤方言中的词。作者收集的语料虽然丰富,但是没有弄清楚哪个语料属于哪种方言,出现了混淆的情况。

4. 反身代词

反身代词一般表示强调或反射,与它所指的代词形成互指关系。《官话类编》中的反身代词主要有"自""己""自己"以及口语中常用的"自家""自个儿"和"自己个儿"。

①自、己

"自"和"己"是古代汉语中的早期形式,在近代汉语的新形式如"自己"等的排挤下,用法已经不全面,只能用于一些书面语中的固定搭配,一般不能单独使用。例如:

(1) 自尽和杀人,是一样的罪。
(2) 应当爱人如己。

②自己、自家

"自己"经常加在单音节人称代词后面,构成"我自己""你自己"和"他自己"等形式。"自己"有时候也写作"自家",后者通常在口语中使用。可以作主语、宾语和定语。例如:

(1) 自己不知道自己的毛病。
(2) 我自己的钱不够。
(3) 这是他哥哥的眼镜,不是他自家的。

③自个儿、自己个儿

"自个儿"和"自己个儿"相当于"自己","自己个儿"的口语性更强。例如:

---

① Calvin Wilson Mateer, *A Course of Mandarin Lessons Based on Idiom*, Shanghai: American Presbyterian Mission Press, 1900:222.

(1) 这个事情，得你自个儿去。
(2) 这不是合伙的买卖，是我自己个儿的。①

(二) 指示代词

《官话类编》中的指示代词包括近指"这"、远指"那"及由其构成的复合式。它们的用法与现代汉语中的用法基本一致。

1. 近指指示代词

近指指示代词主要有"这""这里""这儿""此地""这头""这面""这边"以及"这处"。

①这

"这"是指示代词，指代比较近的人或事物。狄考文指出："'这'的后面经常加'个'或'些'，构成指量短语，有时候'个'或'些'可以省略，但意义仍保持不变。当后面加'些'的时候表示复数，有时候'些'前面还可以加'一'构成'这一些'。"② 经常作定语。例如：

(1) 这个人没有学问。
(2) 这些字难学。

②这里、这儿、此地

作者认为："'这里'是相对正式和有规律的形式，应该经常在公共交谈或庄重的场合使用。'这儿'是口语的形式，更多地是在北方官话中而不是中部和南方官话中使用，从不在南京使用。'此地'主要在南方官话中使用，基本上取代了'这里'。"③ 它们经常作主语、宾语和定语。例如：

---

① Calvin Wilson Mateer, *A Course of Mandarin Lessons Based on Idiom*, Shanghai: American Presbyterian Mission Press, 1900: 53.
② Ibid., p. 5.
③ Ibid., p. 22.

(1) 请先生在这里坐。
(2) 他害了怕,这儿/这里藏,那儿/那里躲。
(3) 这里/此地的木匠,没有好手艺。

③这头、这面、这边、这处

"这"的后面可以加上"头""面""边"和"处"等字。作者认为"这些形式在汉语中经常使用,但是在英语中没有相对应的形式,这些词往往只翻译成'here'。'这处'仅仅在书面语中使用"①。它们经常作主语、宾语和定语。例如:

(1) 人说和事,不好护着这头,说那头。
(2) 这面向阳,那面背阴。
(3) 这边有个小眼,往外撒气/透气。
(4) 这处/这地方的铁匠顶不济/不中用,一个好手艺的没有。

2. 远指指示代词

远指指示代词主要有"那""那里""那儿""那头""那面""那边"以及"那处"。

①那

"那"是指示代词,指比较远的人或事物。同"这"一样,后面也经常加"个"或"些"。经常作定语。例如:

(1) 那个人没有钱。
(2) 那些人没有饭吃。

②那里、那儿

与"这里""这儿"一样,"那里"是比较正式的形式,而"那儿"常在口语中使用。它们常作主语、宾语和定语。例如:

---

① Calvin Wilson Mateer, *A Course of Mandarin Lessons Based on Idiom*, Shanghai: American Presbyterian Mission Press, 1900: 76.

(1) 那里没有火炉。

③那头、那面、那边、那处

"那"的后面也常常加上"头""面""边""处"等字。它们经常作主语、宾语和定语。例如：

(1) 这头粗，那头细。
(2) 这面向阳，那面背阴。
(3) 昨天下了一阵大雨，把我隔在河那边。

（三）疑问代词

《官话类编》中的疑问代词除了"谁""怎么""多少"等以外，还包括一些方言色彩比较浓的词。这些词多用于询问时间，如"多咱""几咱""多会"等。狄考文所叙述的问人、问事物、问原因及方式、问数量的代词的用法与现代汉语中的用法很接近，可以分为以下几类：

1. 问人的代词

《官话类编》中表示询问人的代词有"谁"和"那个"。

狄考文认为："'谁'只适用于人，表示疑问，也用于表示有人或否定的'没有人'。'那个'在长江流域以北的小范围内使用，它的使用是标准官话的特点之一。"① 它们经常作主语、宾语等。

(1) 谁在门外。
(2) 你来找那个。

"谁"也可以用于反问，表示否定，相当于"没有人"。例如：

(3) 你看今天能下雨不能？答：那个谁知道。

---

① Calvin Wilson Mateer, *A Course of Mandarin Lessons Based on Idiom*, Shanghai: American Presbyterian Mission Press, 1900: 80.

"谁"还可以用于任指,表示任何人。例如:

(4) 那个人的臭名,谁不知道呢。

2. 问事物的代词

《官话类编》中表示询问事物的代词有"那里""那儿""甚么"和"什么"。

①那里、那儿

"那里"和"那儿"用于询问事物的处所或方位。狄考文认为:"这两个词的意义基本相同,但是'那儿'常用在口语和一些不庄重的场合,几乎不在南方使用。"① 它们经常作主语或宾语等。例如:

(1) 你在那儿/那里抓的呢。
(2) 你的袜子在那里找着了呢。

②甚么、什么

"甚么"和"什么"用于询问事物或原因。作者指出:"'什么'是口语中的形式。'甚么'在使用时,其中'甚'音节的韵尾常省略,'什'在大多数地方的发音和'甚'一样,'么'有时也读作'吗',但从来不写作'吗'。"② 常作定语。例如:

(1) 他是你的什么人。
(2) 你身上有甚么病呢。

"甚么"也可以用于虚指,询问未知的或不肯定的事物。例如:

(3) 你甚么时候要走,可以来告诉我一声。

---

① Calvin Wilson Mateer, *A Course of Mandarin Lessons Based on Idiom*, Shanghai: American Presbyterian Mission Press, 1900: 87.

② Ibid., p. 43.

"甚么"还可以用于任指,表示所说范围内没有例外。例如:

(4) 我今年八十三岁,甚么也不能管了。

3. 问原因、方式的代词
《官话类编》中表示询问原因和方式的代词有"怎么""怎么样"和"那么"("那"读上声),用于询问原因、状况及方式等。例如:

(1) 你怎么没去作礼拜。
(2) 我托你那件事情,怎么样呢。

"怎么样"还可以用于虚指,表示未知及不肯定的事情。例如:

(3) 他的学问不怎么样,那儿能进学呢。

4. 问数量的代词
《官话类编》中表示询问数量的代词有"几个""多少"和"几多"。"几多"代替"多少"在南方使用。它们用在名词前面,询问事物的数量。例如:

(1) 你手里有几个栗子。
(2) 那只犁牛/花牛,买了多少/几多钱。

还可以用于虚指,表示未知或不确定的数量。例如:

(3) 没有多少/几多,也不过十两八两的。

5. 问时间的代词
《官话类编》中表示询问时间的代词有"几时""几儿""多咱""几咱""么咱""多会""多早晚儿""多早"以及"几早"。
①几时、几儿

"几时"和"几儿"都用于询问时间,例如:

(1) 亲家盖房子,几时动工呢。

"几时"还可用于虚指,表示未知或不确定的时间。例如:

(2) 几时得了机会,请你劝劝他。

狄考文认为,"'几儿'的口语性很强,仅在北方使用"①。但实际上它也在山东方言地区使用,例如:"今日是个几儿?"

②多咱、几咱、么咱

狄氏认为:"'多咱'是一个广泛使用的词,但从不在山东东部使用,长江沿岸地区在使用时常在后面加'子'字。'几咱'和'么咱'都在南方使用。"② 例如:

(1) 这是几咱的事呢。
(2) 七王爷多咱/么咱从北京起的身。

"多咱"是"多早晚儿"的急读合音,在作者看来,它从不在山东东部使用。但是"多咱"也在胶辽官话中使用。例如:"明日多咱到家?"由此可见,狄考文在使用语料时存在错误,没有搞清楚其具体的使用范围。

③多会、多早晚儿、多早、几早

狄考文认为,"'多会'在北方使用时,后面常加'儿',而在南方,后面常加'子'。'多早晚儿'是北京的表达方式,'多早'是其缩写形式,在南方使用。'几早'和'多早'用法相同。"③ 例如:

---

① Calvin Wilson Mateer, *A Course of Mandarin Lessons Based on Idiom*, Shanghai: American Presbyterian Mission Press, 1900: 231.
② Ibid.
③ Ibid.

(1) 这是多会儿/多会子的事呢。

(2) 刘仁欣已经赌过咒，几儿/几早不和我说话。

"多早晚儿"在北京方言中除了表示"什么时候"外，还用于指"时间甚晚"，如"都多早晚儿啦！他才起床！"① 这一点狄考文没有注意到。

（四）不定代词

不定代词是英语中的术语，包括"some""all""both"等。狄考文认为，汉语中的不定代词包括"都""凡""众""大众""大家""拢总""通统""通身""共总""统共""统总""全""全然""共""俱""俱都""俱以""皆""皆都""尽""尽皆""尽情""大凡""列"和"诸"。

①都、凡、众、大众、大家

狄考文认为："不定代词'都'的意义很复杂，可以表示总括，也可以表示甚至。'凡'指每个，其意义分散。'众'指所有，其意义集中，一般只适用于人，用于名词前。"② 与现代汉语中的用法相同，例如：

(1) 他一家老少都病了。

(2) 这个学生万恶滔天，连先生他都敢骂。

(3) 凡事不可不知趣。

(4) 众位都来了吗。

(5) 这是大众的事，我自己不敢做主。

②拢总、通统、通身、共总、统共、统总

这些词经常作状语。例如：

---

① 徐世荣：《北京土语辞典》，北京出版社1990年版，第119页。

② Calvin Wilson Mateer, *A Course of Mandarin Lessons Based on Idiom*, Shanghai: American Presbyterian Mission Press, 1900: 82.

（1）这里拢总有三千多兵。
（2）风刮翻了船，把船上的人通身/通统都淹死了。
（3）我共总/统共还没有一斗麦子，那里有借给你的呢。

③全、全然、尽、尽皆、尽情
它们常作状语。例如：

（1）若是和他好说，他算全然没听见。
（2）儿在外蒙神保佑，所作所为，尽皆顺利。
（3）虽然这是书上的话，却也不可尽信，因为孟子明明的说，尽信书，不如无书。

④共、俱、俱都、俱以、皆、皆都
它们也常作状语。例如：

（1）这是人所共知的事情。
（2）五大洲的人数，虽然多如海边的沙，但往上追到极远之处，俱都以神为本。
（3）丰泰栈专办洋广杂货，一应俱全。
（4）旁的/别的毛病皆可将就，唯独手不稳/老实，这是没法将就的。
（5）入伏以后，天气到底是热了，你看来来往往的人，皆都穿了夏布大褂。

⑤大凡、列、诸
它们也常作状语。也有的作主语或定语，如（2）、（3）。例如：

（1）那个人心里真是海量，一点也不古板/板滞，大凡和他共事的人，没有一个不宾服/佩服的。
（2）列位都请坐下，咱们常来常往，何必这样多礼/客气。
（3）在何处有嫉妒分争，就在何处有搅乱，和诸般的恶事在狄考文看来,上述词都是不定代词。但是他所列举的"不定代词",在现在看来,大多数是副词,还有少数是名词、代词,也有的充当语素。其中属于副词的有"都""凡""拢总""通统""共总""统共""统总""全""全然""共""俱""俱都""惧以""皆""皆都""尽""尽皆""尽情"以及"大凡",经常作状语。属于名词的有"大众"和"通身"。属于代词的有"大家"。属于语素的有"列""众"和"诸"。

由此可见,狄考文将英语中不定代词的概念生搬硬套到汉语中是错误的,他没有弄清楚汉语词类的划分标准。近、现代汉语的代词体系中并没有不定代词。

(五)泛称代词

狄考文认为,汉语中的泛称代词有"各""每""各人""每人""逢""每逢"以及"各自"。

①各、各人、各自

"各"表示不止一个,"各人"指所说范围内的所有人,"各自"指各人自己。例如:

(1) 中外各国,人情自然相同。
(2) 各人的孩子各人亲。
(3) 将军不下马,各自奔前程。

②每、每人

"每"指代全体中的任何一个或一组,强调共同之处。"每人"指所说范围内的任何一个人。例如:

(1) 中国每五年闰两个月。
(2) 我要赏你们每人一块洋钱。

③逢、每逢

狄考文认为:"'逢'并不是一个完整意义上的泛指代词,但用于表示时间或动作的反复时,就是泛指代词,相当于每时或每次。在中部

和南部官话中,它经常单独使用,但是在北京话中,它经常和'每'连用。"① 例如:

(1) 你逢来就该叫/敲门。
(2) 王老爷很体恤人,逢求必应。
(3) 从前他每逢进京,必来看看,现在已经五六年没有来喇。

在我们看来,狄考文认为"逢"是泛指代词的观点是错误的。"逢"实际上是动词,指"遇到或遇见"②。例句中的"逢"都可以解释为"遇到"。"每逢"也不是泛指代词,其中的"每"是副词,表示"同一动作行为有规律地反复出现"③。单纯从主观理解上,"逢"和"每逢"有泛称的意义,尤其是"每"是指示代词,但据此将它们看作泛称代词是错误的。

二 量词

量词是汉藏语系所独有的语法现象,在汉语中使用的历史十分悠久,早在殷墟卜辞中就已经出现了度量量词"升"等。

量词是指用来表示人、事物或动作的数量单位的词。黎锦熙先生指出:"量词就是表数量的名词,添加在数词之下,用来作计数的事物之单位。"④ 王力先生曾把量词称为"单位词",他指出:"单位词是名词的一种,它表示人物的单位,经常和数目字一起用,所以又叫做'量词'。"⑤ 黎锦熙、王力等学者基本上都把量词当作名词来看待。直到丁声树等的《汉语语法讲话》才真正确立了量词作为独立的词类的地位,

---

① Calvin Wilson Mateer, *A Course of Mandarin Lessons Based on Idiom*, Shanghai: American Presbyterian Mission Press, 1900: 164.
② 中国社会科学院语言研究所词典编辑室编:《现代汉语词典》(第五版),商务印书馆2005年版,第413页。
③ 同上书,第929页。
④ 黎锦熙:《新著国语文法》,商务印书馆1992年版,第81页。
⑤ 王力:《汉语语法史》,商务印书馆2002年版,第24页。

他指出："量词通常用在指示代词或数词的后面，名词的前面。"①

量词的独立性很差，一般不能单独作句法成分，通常和数词、代词等组成数量短语或指量短语才能充当句子成分。汉语中的量词包括名量词和动量词，又可分别分为专用的和借用的两类。狄考文认识到汉语中量词的重要地位，对量词进行了详细的介绍，《官话类编》中量词的用法与现代汉语的用法基本一致。笔者按照现代汉语中量词的分类将《官话类编》中的所有量词进行了整理，如表14-2所示：

表14-2　　　　　狄考文《官话类编》中的汉语量词

量词	名量词	专用的名量词	个体量词	个、把、块、件、位、条、只、头、匹、本、行、部、张、管、句、棵、科、乘、口、剂、间、根、定、辆、阵、座、场、枝、铺、杆、盏、颗、粒、床、层、朵、轴、角、封、尾、段、面、领、所、片、页、处、步、贯、椿、扇、架、丸、味、顶、幅、尊、堵、股、笔、端、刀、炷、盘、营、哨、统、合、顿、道、卷（去声）、回、束、扎、帖、方、拃、捻、节、章、抬、篇、滴、号、首
			集体量词	些、套、双、副、堆、穗、挂、嘟噜、串、班、帮、排、包、卷（上声）、对、垛、捆、团、驮、担
			度量衡量词	锭、贯、文
		借用的名量词	借自身体器官	眼、身、腰
			借自物品	篓、炉、罐、壶、桶、箱、盒、匣、桌
	动量词	专用的动量词		回、次、遭、番、趟、下、一下子、顿、合、阵、遍、气、场

（一）专用的名量词

《官话类编》中专用的名量词包括个体量词、集体量词和度量衡量词三大类。

1. 个体量词

个体量词是表示个体事物数量单位的量词。

①个、把、块、件、位

"个"是一个使用范围最广泛的个体量词，量词前面的数词是"一"时，"一"常常省略。"把""块""件"和"位"是汉语中最常

---

① 丁声树：《汉语语法讲话》，商务印书馆1961年版，第168页。

见的四个量词，经常和数词或代词组成数量短语或指量短语来修饰名词，在句中作定语、主语和宾语等。例如：

（1）四个先生。
（2）老爷是个好人。
（3）这把锥子没有尖儿。
（4）外头来了三位老爷。

②条、只、头、匹

这些量词经常和数词、代词构成数量短语或指量短语作定语修饰名词，也可以作宾语。例如：

（1）一条绳子不够，可以用两条。
（2）我的两只眼睛，疼的/疼得要命。
（3）他骑着一头/一匹大草驴。

③本、行、部、张、管、句

这些量词经常组成数量短语或指量短语作定语，还可作谓语。例如：

（1）请先生给我勒一个/打一个仿格子，要八个字一行。
（2）我那部旧天文，不知谁借去了。
（3）今天你出去，给我买十管笔，两块墨/锭墨，五十张毛边纸。

④棵、科、乘、口、剂、间、根、疋、辆

这些量词也经常组成数量短语或指量短语作定语。例如：

（1）这科金银花，实在香。
（2）再过三天，我要回家，可以给我雇一乘驼轿/苦子。
（3）保管一剂药就好了。

（4）你看那一疋红纱，颜色光润不光润/鲜明不鲜明。

"疋"相当于"匹"，仅用于指布。这两个量词在现代汉语中统一写成"匹"。

⑤阵、座、场、枝、铺、杆、盏、颗、粒、床、层

这些量词也与数词或代词组成数量短语或指量短语，通常作定语。例如：

（1）光点一盏灯不够，可以再点两枝蜡/两枝蜡烛。
（2）有些散勇，偷了三百多杆洋枪，现在被官司捉住了。
（3）撑不死的痢疾，饿不死的伤寒，我姐姐那一年得伤寒病，一连八天，一粒/一颗米也没下去，到底还没饿死呢。
（4）西屋那张/那铺床上，有一床毯子，一床毡子，一床皮褥子，两床棉褥子，两床被单子，三床被/三床被子。

⑥朵、轴、角、封、尾、段、面、领、所、片

这些量词可以与数词或代词组成数量短语或指量短语，通常作定语。例如：

（1）这张/轴画是张敔画的牡丹，他要十两银子。
（2）昨天来了一角/封文书，说七月二十二，学台从省里起马。
（3）我今天见了一件奇事，看见五个人扛着一面大枷。
（4）那一天我到他家里去，见他炕上，连一领席/一条席都没有。

"角"在狄考文看来仅可以用于指书信，但它在现代汉语中作量词时，还可以表示货币单位或从整体分成的角形的东西。

⑦页、处、步、贯、椿、扇、架、丸、味、顶、幅

这些量词也与数词或代词组成数量短语或指量短语，通常作定语，还可以作宾语。例如：

（1）别说他还有地，就是这三处房子的房租，五个人也吃不了。

（2）我看这件/这桩事情，心里就是不平，那有欺负人，欺负到这步田地的呢。

（3）可以把这五味药，研为细末，做成三十个丸子/三十颗丸药，每天晚上吃一丸/吞一颗。

（4）有一天下小雨，我见放牛的，头戴一顶苇笠/斗篷，身披一件/一领蓑衣，手拿一根棍子，远远的望着，真像一幅好画图。

例（4）中，狄考文把"苇笠"和"斗篷"看成是同义词，用于指帽子。但是在汉语中，这两个词的意义不同，前者指用来遮挡阳光和雨的圆顶的帽子，而后者是指"披在肩上的没有袖子的外衣"①。因此，这两个词不能当作同义词，狄考文没有弄清楚它们的具体意义。

⑧尊、堵、股、笔、端、刀、炷、盘、营、哨、统、合

这些量词也与数词或代词组成数量短语或指量短语，通常作定语，还可作宾语、主语。例如：

（1）买卖好做，伙计难搭，若是三股绳一齐紧，还有不发财的吗。

（2）他那院里，不知是谁娶亲，我看见门上挂着一端红彩，门外贴着喜字。

（3）那是三吊钱的票子，买了两刀毛边纸，去一吊八，还净胜一吊二。

（4）前面有一座碑/一统碑，请去看看上面刻的什么字。

（5）别管是典房子，是卖房子，上带着几合门/几扇门，几合窗/几扇窗，几铺炕，几个锅台/锅灶，文约上都要一一载明，不然，到交房子的时候，怕有差错。

---

① 中国社会科学院语言研究所词典编辑室编：《现代汉语词典》（第五版），商务印书馆2005年版，第331页。

其中，"刀"用于指纸张，"统"多用于指碑，"合"用于指成双成对的门、窗等。

⑨顿、道、卷（去声）、回、束、扎、帖、方、拃、捺、节、章、抬、篇、滴、号、首

这些量词也与名词或代词组成数量短语或指量短语，通常作定语，也可作宾语、主语。例如：

（1）你看你一束秋秸，和一扎韭菜一样，那能值十五个钱呢。
（2）我用十二吊钱，买了一棵楸树，有九捺半粗/九拃半粗，能锯/截两节，你看吃亏不吃亏。
（3）这些礼物，用两抬食盒就送去了，不值得/值不得用四抬。
（4）现在我一天只背一号书。

问：一号念多少呢。
答：念三首诗，两篇文章，五篇左传。

狄考文将"拃"和"捺"当成同义词是错误的。"拃"可以用作量词，表示"张开的大拇指和中指或小指两端间的距离"①。但是"捺"只能作动词或名词，作名词时指汉语中向右斜下的笔画。由于这两个词韵母相同，书写形式相近，而且意义都跟手有关，因此狄考文将"捺"误用成了量词。

2. 集体量词

集体量词是指表示成组或成群事物的数量单位。

①些、套、双、副、堆、穗、挂、嘟噜、串

"些"可以看作"个"的复数，前面可以加指示代词"这"或"那"，有时"些"的后面还加"个"字。"些"常和数词或代词组成数量短语或指量短语作定语，修饰后面的名词。数词和量词中间有时可以插入其他成分，如"大"；量词前面的数词是"一"时，"一"常常省略。其他的量词也经常构成数量短语或指量短语后作定语，有时还可

---

① 中国社会科学院语言研究所词典编辑室编：《现代汉语词典》（第五版），商务印书馆2005年版，第1707页。

作主语或宾语。例如：

（1）先生有好些个/好些钱。
（2）学堂有好些个学生/学房有一大些学生。
（3）一穗谷/一穗谷子，大约有三千粒/颗，一穗高粱/秫秫，大约有一千粒/颗，一穗麦子，大约有一百粒/颗，一穗稻子，大约有八十粒/颗。
（4）上古迦南地的葡萄，一嘟噜/一挂够两个人抬的。

②班、帮、排、包、卷（上声）、对、垛、捆、团、驮、担

这些量词经常和数词或指示代词构成数量短语或指量短语作定语，有时还可作宾语。例如：

（1）现在城里有三班子戏，你是爱听那一班子呢。
（2）今托人捎来/寄来山药豆/地蛋/洋山芋一包，上海大米四包，见字查收。
（3）已经买了二十驮子松柴，再去买上十三担煤，今年就够烧的喽。
（4）从来说，和气生财，这个人真是一团和气，怎能不发财呢。

在例（2）中，狄考文将"山药豆""地蛋"和"洋山芋"看作是同义词是错误的。山东方言的"地蛋"和南方方言的"洋山芋"指的都是马铃薯，但"山药豆"指的是山药植物的珠芽，它们是不同的词。然而在北方方言中，"山药蛋"也指马铃薯。因此，狄考文可能是用字错误，将"蛋"误用为"豆"。

3. 度量衡量词

度量衡量词是指表示度量衡及相关计量单位的量词。《官话类编》中的度量衡量词只有"锭""贯"和"文"三个度量衡量词。

度量衡量词经常和数词或代词构成数量短语或指量短语作定语，有时也可作主语。例如：

（1）今天你出去，给我买十管笔，两锭墨，五十张毛边纸。
（2）虽有万贯的家财，死后连一文也带不了去。

（二）借用的名量词

由于汉语中很多量词是由名词转化而来的，因此量词除了专用的以外，还有借用的。《官话类编》中借用的名量词主要表示借自身体器官和物品。

1. 借自身体器官

有些量词借自人或动物身体的相关部分，如"眼""身"和"腰"原本都是表示身体器官的名词，后来用作相关的量词。它们经常和数词构成数量短语作定语。例如：

（1）我们这庄上，有四眼井，只有一眼是甜水。
（2）你上潍县的时候，请你给我买一身皮袄，一腰裙子。

2. 借自物品

量词中还有一部分借自表示物品的名词，这些词基本上都是容器名词借用作量词。《官话类编》中借自物品的词主要有"篓""炉""罐""壶""桶""箱""盒""匣"和"桌"。它们也经常和数词构成数量短语作定语。例如：

（1）前两天，一位朋友送给我一封笔，十块/十锭墨，一篓茶叶，今天必得预备一点礼物送给他。
（2）这么一罐子酒，至少有一百二十壶。
（3）他今天才买了四十箱煤油/火油，五桶柑子，八十盒子牛奶膏，五百匣铅粉/官粉，二百五十斤哈啡，所以手里不能有存钱。

例（3）中的"哈啡"是外来词，来自于英语中的"coffee"。在狄考文所处的时代，译名还处在改进中，存在各种不同的翻译。"coffee"现今公认的译名是"咖啡"，属于音译词，是在语音形式上对英语语音进行了改造，而意义上的汉化则较少。

（三）专用的动量词

动量词是表示动作的单位。《官话类编》中的动量词都是专用的，没有借用的。这些动量词都是表示动作次数的，包括："回""次""遭""番""趟""下""一下子""顿""合""阵""遍""气"和"场"等。狄考文指出："'遭'多用于南方和中部官话，在北方官话中很少使用。'合'主要用于书面语中，适用于指交战的回合。"① 它们经常跟在动词后面作补语，有时也可以和数词、代词组成数量短语或指量短语作主语、宾语等。例如：

（1）我已经商议他两回。
（2）这一遭，我叫他气的眼珠子都蓝了。
（3）这一下子砸了锅喇。
（4）二位将军，大战了三十二合，没分胜败。

例（1）和例（2）都是山东方言的特有句式。

第二节　构词法研究

不同语言的构词法也不同。英语属于印欧语系，是屈折语，有丰富的形态变化，词与词之间的关系主要靠词形变化来表示，大量的词是通过派生即词根加词缀的方式产生的。汉语是孤立语，缺少词形变化，词与词之间的语法关系主要靠语序和虚词来表示。但是汉语并不是完全没有词形变化，有些词是由词根加词缀构成的，也有些词是由重叠构成的，是两种重要的构词方法。狄考文的母语是英语，以之作为参照，他又是如何看待汉语构词法的呢？狄考文在《官话类编》中介绍了汉语的两种构词法即派生和重叠。他认为，派生可以是前缀加词根，也可是词根加后缀；重叠可以是名词重叠，也可以是动词和形容词重叠，还可以是复合动词和复合形容词重叠。本节将详细地介绍狄考文对汉语构词

---

① Calvin Wilson Mateer, *A Course of Mandarin Lessons Based on Idiom*, Shanghai: American Presbyterian Mission Press, 1900: 158.

的词缀和重叠式的看法。

一 词缀

词缀是"只能粘附在词根上构成新词的语素,它本身不能单独构成词"[①]。它是构成汉语派生词的重要成分,汉语中常见的词缀有前缀和后缀两种。作为汉语构词的手段之一,词缀在汉语发展的各个时期,都有不同程度的产生和运用。从先秦到现代,派生词的总量一直呈现上升趋势,是汉语词汇复音化的重要手段。近代汉语阶段是词缀发展的全盛时期,在这个时期,许多新兴词缀如"儿""们""家"等已广泛使用,有的词缀如"子""头""老"等也有了新的发展。

朱德熙先生在《语法讲义》中指出,"词缀都是定位语素,因此所有的不定位语素,我们都不把它看成是词缀",而且"真正的词缀只能黏附在词根成分上头,它跟词根成分只有位置上的关系,没有意义上的关系"[②]。在朱德熙先生看来,词缀是不成词的定位语素,本身没有实在的词汇意义,只能与词根构成位置上的关系,而不能发生并列、修饰、支配等意义上的逻辑关系。朱先生的观点基本上包括了所有界定词缀的标准,这给我们的研究提供了理论基础。

明清以来,汉语词缀使用得比较活跃。狄考文也认识到了词缀的重要性,在《官话类编》中进行了详细的叙述,他介绍的词缀主要有:前缀"可",后缀"子""儿""头""家"和"法"。

(一)前缀"可"

狄考文在《官话类编》中介绍的前缀只有"可",他列举的"可"作为前缀构成的词有:"可见""可知""可爱""可叹""可取""可行""可止""可恨""可惜""可恼""可巧""可托""可敬""可原""可凭""可疑""可怕""可恶""可杀""可留"和"可观"。例如:

(1)他既然能起来上街,可见病的不是很重。

[①] 叶蜚声、徐通锵:《语言学纲要》,北京大学出版社 2008 年版,第 93 页。
[②] 朱德熙:《语法讲义》,商务印书馆 2009 年版,第 29 页。

（2）俗语说，大事不如小，小事不如了，可知起事不如息事好。

（3）他天生叫人可爱，人家不能不爱他。

（4）思想起来，真是令人可叹。

（5）汤先生虽然没有什么大本事，但是他传道的热心，真是可取。

（6）这是可行可止的事情，成也可，不成也可。

（7）孙国祺一点好处也没有，不是明明的欺压人，就是暗暗的给人播弄是非，真是万人可恨。

（8）我们姥姥/老娘/家婆家，盖了一座好齐整的瓦房，可惜山墙上开门，还带着是个偏斜/偏向的，实在不官样/不成样。

（9）虽然他这桩事叫人可恼，然而仍有可取的地方。

（10）才要问他，可巧又来了一位亲戚，把话头儿打断了。

（11）李崇真那是千金可托的人，把钱交给他，是千妥万当。

（12）刘汇川既有那样的聪明本事，还能这样柔和谦逊，实在叫人可敬可爱。

（13）事情虽然坏在他手里，其实也有可原，不过为他年纪轻，见识短，并不是出于故意的。

（14）虽然有说他这个那个的，都是无根的流言，一点也不可凭。

答：虽不可凭，却是叫人可疑。

（15）最可怕的，是父母溺爱不明。

（16）宋某人实在可恶极了，口称要送人家的姑娘去上女学，却拣那好的，自己留着作妾，其余的都给人家卖了，凡评论这事的人，都说那是可杀不可留的东西。

（17）去年我看他的文章，还在糊涂阵里，今年我看了看，又有作意，又有气调，实在大有可观。

以上的17个例子囊括了狄考文所列举的由"可"作前缀的所有词。他认为，"'可'作为前缀加在动词前面，变成形容词，通常相当于英语中形容词的词缀'able',例如：可怜（pitiable），可爱（lovable）等。"①

在我们看来，这里的"可"是类词缀，虽然"可"的构词能力很强，这种现象很多，但它仍有实际的词汇意义，不能看作词缀。狄考文把"可"等同于英语中的词缀"able"显然是错误的。

我们还认为，由"可"组成的结构虽然大多数是形容词，但也可以是连词或副词，甚至是短语。"可"作为类词缀组成的结构可以分为四类：

第一类，由"可"组成的是形容词，"可"表示值得，这一类的词包括"可爱""可叹""可取""可行""可恨""可惜""可恼""可敬""可疑""可怕""可恶"和"可观"。

第二类，由"可"组成的是连词，"可"表示许可或可能，和"可以"的意思相同，这一类的词只有"可见"，承接上文，表示"可以作出判断或结论"②。

第三类，由"可"组成的是副词，这一类的词只有"可巧"，表示恰好，凑巧。

第四类，由"可"组成的是短语，而不是词，"可"是助动词，表示许可或可能，跟在动词前面单独作状语。这一类的短语有"可知""可止""可托""可原""可凭""可杀"和"可留"。

此外，狄考文指出："'可'一般跟在为数不多的动词前面，尽管在允许的情况下，它可以跟许多动词一起使用。"③ 但是他并没有说明哪些情况是允许的。

综上所述，由"可"组成的结构中，"可"有实际的词汇意义，因而不应看作词缀，顶多是类词缀。由此可见，狄考文对"可"的认识是不全面的。

---

① Calvin Wilson Mateer, *A Course of Mandarin Lessons Based on Idiom*, Shanghai: American Presbyterian Mission Press, 1900: 545.

② 中国社会科学院语言研究所词典编辑室编：《现代汉语词典》（第五版），商务印书馆2005年版，第771页。

③ Calvin Wilson Mateer, *A Course of Mandarin Lessons Based on Idiom*, Shanghai: American Presbyterian Mission Press, 1900: 545.

（二）后缀"子"

在狄考文看来，与前缀相比，汉语中的后缀相当丰富，不仅数量多，而且用法复杂。后缀"子"是汉语中应用范围广、出现频率高、构词能力强的一个词缀。狄考文认为："'子'通常加在名词的后面，使它们赋予个性，并把它们标记为名词，多用于南方官话。"①

1. 后缀"子"与表示亲属称谓的名词性词根结合，或用于人名后，指称人。例如：

（1）这个老婆子/老太有七十多岁。
（2）他的小名儿叫年子，他的学名儿我不知道/不晓得。

2. 后缀"子"与表示器物及自然界物体的词根结合，指称事物。例如：

（1）这个桌子不干净。
（2）这些杏子，卖三钱/三个钱一个。

3. 后缀"子"与表示人身体某部位的词结合，指称事物。例如：

（1）外国人没有辫子。
（2）你不可学他的样子。

4. 后缀"子"与名词性词根结合，表示某些抽象事物或事理。例如：

（1）他的法子不合式。
（2）他的老婆/家里，不会过日子。

---

① Calvin Wilson Mateer, *A Course of Mandarin Lessons Based on Idiom*, Shanghai：American Presbyterian Mission Press, 1900：12.

"家里"是山东方言的词汇，相当于"妻子"。

后缀"子"是汉语中较早形成的词缀之一。狄考文认为，当时官话中的后缀"子"主要构成名词，而且多与单音节或双音节的词根语素结合，表示人或事物。在今天看来狄考文列举的并不全面，但考虑到《官话类编》成书于清代末期，又是帮助传教士学习汉语的，因此，他所列举的这些语料已经足够传教士学习和交流的了。

（三）后缀"儿"

后缀"儿"是从唐代发展起来的，早期主要用作名词后缀，后来也用作代词后缀。狄考文认为："'儿'和'子'一样，主要加在名词的后面，使它们赋予个性，并把它们标记为名词。它们实际上用途相同，'子'稍微正式一点，'儿'在很多情况下多多少少有'小'的意思。'子'在南方官话中用得更多。'儿'多在北方官话中使用，尤其是在北京使用。"①

狄考文指出，"儿"和"子"尽管有细微的差别，但是它们的基本意义和用途是很相似的。"儿"和"子"都更多地用于口语而不是书面语，过多地使用这些词，尤其是"儿"的人，就表示没有受过教育或者比较随意。并且，狄考文还注意到，南京话中的后缀"儿"没有在北京话中出现得那么普遍。②

《官话类编》中后缀"儿"主要用作名词后缀。

1. 后缀"儿"与表示亲属称谓的名词性词根或表示姓名的词根结合，指称人。例如：

（1）李师娘/李师母要雇一个老婆儿/老妈看孩子/娃娃。
（2）他的小名儿叫年子，他的学名儿我不知道/晓得。

"老婆儿"是山东方言的词汇。

2. 后缀"儿"与表示器物及自然界物体的词根结合，指称事物。

---

① Calvin Wilson Mateer, *A Course of Mandarin Lessons Based on Idiom*, Shanghai: American Presbyterian Mission Press, 1900: 12.

② Ibid.

例如：

（1）这个笔没有尖儿。
（2）那些花儿实在好看。

3. 后缀"儿"与名词性词根结合，表示某些抽象事物或事理的名称。例如：

（1）他该我两吊多钱儿。
（2）他是在这里，是在那里，我一点儿不晓得。

后缀"儿"也可以用在"今""明""昨"等字的后面，构成时间名词"今儿""明儿""昨儿"等。这些词一直在口语中使用。例如：

（1）今儿是初三，明儿是初四。

后缀"儿"还可以用作代词后缀。"儿"可以跟在"这""那"的后面，构成指示代词"这儿""那儿"。它们在北方的口语被广泛地使用，在中部和南方很少使用。例如：

（1）他害了怕，这儿藏，那儿躲。
（2）这儿是个规矩地方。
（3）在那儿不好说闲话。

"害了怕"是山东方言的表达方式。

综上所述，后缀"儿"呈现出明显的常用性和能产性特点，不仅可以构成名词，而且可以构成量词；不仅可以跟单音节的词结合，也可以跟双音节的词结合。

（四）后缀"头"

"头"的本义是指人或动物的头部，后来引申指事物的顶端、前部或事情的开端，再后来虚化为词缀。

狄考文认为："'头'能够加在很多名词的后面，但不能规定什么词后面可以加，能观察到它通常加在那些包含一块或一点意义的词后面。加上后缀'头'会使合成词的专门意义得到限制。也就是说，它的出现可以使词义的范围由大变小。"①

他还指出："'头'还可以跟在动词或形容词后面构成名词。当加在及物动词后面时，它的意思相当于英语中的'something to'或表示值得做的事情。如'听头'指'听到的事情'或'某件事情值得听'。当加在形容词后面时，就变成相对应意义的名词。"②

《官话类编》中词缀"头"主要作名词后缀。

1. 后缀"头"表示时间或方位。例如：

（1）今年这个年头，真是取借无门，凭着田地，贱贵都找不出要主/买主来。
（2）这事的尽头就是死。

2. 后缀"头"用在名词或动词后面，构成指人名词；还可加在表示人的身体的名词后面，指身体的部位或者器官。例如：

（1）老太太有两个丫头伺候他。
（2）王日新在济南府车行里当把儿头/把头，一年挣五十多吊。
（3）你不该拿拳头打他。

例（2）中，"把儿头"是北京方言词，"把头"是山东方言词，指"旧社会里把持某种行业从中剥削的人"③。

表示人的身体部位的"头"作后缀的名词，有时表示抽象的、引申的意义。例如：

---

① Calvin Wilson Mateer, *A Course of Mandarin Lessons Based on Idiom*, Shanghai: American Presbyterian Mission Press, 1900: 112.
② Ibid., p. 418.
③ 中国社会科学院语言研究所词典编辑室编：《现代汉语词典》（第五版），商务印书馆2005年版，第21页。

（4）做这杆手枪，真得个好手头。

3. 后缀"头"用于表示日常器物、食物或者自然事物。如：

（1）路上这些小石头，实在讨厌。
（2）我家煮了一锅芋头，你爱吃不爱吃呢。

4. 后缀"头"用于表示抽象的事物或者事理。这一类的"头"缀名词的词根有多重词性。有动词性词根的，例如：

（1）李绍祖得空就往那里去，也不知道那里有他的什么想头。
（2）若是他跟前有个小厮，那还有个盼头/望头。
（3）看你这个样子，怕没有大活头。

例（3）中的"活头"是山东方言的词汇，"没有大活头"指活不久了。

有形容词性词根的，例如：

（1）除了他应得的工钱，一点甜头也没有。
（2）这事的尽头就是死。

在"头"字构成的派生词中，新词在很大程度上改变了词根原有的意义，表达一种抽象的概念，例如"想头""盼头"等，都带有期盼、希冀的心理活动色彩。这类派生词的产生，极大地提高了汉语词义表达的准确性。

词缀"头"还可以作代词词缀。"头"可以用在指示代词"这""那"的后面，构成代词，表示处所或方位。例如：

（1）炕这头怪热，那头冰凉。
（2）这头大，那头小。

此外,"头"缀词的后面还经常加上"子"缀和"儿"缀,构成新词。例如在上文的"子"缀和"儿"缀中列举的"老头子"和"老头儿"。

(五) 后缀"家"

狄考文认为:"'家'字加在特定词的后面借以把个人融入家庭或集体中,以此来概括它们。它作后缀可以加在男人、女人和所有表示家庭关系的词后面,它可以与英语中的'kind'在合成词中作后缀时相比较,例如'mankind''womankind',但是二者绝不等同。"①"家"是近代汉语的重要后缀,不仅可以构成名词,还可以构成人称代词和副词。

"家"在《官话类编》中主要用作名词后缀,构成名词性的派生词。

1. "家"用于表示职业、流派等身份的名词后面,指从事某种职业或精通某种技艺的人。例如:

(1) 我常想着做买卖,就是找不着个东家。
(2) 儒家的功夫,是养气,道家的功夫,是练气,养气练气都是清心寡欲的意思。

2. "家"用来构成指人名词、称谓词。例如:

(1) 你的大姑娘,有婆家没有。
(2) 怎么一个孩子家,说话这么抢嘴/抢头/抢先。

"老人家"指称老年人,当"老人家"用于对尊者或长者的敬称时,一般前面要加上"你",表示对称。如:

(3) 为我的事情,叫你老人家受惊,这个情谊,叫我怎么报呢。

---

① Calvin Wilson Mateer, *A Course of Mandarin Lessons Based on Idiom*, Shanghai: American Presbyterian Mission Press, 1900: 183.

有时候,"家"作后缀构成指人名词的词根还可以是动词或形容词性的,表示动作的实施者或性质状态的领有者。例如:

(4) 他们俩是仇家/冤家,不可让/请在一张桌子上。

"家"作后缀,还可以构成人称代词,其中最主要的是人称代词"人家"。例如:

(1) 人家都冷眼儿看你。
(2) 我素来不该人家的,不欠人家的。

"人家"在这里是泛指的人称代词,指除了说话双方以外的第三者,这个第三者是不确定的,相当于"别人"。在现代汉语里,"人家"所指的第三者还可以是确定的人,"人家"也可以指说话者自己。这些相关的例子狄考文并没有提及。

"家"还可以用作副词后缀,往往用于描摹情状,有时还起到加强语气和补充音节的作用。例如:

(1) 你成天家/整天家做什么。
(2) 一个男子汉,半天家说不出句话来,实在燥人。

(六)后缀"法"

狄考文认为:"'法'经常加在动词后面,表示动作的方式,有时也可以加在名词后面。它作后缀,在任何情况下都不读重音,在口语中使用时往往带后缀'子'或'儿'。当它重读时,就不是后缀。'法'字会使所有由它作后缀的动词的意义发生改变。"① 在他看来,重读与否是判断"法"字是否是后缀的重要标准。

《官话类编》中"法"多加在动词后面主要构成名词,它构成的派

---

① Calvin Wilson Mateer, *A Course of Mandarin Lessons Based on Idiom*, Shanghai: American Presbyterian Mission Press, 1900: 282.

生词的意义往往是动词词根意义的引申，这一类派生词的前面常常有"怎么个"或"这样"等词修饰，"法"字一般读轻声。例如：

（1）他铺排这么些活，我们怎么个做法呢。
（2）他讲的一点次序也没有，叫人怎么个听法，怎么个记法呢。
（3）您的孩子打人骂人，你一点儿也不管，惯孩子还有这样的惯法吗。

"法"还可以加在名词后面。例如：

（1）个人有个人的笔法。
（2）现在天朝的海防，大概都用德国兵法。

二 重叠式

重叠是汉语常见的语言现象。汉语作为一种缺乏形态变化的语言，重叠是其重要的语法手段之一。重叠式是指词的语音形式是由音节重叠而成的。通过重叠能够在原有的词汇意义的基础上增加新的语法意义和语法功能。汉语中由重叠式构成的词有名词、动词、形容词、量词等。

明清时期是重叠式发展的关键时期，其类型多样，数量众多。这一时期的重叠式有全部重叠的，也有部分重叠的；全部重叠式中有单音节重叠的，也有双音节重叠的。狄考文认识到汉语的这一特殊语言现象，在《官话类编》中重点介绍了形容词重叠、动词重叠以及名词重叠的情况。

（一）形容词重叠式

形容词重叠式是指由形容词词根重叠而成的形式。本小节讲述的形容词重叠式既包括单音节形容词重叠，也包括双音节形容词重叠，还有一类特殊的单音节形容词重叠式。

狄考文指出，形容词为了表示强调经常重叠。这种用法很重要，而且经常重复出现。大多数形容词和一些副词都可以这样重叠。单音节形容词重叠之后一般变成副词。

1. 基本形式是单音节形容词，重叠式是"AA"或"AA的（儿）"，起强调、说明的作用。这两类的重叠式通常作状语。形容词重叠后加"的"就成为状态形容词，还可作谓语、定语和补语。例如：

（1）地是圆的/圆圆的。
（2）称了高高的一百二十斤。
（3）我劝你以后要离他远远的。

2. 基本形式是单音节副词，重叠式是"AA（儿/的）"。例如：

（1）没有大进项，也不过仅仅的够花费。
（2）这个孩子顶笨/蠢，上学也是白白儿的。

另外，狄考文指出，还有一类特殊的单音节形容词重叠式，这类词只有部分音节进行重叠。

狄考文还认为："许多形容词以及一些名词和动词后面可以加一些特殊的重叠式的修饰成分或修饰语（ABB式），这些重叠的修饰成分是为了修饰或强调它们前面的成分，在英语中没有与之相类似的情形。这些附加成分通常是口语中独有的，这些词的使用主要取决于说话者的风格。"[1]

狄考文还指出："这种重叠式有一个特点是不管原来的声调，重叠式的第二个音节一律读一声。重叠式的后面通常以'的'字结束。少数重叠式能跟在很多词后面，大多数重叠式只能跟在特殊的几个词的后面，这主要取决于不同的地区使用情况不同。尽管这样，还是有相当数量的这种词是通行的。"[2] 这种形式构成的词数量庞大，狄考文用了四课的内容介绍。笔者将这类特殊的形容词重叠式进行了简单的整理。

---

[1] Calvin Wilson Mateer, *A Course of Mandarin Lessons Based on Idiom*, Shanghai：American Presbyterian Mission Press, 1900：454.

[2] Ibid.

1. 单音节形容词重叠，放在形容词后面，起修饰或强调的作用。其形式是"ABB 的"，既可以作状语，也可作谓语、定语和补语。例如：

  （1）那个人用不得，逢用了他，他就恶狠狠/恶巴巴的要钱。
  （2）这件衣裳潮糊糊的，可以拿出去晾一晾。
  （3）热腾腾的饭，我们吃点儿再走不好吗。
  （4）箱子里装的什么，抬着这样沉颠颠/沉重重的。

  由于一些词的方言色彩比较浓，狄考文很难确定用哪个字来记录，因此不可避免地会有错别字。如例（2）中的"潮糊糊"应该写作"潮乎乎"或"潮呼呼"。

2. 单音节形容词重叠，放在动词后面，起修饰或强调的作用，其形式是"ABB 的"。通常作谓语或补语。例如：

  （1）你跑颠颠的，往那里去呢。
  （2）你走的喘嘘嘘/喘呵呵的，喝凉水/吃冷水不怕受病吗。

3. 单音节形容词重叠，放在名词后面，起修饰或强调的作用，其形式是"ABB 的"。可以作状语、宾语、定语和补语。例如：

  （1）老的在家里眼巴巴的望你，你怎么不早回去呢。
  （2）他身上虽是滚热，头上却是汗露露/汗津津的。
  （3）眼睁睁的我看见是他拿去了，他还翻眼不承认。
  （4）李三今天喝醉了骂街，叫人把头打的血淋淋的，看见真是肉麻。

  除了有单音节形容词重叠外，还有双音节形容词重叠的形式。
  狄考文指出：复合形容词和部分名词为了表示强调经常重叠，复合词的两个音节分别重叠。这是表示强调的最普通的方式。几乎所有的复合形容词都可以这样重叠。其基本形式是双音节形容词，其重叠形式是

"AABB",有时后面可以加结构助词"的",作状语或补语。例如:

(1) 水运欢欢喜喜走到自家屋里去。
(2) 别惊动他,叫他安安稳稳的睡罢。
(3) 这书上讲的详详细细的,你还不明白吗。

形容词重叠式"AABB"式处在状语或补语位置上时,常常表示强调或加重。还可以作谓语或定语。例如:

(4) 弟兄们和和睦睦的,那等不乐。
(5) 这些零零碎碎的东西,可以装在箱子里。

形容词重叠式"AABB"式处在谓语或定语位置上时,则表示轻微的程度。

除此以外,现代汉语中的双音节重叠式还有"A 里 AB"和"ABAB"两种,后者仅限于状态形容词。如"糊里糊涂、通红通红、冰凉冰凉"等。

(二) 动词重叠式

动词重叠式是指由动词词根重叠而成的形式。本小节讲述的动词重叠式既包括单音节动词重叠,也包括双音节动词重叠。

狄考文指出:"动词重叠,一部分为了表示强调,另一部分为了详细说明动作行为的状态。在许多情况下,重叠的两个动词中间插入'一'字,第二个动词往往变成名词性的,例如'看一看',相当于英语中的'to take a look'。无论中间插不插入'一',动词重叠式的意义基本上保持不变。"①

1. 基本形式是单音节动词,其重叠式为"AA",重叠后第二个音节读轻声。常作谓语。表示短时、少量或尝试。例如:

---

① Calvin Wilson Mateer, *A Course of Mandarin Lessons Based on Idiom*, Shanghai:American Presbyterian Mission Press, 1900:78.

（1）这样好天，你该出去逛逛，散散心。
（2）少坐坐再走不好吗？

这类的单音节重叠式多用于连谓句中，作为句子复杂谓语的一个组成部分，后面可以有宾语出现，也可以单独使用。

2. 基本形式是单音节动词，其重叠式为"A 一 A"，表示短时、少量或尝试。通常作谓语。例如：

（1）可以拿去晒一晒。
（2）这头宽一点，可以用斧子砍一砍。
（3）把你的小刀借给我使一使/用一用，修修我的指甲。

还有一类特殊的单音节动词重叠式，其形式是"A 了 一 A"，表示短时的同时，还表示动作的完成。作谓语。例如：

（4）他来坐了一坐，就急急的走了。

狄考文认为："单音节动词重叠式最开始和最完整的形式很有可能是动词中间插入'一'字，后来在一些情形中为了简洁而省略了。"① 王力先生认为："（动词重叠式）两个动词的中间本来是有'一'字的。"② 日本汉学家太田辰夫也指出："（动词重叠式）恐怕是从重复的动词中间加'一'这种形式变来的。"③ 范方莲云："我们认为'AA'就是'A 一 A'，当中的'一'在一定的语音条件下脱落了。"④ 综合各家的观点，我们可以得出结论，"AA"是由"A 一 A"脱落"一"而

---

① Calvin Wilson Mateer, *A Course of Mandarin Lessons Based on Idiom*, Shanghai：American Presbyterian Mission Press, 1900：78.
② 王力：《王力文集——中国现代语法》第 2 卷，山东教育出版社 1985 年版，第 225 页。
③ [日] 太田辰夫：《中国语历史文法》，蒋绍愚、徐昌华译，北京大学出版社 1987 年版，第 176 页。
④ 范方莲：《试论所谓动词重叠》，《中国语文》1964 年第 4 期。

产生的。由此可见，狄考文的猜测是正确的，他对汉语的认识还是很深刻的。

狄考文在《官话类编》中还指出："双音节动词重叠的原因与单音节动词重叠的原因相同，为了表示强调或详细说明动作行为的状态。双音节重叠式的中间从来都不插入'一'字。"① 双音节动词的重叠式是"ABAB"式，同"AA"式一样，重叠后的后两个音节读轻声，表示短时、少量或尝试。通常作谓语。例如：

（1）大热的天，坐下凉快凉快再走罢。
（2）这两天要来客，你可以把院子收拾收拾，省得叫人家笑话。

上例中的双音节重叠式用于多种句式，一般用于连谓句，如例（1）；还可以用于"把"字句，如例（2）。

（三）名词重叠式

名词重叠式是指由名词词根重叠而成的形式。名词重叠式数量很少，一般是单音节重叠，只有少数是双音节重叠。

狄考文指出："汉语中'每个'或'各个'的意思通常通过名词重叠的方式表达。例如，'人人'指'每人'，'天天'指'每天'。这种用法跟英语中的'man by man'和'day by day'类似。"②

1. 基本形式是单音节名词，其重叠式是"AA"，表示逐指，有"每""逐"的意思。经常作主语或状语。例如：

（1）人人都这么说，我也不知是真是假。
（2）兴极必衰，衰极必兴，天下万国，处处都是一理。
（3）你天天打这里过，都是往那里去呢。

---

① Calvin Wilson Mateer, *A Course of Mandarin Lessons Based on Idiom*, Shanghai：American Presbyterian Mission Press, 1900：319.

② Ibid., p. 167.

2. 基本形式是双音节的名词，其重叠式是"AABB"，表示逐指。经常作主语。例如：

（1）罗先生说话，实在清楚，句句字字，没有听不真切的。
（2）我本处人，都传说他的事，家家户户没有不知道的。

上述例句中能够重叠的单音节名词多带有量词的性质。还有一些例句实际上就是量词的重叠。例如：

（1）他是遭遭/回回图小利，图惯了。
（2）这种软帘纸，囫囵/整壮的少，差不多张张都有毛病。
（3）凡在回教的人，个个都齐胡子。

太田辰夫指出："像'人人''家家''天天''年年''处处''步步''声声'等非常有限，它们都是不完全名词，或者是能够直接用数词修饰的名词，是有些特殊的。"① 由此可见，这些例句中的能够重叠的单音节名词都不是单纯的名词，而是兼有量词性质的名词。

现代汉语中单音节名词重叠式除上述狄考文讲述的带有量词性质的名词重叠式外，多见于一些重叠式亲属名词，如"妈妈""姑姑"等；还有一些名词，重叠后带有"亲切""喜爱"或"细小"的色彩，常见于儿童语言、儿歌以及民歌中，如"吃豆豆，长肉肉"等。

第三节　句法研究

《官话类编》中共200篇课文，基本上每课一个语法点，贯穿全书。每课的例句之间没有联系，却又很好地解释了该课的语法点。但是，由于这些语法点比较分散，单句基本上都是独立的，这就增加了学习者学习和研究的难度。狄考文在《官话类编》中详细地介绍了汉语的多种

---

① ［日］太田辰夫：《中国语历史文法》，蒋绍愚、徐昌华译，北京大学出版社1987年版，第80页。

句式，我们不可能一一研究。为方便起见，我们选取了三类有代表性的句法结构，即动补式、处置式和被动式，并运用语言学的相关理论进行研究。

一 动补式

动补式，即在动词后面有补语出现。"补语一般由谓词性词语充当。补语可以用来说明动作、行为的结果、状态、趋向、数量、时间、处所、可能性或者说明性状的程度。"① 趋向动词表示事物随动作而移动的方向。狄考文在《官话类编》中详细地介绍了当时汉语中的趋向动词，本小节将以趋向动词作补语为例来研究当时汉语的动补式结构。

狄考文将汉语中跟在其他动词后面组成谓语动词词组，起修饰或限制作用的词称为助动词（Auxiliary Verb）。英语中有许多助动词，它们自身没有意义，也不能单独使用，表示时态和语态等语法功能，例如：be, have, do, will, should 等。但是，在现代汉语中，助动词指的是能愿动词，用在动词或形容词的前边表示可能性、必要性和人的主观意愿，这跟英语中助动词的内涵不同。英语和汉语来自两个不同的语系，汉语中没有时和态的变化。因此，狄考文将能充当补语的成分都称为助动词（Auxiliary Verb），这是以英语语法观察汉语的结果，这在我们看来是不准确的。我们按照黄伯荣、廖序东版《现代汉语》的观点，将动词后面的补语表示动作移动的方向的词称为趋向动词，它们作补语时称为趋向补语。

狄考文介绍的趋向动词主要有：来、去、起、上、下、出、进、过、回和开。

（一）来（to come）、去（to go）

狄考文认为，"'来'和'去'是所有可以作补语的词中最简单的。它们辅助动词表示动作移动的方向，可以加在任何包含运动义的动词

---

① 中国社会科学院语言研究所词典编辑室编：《现代汉语词典》（第五版），商务印书馆2005年版，第69页。

后面。"①

1. 来

    （1）可以叫/喊两个人来抬轿/轿子。
    （2）说来说去，还是那些话。

"来"指人或事物由别的地方到说话人所在的地方。其中"说来"的"来"意义已经虚化，方向性不强。"来"可以跟在动宾词组后面作补语，其中的宾语为指人或指事物的名词，通常是受事，宾语还可以放在趋向动词后面，意义不变，例（1）可以变换为"叫/喊来两个人"。

2. 去

    （1）贼偷了我的衣裳去了。
    （2）他已经搬去了。

"去"指人或事物离开所在地到别处。这里的"去"可以直接跟在动词后面组成动补结构，也可以跟在动宾词组后面作补语。

此外，现代汉语中的"去"用在动词后面作补语，还可以表示动作完成。除此以外，还有"失去"的意思，仅限于用在"用、占、吃、花"等少数几个动词后面，例如"写作业占去了他不少时间"。

从上面的分析可以看出，"来"和"去"的用法和分布是基本对称的。这主要是由于它们在语义上的对称性，除了移动的方向不一样外，其余的因素都相同。

（二）起

狄考文指出："'起'可以加在许多动词后面作补语，表示动作的方向向上，也经常用于表示动作的完成。它的后面一般都加上'来'

---

① Calvin Wilson Mateer, *A Course of Mandarin Lessons Based on Idiom*, Shanghai: American Presbyterian Mission Press, 1900: 25.

字，构成双音趋向动词'起来'。"①

（1）把羊腿吊起来。
（2）孩子醒了，可以抱起他来。

"起来"表示动作的完成，"起"的特点是人或事物随着动作由下而上。当动词有宾语出现时，宾语可以放在"起"和"来"中间，也可以放在动词与趋向动词中间，或者放在趋向动词的后面，例（2）可以变换为"抱他起来"或"抱起来他"，意义没有任何改变。动词的宾语通常是受事，如果宾语不出现，通常用"把"字句引进宾语，如例（1）。

（三）上、下

狄考文认为："'上'和'下'作为辅助动词作补语，分别表示向上移动和向下移动。但是，它们并不限于跟在含有运动义的动词后面，可以自由地跟在其他动词后面。除了表示移动的方向外，它们有时还可以表示动作的结果，后面通常加上'来'或'去'。"②

1. 上

（1）把你的鞋提上。
（2）孩子要上炕，你可以把他拉上来。
（3）把椅子搬上去。

趋向动词"上"表示结果有由下到上、由低到高的意义。例（1）"提上"既表示"提"的结果，也表示"提"的方向。句中动词的宾语一般是受事，宾语不出现时，通常用"把"字句引出来。

2. 下

（1）拿刀把骨头剁下来。

---

① Calvin Wilson Mateer, *A Course of Mandarin Lessons Based on Idiom*, Shanghai: American Presbyterian Mission Press, 1900: 70.

② Ibid., p. 72.

（2）可以把这个盘子拿下去。

（3）杏儿/杏子下来的早，桃儿/桃子下来的晚/迟。

趋向动词"下"表示由上到下、由高到低的意义。

另外，例（3）中的"下来"指"谷物、水果、蔬菜等成熟或收获"①，但是它在句中不是趋向动词，是普通动词作谓语中心语。狄考文注意到"下来"在山东方言中的特殊用法，但是将其看成是趋向动词是不恰当的。与之相对应的词是"下去"，在山东方言中指"过了采摘期了"，如"八月底西瓜就下去了"②。

（四）出、进

"来"和"去"经常跟在"出"和"进"的后面，因此，狄考文重点介绍了四个双音趋向动词，分别是出来（come out）、出去（go out）、进来（come in）和进去（go in）。尽管这四个词的英语是在"come"和"go"的后面分别加上"out"和"in"，但是它们的使用范围要比"out"和"in"大得多。

1. 出

（1）你进去把他叫出来。

（2）洗出衣裳来，该把脏水/齷齪水倒出去。

（3）他姊妹两个，我认不出那个是那个来。

如果趋向动词"出"作补语的句子是否定句，那么否定副词"不"只能放在动词和"出"中间，不能变换位置，如例（3）"认不出那个是那个来"。

另外，例（2）"洗出衣裳来"是山东方言的特有句式，将宾语放在"出"和"来"中间，与"洗出来衣裳"意义相同。狄考文注意到动补式结构在方言中的特殊表达方法，这是很大的进步。类似的例子还

---

① 中国社会科学院语言研究所词典编辑室编：《现代汉语词典》（第五版），商务印书馆2005年版，第1465页。

② 董绍克、张家芝主编：《山东方言词典》，语文出版社1997年版，第83页。

有"先刷出家什/家伙来，再上街也不迟"等。

2. 进

（1）门窄抬不进去。
（2）可以请他进来。

趋向动词"进来"作补语表示"到里面来"，"进去"表示"到里面去"。这两个词与"出来"和"出去"相比，意义和用法要简单得多。

（五）过、回

趋向动词"过"和"回"后面都可以加上"来"或"去"构成双音趋向动词。

1. 过

（1）你去找个人和你两个/找谁和你两个，把这个箱子挪过去。
（2）十个京油子，说不过一个卫嘴子。
（3）那一夜，他病的顶重，昏过去了，好一会子才苏醒过来了。

狄考文认为，"'过'作为辅助动词，作补语，表示经过的意思，常用在有关时间或地点的方面"[①]。"过来"表示来到自己所在的地方，"过去"表示离开自己所在的地方。在很多情况下，表示动作的原始意义已经发生了改变。"过来"用在动词后，还可以表示"回到原来的、正常的状态"；"过去"还可以表示"失去原来的、正常的状态"，如例（3）。

"过"还可以表示"超过或胜过"，例（2）"说不过"的"过"就是不能胜过的意思。"过"表示"超过或胜过"时，多跟"得"或"不"连用。

[①] Calvin Wilson Mateer, *A Course of Mandarin Lessons Based on Idiom*, Shanghai：American Presbyterian Mission Press, 1900：96.

现代汉语中的"过"除以上的意义外，还可以表示"时间、处所或其他方面超过合适的界限"，例如"我们坐过了站了"。这个意义是狄考文在《官话类编》课文中没有提及的。

2. 回

(1) 在那里修好了，还请你给我带回来。
(2) 这是我经手借的，我还给他送回去。

狄考文认为，"'回'作为辅助动词，作补语，表示从别处回到原处的意思"①。"回来"表示到原来的地方来，"回去"表示到原来的地方去。"回"的使用范围远远不及"过"的使用范围广泛。

（六）开（to open）

趋向动词"开"是在74课介绍的。狄考文认为，"'开'用在具有打开或分开意义的动词后面，往往含有开始的意思"②。

(1) 云彩都散开了。
(2) 那条路走不开车。
(3) 你给人家说的事情，说开了没有。

"开"除了表示"分开"外，还可以表示"容下"，经常跟"得"或"不"连用，如例（2）。此外，例（3）中的"说开"是动词，表示解释明白、说明白。笔者认为，狄考文将其看成动补式结构，这种看法是不恰当的。

二　处置式

处置式是汉语中的一个特殊句法现象。"处置式"这一概念最早是王力先生提出来的。他说："凡用助动词把目的位提到叙述词的前面，

---

① Calvin Wilson Mateer, *A Course of Mandarin Lessons Based on Idiom*, Shanghai: American Presbyterian Mission Press, 1900：96.

② Ibid., p. 190.

以表示一种处置者,叫做处置式。"① 处置式,"就形式上说,它是一个介词性的动词'把'字把宾语提到动词的前面;就意义上说,它的主要作用在于表示一种有目的的行为,一种处置"②。处置式除了"把"字句以外,还包括"将"字句,即由介词"将"引出受事,动词所表示的动作对受事施加影响。"把"和"将"本来是实义动词,后来虚化为介词。

明清时期的处置式得到了全面的发展,不仅用词丰富,句式也灵活多变,极具特色。处置式用介词将动词的宾语提到动词前,有利于理顺句子内部的结构关系,使句意变得清楚、明白。狄考文认识到了汉语语法中的这一特殊现象,并在课文中加以详细的介绍。本小节将分别介绍处置式的"把"字句和"将"字句。

(一)"把"字句

"把"字句是指"在谓语动词前头用介词'把'引出受事、对受事加以处置的一种主动句"③。"对受事加以处置"是指使受事发生某种变化、产生某种结果或者处于某种状态。狄考文认为,"'把'的宾语可以是任何能拿在手里的东西,也可以是其他的人或事物"④,这话就包含了他对把字句中宾语有定性的一种认知。狄考文在课文中举了25个例子,其中20个是"把"字句。"把"字句不仅出现的频率高,而且结构关系也比较复杂。

"把"字句的动词一般不能单独出现,后面常常有其他成分。

1. 动词后有动态助词"了",例如:

(1) 李子把我的那把剪子踢蹬/弄坏了。
(2) 孩子把火弄灭了。

2. 动词后有结果补语(即通常所说的"动结式")、处所补语、趋

---

① 王力:《中国现代语法》,商务印书馆1985年版,第87页。
② 王力:《汉语史稿》,中华书局2004年版,第408页。
③ 黄伯荣、廖序东主编:《现代汉语》,高等教育出版社2009年版,第87页。
④ Calvin Wilson Mateer, *A Course of Mandarin Lessons Based on Idiom*, Shanghai: American Presbyterian Mission Press, 1900:68.

向补语或数量补语,例如:

(1) 你才放枪,把孩子吓哭了。
(2) 把我的袷袄,放在皮箱里。
(3) 把这些家伙拿去,搁在柜里。
(4) 他生气把我打了两巴掌。

3. 动词后有宾语,例如:

(1) 我要把这件褂子,另换个新托领/托襟/护领。
(2) 不要把心腹话告诉人。

"把"字句产生的初期,结构比较简单。后来把字句的结构日渐复杂,主要表现在介词的宾语逐渐复杂,动词的后面可以带宾语,也可以带补语等其他成分。

狄考文在课文中列举的"把"字句,主语通常是名词或代词,也有很多句子缺少主语,例如"把我的袷袄,放在皮箱里",主语没有出现。这类的处置句就成了无主语处置句。

《官话类编》所列举的"把"字句中,介词"把"后面的宾语都是谓语动词的受事,动词的处置意义比较强。在现代汉语中还有一类含有致使义的处置式,即"把"后面的宾语是施事或当事而非受事,整个结构表达一种致使义,例如"把大家都笑了"。这点他并没有也不可能提及。

(二)"将"字句

狄考文认为:"'将'的意义与'把'很相似,但是'将'带有一点书面语色彩,经常用于引介一些个人的事情或内心的思想。在翻译处置句的时候,它们有时可以译为英语的'take',但最好不要翻译。"[1]在《官话类编》中,"将"出现的频率不高,仅有5例,使用范围要比

---

[1] Calvin Wilson Mateer, *A Course of Mandarin Lessons Based on Idiom*, Shanghai: American Presbyterian Mission Press, 1900: 68.

"把"窄得多,"将"的用法相对比较简单。

"将"字句的动词一般也不能单独出现,后面常常有其他成分。

1. 动词后有结果补语或处所补语,例如:

(1) 一拳一脚,将人打死。
(2) 你该将这个意思,牢记在心。

2. 动词后有宾语,例如:

(1) 我将这件事告诉你,你不要生张/张扬。
(2) 不要将心腹话告诉人。
(3) 你快去将这件事,告诉你的舅舅。

这里的"将"字句均表示处置义。处置介词"将"是由"将"的动词义"持、拿"虚化而来的。随着处置介词"把"的出现和发展,"将"在口语中逐渐被淘汰,仅出现在书面语中。由于《官话类编》是有关汉语口语的著述,因此狄考文列举的"将"字句的例子要远远少于"把"字句。

三 被动式

被动式是汉语中一种重要的结构形式。所谓被动式,是指表示被动语义关系的被动句的各种语法结构形式。被动式有两种,一种是意念被动式,即没有被动标记,只是在语义上表示被动;另一种是带有被动标记的被动式。后一种在上古汉语中就已经出现,发展到现代汉语,被动标记经历了"于""为""见""被""叫""让""给"等字的发展。狄考文认识到了被动式在汉语中的重要地位,他在课文中有一课专门介绍了汉语的被动式(Passive Form)。狄考文所讲述的是带有被动标记的被动句,被动标记主要有"被""教"和"叫"。

(一)"被"字式

"被"字式是近代汉语被动句式中最重要的一种,使用频率很高。明清时期,"被"字式已经相当成熟,历时变化不大。王力先生在《汉语史稿》中指出,"被"用作动词,有两种意义,"第一种意义是主动地覆盖或施及某一事物,第二种意义是被动地蒙受或遭受某一事物。被动式的'被'字不是来自第一种意义的,而是来自第二种意义的"①。因此,表被动的介词"被"是由表示"遭受"的动词意义逐渐虚化而成的。

狄考文认为:"'被'(to suffer),是用来形成被动式的,是汉语中有规律的和真正意义上的被动形式。在北方,它大多数限于比较正式的书面语,仅有一些文人使用。在南方,它使用得更加广泛,成了可以在任何场合使用的普通形式。"② 狄考文所列举的 32 个被动式的例子中,有 17 例是"被"字式,由此可见"被"字式在被动式中占很大比例。直到今天,"被"字式也是表示被动的最主要的形式。

"被"字式的介词"被"后面一般都会出现表示施事的代词或者名词,《官话类编》中只有一例其后面没有施事者,直接加动词,这是古代汉语用法的延续,这一例是"李大有输了官司,功名也被革了"。

"被"字后面出现表示施事的代词或者名词的例子,对于其中的动词,又可以作如下分析:

1. "被+名词(代词)"后面是单个动词,动词前后没有其他成分修饰,例如:

(1)好人常被坏人糟蹋。
(2)人善被人欺,马善被人骑。

2. 动词后面有动态助词"了",例如:

(1)太阳被云彩遮了。
(2)刘先生被我得罪了。

---

① 王力:《汉语史稿》,中华书局 2004 年版,第 428 页。
② Calvin Wilson Mateer, *A Course of Mandarin Lessons Based on Idiom*, Shanghai: American Presbyterian Mission Press, 1900: 128.

3. 动词后面有结果补语或趋向补语，例如：

（1）我被你害苦了。
（2）他的银子，被强盗抢去，心里很忧愁。

4. 动词后面有宾语，例如：

（1）我的袍子，被火烧了一个大窟窿/洞。

此外，还有一例是"被……所"句式，主要用在书面语中，例"凡动刀的，必被刀所杀"。

"被"字式的主语通常是受事主语，充当受事主语的成分主要为体词性的。从结构上，受事主语可以是单音节的体词，也可以是词组。而且受事主语有时可以省略，例如"不要说大话，免得被人嗤笑"。此类大多是说话人出于语言的经济简洁原则而这样表达的。

有些"被"字式还可以有状语修饰，例如"好人常被坏人糟蹋"。这一类的状语通常放在"被"字之前。

《官话类编》中的例子说明，一直以来，"被"字式有形式多变的特点。其中的动词后面可以有其他修饰成分，如结构助词、宾语、补语等；"被"字式的受事主语种类多样，其结构也比较复杂，受事主语还可以省略；"被"字前面可以有状语修饰。这些都说明近代汉语的"被"字式已经相当成熟。

（二）"教"字式和"叫"字式

"教"和"叫"都是由使役义演变为表被动的，而它们的使役义又是由它们的本义发展来的。"教"作为动词，本义是"把知识或技能传给人"，后来发展为使役动词，指"使、令、让"，再后来发展成表示被动的"教"。"叫"的本义是"人或动物的发音器官发出较大的声音"，后来具有了使役义，指"使、命令"，再后来成为表示被动的"叫"。"教"字式和"叫"字式是指在谓语动词前面，用表示被动的"教"和"叫"引进动作的施事的被动句。

狄考文认为："'教'（to teach）或'叫'（to call），也用于形成被动式,在北方,它们一般用于口语中。在南方偶尔才使用。北京的老师通常使用'叫',而山东的老师则使用'教'。在纯粹的汉语官话书中,这两个字在使用上似乎没有差别。'教'出现的比较早,而'叫'出现的相对较晚。"①《官话类编》中"教"共有六例,"叫"有九例,"叫"的使用频率要比"教"高。"教"字式和"叫"字式中,表被动的"教"和"叫"后面都有施事成分出现,施事成分包括指人的名词、代词以及指事物的名词。对动词的附加成分的类型,可以从以下几个方面分析:

1. 动词后面有动态助词"了",例如:

(1) 可惜你听他的话,教他耽误了。
(2) 刘先生叫我得罪了。

2. 动词后面有结果补语、趋向补语、数量补语或程度补语,例如:

(1) 听说姜瓦匠的腿,教石头砸折/砸断了。
(2) 他叫我说的闭口无言。
(3) 若以后教人问起来,我们有什么话回答呢。
(4) 不知谁家的狗,进来偷嘴,教我打了一棍子,赶出去了。
(5) 他叫我打了一拳,我叫他踢了一脚。
(6) 他叫我辱骂的不轻。

3. 动词后面有宾语,例如:

(1) 我才记事的时候,那个地方不过多少存一点水。现在叫水冲了一道老大的大沟,非从桥上,不能过去。

从狄考文所列举的例子可以看出,"教"字式和"叫"字式的形式

---

① Calvin Wilson Mateer, *A Course of Mandarin Lessons Based on Idiom*, Shanghai: American Presbyterian Mission Press, 1900: 128.

没有"被"字式那么多变，结构没有那么复杂，使用范围也没有那么广泛，但是它们在口语中的使用频率是极高的。"叫"字式虽然出现得比较晚，但是很明显，其发展速度逐渐超过并取代了"教"字式，成为汉语口语中最广泛使用的被动形式。

我国最早对被动式作出界定的是马建忠。他在《马氏文通》中把"被动"称为"受动"，指出："外动字之行，有施有受。受者居宾次，常也。如受者居主次，则为受动字，明其以受者为主也。"①《马氏文通》出版于1898年，而《官话类编》最早版本是1892年的，因此，狄考文对被动式的叙述要早于马建忠，其对汉语语法现象的观察是极为敏锐的。

第四节　语料研究

《官话类编》成书于清朝末年，反映了当时中国通行的北方官话的面貌。狄考文编写的教材以北京话为基础，并在一定程度上受到了山东方言的影响。该教材的200篇课文收集了日常生活中的词汇和句子，如一些成语、俗语、民间谚语以及粗话等。我们认为，该教材在语料的使用上非常有特点。具体说来，有以下三个方面的表现：

一　南北方言用词对比

所谓"官话"，指明清时代的官方使用的汉语标准语。明代以中原雅音为正，南京官话是当时的汉语标准语。来华传教士不可能不注意到，明清之际中国国内流行的是以南京话为代表的南方官话；清代以来，北京官话逐渐代替南方官话的统治地位，到清代中后期，逐渐取代了南京官话成为国语。

狄考文在序中指出，中国人把官方通用的语言称为"官话"，是除了长江以南的省份，其他18个省份通用的语言。他认为，官话可以分为北方、南方和西部官话，也可以根据省份的不同进一步划分，如河南官话和山东官话等。北方官话以北京话为主导，南方官话的使用范围更广，使用人数更多。山东位于南北官话之间，其官话的特征也趋于中间

---

① 马建忠：《马氏文通》，商务印书馆2008年版，第160页。

化。西部官话在很大程度上受到北京话的影响。狄考文对官话的理解基本上是正确的,毕竟他指出了其在地域上的差别。

中国地域辽阔,方言分歧较大。清代新教来华传教士多在南方活动,他们既注意到了当地的方言土语,也对士大夫阶层使用的语言即官话非常感兴趣。由于南北地域的差异,文化背景的不同以及语言使用者自身个性特征等因素,在南方和北方通行的官话,在语言上有许多不同之处。

《官话类编》一书展示了当时南北官话的语言面貌,为学界研究南北官话提供了很好的语料。狄考文在《官话类编·序》中指出,他把南北方言中表达相同意义的不同词汇都并列放在一起,北方方言的词汇列在右边,南方方言词汇列在左边,山东方言居中间,并且列举了这些词汇的南北地域分布情况。狄考文共搜集了北京、南京、山东、四川和九江等地的方言。本小节我们主要分析《官话类编》所记录的汉语官话语料,以此来说明南北方言的地域差别。引用的例证以变化较大者为先,用符号"A/B"标记句中南北官话词汇用词的差别。

(一)名词

关于南北方言名词的差异,《官话类编》一书是从称谓词、一般名词、时间名词和处所名词的角度进行分析的。

1. 称谓词:师娘/师母

(1)五个师娘/师母。
(2)师娘/师母的衣裳实在好看。
(3)李师母的喉咙今天好了没有。

《官话类编》中"师娘"共出现七次,"师母"共出现四次。他认为:"'师娘'和'师母'都是指受过教育或有修养的人的妻子,在北方称为'师娘',在南方称为'师母'。在南京也使用'师娘',但是没有像使用'师母'那么尊重别人,因为商人和店主的妻子也可以称为'师娘'。"①

---

① Calvin Wilson Mateer, *A Course of Mandarin Lessons Based on Idiom*, Shanghai: American Presbyterian Mission Press, 1900: 4.

2. 一般名词：白薯/地瓜/山芋

（1）外边有个要饭的，可以给他两块冷白薯/地瓜/山芋。

狄考文指出："'sweet potatoes'是当时相对较晚引入中国的，它们的名字还没有确定下来。在北京，它们称为'白薯'或'红薯'；在山东，它们称为'地瓜'；在南京称为'山芋'；在九江，称为'蘿蔔薯'；在汉口只称为'薯'。"①

3. 时间名词：早/朝饭、午/晌/中饭、晚/夜饭

（1）他没/没有吃早饭/朝饭。
（2）我们还没吃午饭/晌饭/中饭。
（3）这个时候他们还没吃晚饭/还没有吃夜饭。

作者指出："北京使用'午饭'这个词，在南方使用'中饭'，而'晌饭'在山东使用。然而，曲阜一般使用'晌午饭'。"② 他还指出："北京官话和南京官话都使用'晚饭'，而'夜饭'一般在山东方言中使用。"③

4. 处所名词：学房/堂

（1）十个学房/堂。
（2）学堂有好些个学生/学房有一大些学生。

作者在注中指出："'学房'和'学堂'在任何地方都指学校，但是'学房'在北方流行，'学堂'在南方流行。"④

---

① Calvin Wilson Mateer, *A Course of Mandarin Lessons Based on Idiom*, Shanghai: American Presbyterian Mission Press, 1900: 94.
② Ibid., p. 9.
③ Ibid., p. 10.
④ Ibid., p. 4.

(二) 动词 使/用

(1) 那把剪子不好使/用。
(2) 可以使/用木锨，把这些雪撮/掷出去。

"使"通常在北方官话中使用，而不在南方官话中出现，南方官话使用"用"字代替。

另外，狄考文在注中指出："'掷'在山东东部使用，恰当地表达了用锨铲的意义，而'撮'指用簸箕将东西铲起，而不是用锨。"① 在笔者看来，这是矛盾的。狄考文在例句中，将"木锨"与"撮"搭配使用，又在注解中说"撮"不能用锨铲起，前后矛盾。狄考文在这里用词不当。

(三) 形容词 凉/冷

(1) 客嫌酒凉/冷，再要热的。
(2) 昨天新媳妇害/娘子发心口疼，手脚都发了凉/冷。

狄考文指出："在南方，'凉'很少使用，'冷'完全取代了它的位置。如果'冷'在北方使用，则暗含着酒不仅不热，而且冷，非常冷。"② 也就是说"冷"在北方使用时的"冷"的程度要比在南方使用时深。《官话类编》课文中的"冰凉"和"冰冷"，也是由于地域因素而造成的用两个词表达同一个意义。前者多在北方使用，而后者多在南方使用。

(3) 孩子的两只手都冻的冰凉/冰冷。

照我们今天的理解来看，"冰凉"应该是在寒冷的程度上不及"冰

---

① Calvin Wilson Mateer, *A Course of Mandarin Lessons Based on Idiom*, Shanghai: American Presbyterian Mission Press, 1900: 132.

② Ibid., p. 48.

冷",而不仅仅是地域的差别。

(四) 副词 别/莫

(1) 你别/莫揪着我。
(2) 别/莫讲是为个蛾儿就是为个蝴蝶,你已经十来多岁的东西,还值得放开大喇叭嗓子/喉咙哭吗?

北方官话在这个意义上通常使用副词"别",而南方官话则使用"莫"。

(五) 介词 叫/教

(1) 我的腿叫/教狗咬了。
(2) 太阳叫/被云彩遮了。
(3) 刘先生叫/被我得罪了。

《官话类编》中"被""叫"和"教"都是用来表示被动的介词。

狄考文指出:"'被'是用来表示被动的。在北方,多用于比较正式的书面语,多被文人使用。在南方,它的应用范围更加广泛,普遍地应用于各种场合。'教'或'叫'也是用来表示被动的,在北方,通常用于口语的形式。它们偶尔在南方使用。北京的老师通常使用'叫',而山东的老师偏重于使用'教'。在纯正的汉语官话典籍中,这两个汉字似乎可以任意地使用。'教'是比较早的书写形式,'叫'是较晚的书写形式。"①

(六) 助词 ~着/~的

(1) 麻刀/纸筋又没有了,这么着/这么的还得/要去买。
(2) 我来登门/上门认错,你还不肯,这么着/这么的,你待/要怎么样罢。

---

① Calvin Wilson Mateer, *A Course of Mandarin Lessons Based on Idiom*, Shanghai: American Presbyterian Mission Press, 1900:128.

"这么着""这么的",相当于"这样"。狄考文认为:"'~的'是初始的形式,比较早,仍然在中原官话和南方官话中广泛使用。在山东东部,只使用'~的'的形式,后面加'着'的形式不再使用。'~着'是新的形式,在北京话和北方官话中使用,也在一定程度上在南方官话中使用。"①

狄考文认为"这么着"不能在山东东部使用,但实际上它至今还在胶东方言中使用,例如"你看这么着好不好",他没有将"这么着"的使用范围弄清楚。

(七) 连词 可/却

(1) 众位到我家里来,我也不能不准众位的情面,可/却有一件,他若再来寻事,我却是找你们。

(2) 看他脸上很愿意,可没明说出来。

根据狄考文的观点,"'却'本义是动词,但经常用作连词来引入一个表示例外或反义的从句。'可'和'却'的用法一致,意义也大体上相同。南方官话一般偏重于用'却'"②。

《官话类编》记载了100多年前北京、南京、山东、四川和九江等地的大量同义词,反映了不同地域官话词的特征,这对于方言研究有一定的语料价值。

狄考文注重研究汉语口语中的词汇,因其通俗易懂,便于理解,实用性强。从语料的搜集来看,《官话类编》是十分丰富的,各类词的实例列举得很完整。但从另一方面看,狄考文缺乏语言理论的指导,没有明确地对词类进行系统的划分,仅仅通过例子来说明词类的划分标准是远远不够的。尽管狄考文认为从实用性的角度出发没有必要这么做,但笔者认为,如果狄考文能有一个统一的划分词类的标准的话,会更有利于传教士学习和掌握汉语。

---

① Calvin Wilson Mateer, *A Course of Mandarin Lessons Based on Idiom*, Shanghai: American Presbyterian Mission Press, 1900: 207.

② Ibid., p. 212.

二 俗语研究

俗语也叫俗话，是指"通俗并广泛流行的定型的语句，简练而形象化，大多数是劳动人民创造出来的，反映人民的生活经验和愿望"①。徐宗才先生"把俗语分为广义和狭义两种，广义的俗语称作'熟语'，包括成语、典故、俗语、谚语、格言、惯用语、名句、警句、俚语等；把狭义的俗语仍叫'俗语'，它与谚语、歇后语、惯用语、成语等并列，是一种独立的语类"。本文所指的俗语是广义的俗语，包括成语、谚语及歇后语等。

清代是中国传统语言学的鼎盛时期，汉语俗语研究也取得了很大成就，出现了一些调查和考证俗语的著作，如钱大昕的《恒言录》就是这方面的代表。狄考文认识到汉语俗语的重要性，他亲自到各地考察，收集俗语并把它们编入教材中。《官话类编》中的大量俗语，有利于学习者的接受和学习。我们从成语、谚语及歇后语三个方面来考察《官话类编》对俗语的研究。

（一）成语

成语是"人们长期以来习用的、简洁精辟的定型词组或短句。汉语的成语大多由四个字组成，一般都有出处"②。成语的来源十分广泛，有的来自神话寓言、历史故事和诗文语句，还有一些来自于民间口语。

狄考文在教材中收集了大量的官话中常用的成语，笔者根据《汉语大词典》将《官话类编》所收的成语的出处作了整理，如表14-3所示。

表14-3　　　　《官话类编》所收汉语成语出处一览表

序号	目录	成语	页数	出处
1	21课	安分守己	54	宋·袁文《瓮牖闲评》第八卷
2	33课	扬扬得意	80	明·冯梦龙《醒世恒言·隋炀帝逸游召谴》
3	33课	恋恋不舍	80	明·凌濛初《二刻拍案惊奇》卷二一
4	49课	一面之词	117	明·罗贯中《三国演义》

---

① 徐宗才：《俗语》，商务印书馆1999年版，第9页。
② 中国社会科学院语言研究所词典编辑室编：《现代汉语词典》（第五版），商务印书馆2005年版，第173页。

续表

序号	目录	成语	页数	出处
5	51课	杂乱无章	123	唐·韩愈《送孟东野序》
6	51课	不知不觉	124	宋·朱熹《朱子语类》第一百二十卷
7	52课	损人利己	125	元·无名氏《陈州粜米》第一折
8	52课	百发百中	126	西汉·刘向《战国策·西周策》
9	59课	水尽鹅飞	147	元·关汉卿《望江亭》第二折
10	61课	半新不旧	153	清·西周生《醒世姻缘传》第三回
11	62课	两相情愿	155	明·施耐庵《水浒传》第五回
12	72课	胡说乱道	184	元·郑光祖《㑳梅香》第四折
13	72课	清心寡欲	186	元·郑廷玉《忍字记》第三折
14	75课	成家立业	194	宋·释普济《五灯会元·定山惟素山主》
15	76课	游手好闲	196	元·高文秀《遇上皇》第一折
16	78课	垂帘听政	203	宋·无名氏《宣和遗事》后卷
17	79课	忘恩负义	204	元·杨显之《酷寒亭》楔子
18	79课	逍遥自在	205	唐·赵彦昭《奉和圣制幸韦嗣立山庄应制》
19	82课	不识抬举	216	明·陆西星《封神演义》第七回
20	82课	随机应变	217	五代后晋·刘昫《旧唐书·郭孝恪传》
21	83课	忍气吞声	219	《京本通俗小说·菩萨蛮》
22	83课	听天由命	219	清·刘鹗《老残游记续集遗稿》第二回
23	83课	宽宏大量	220	元·无名氏《鱼樵记》第三折
24	93课	痴心妄想	251	明·冯梦龙《醒世恒言·杜子春三入长安》
25	99课	打抱不平	271	清·曹雪芹《红楼梦》第四十五回
26	102课	焕然一新	280	唐·张彦远《历代名画记·论鉴识收藏购求阅玩》
27	104课	尽心竭力	286	唐·李延寿《南史·柳仲礼传》
28	107课	明明白白	296	明·施耐庵《水浒传》第四十五回
29	107课	干干净净	296	明·冯梦龙《醒世恒言·卖油郎独占花魁》
30	107课	絮絮叨叨	296	元·白朴《梧桐雨》第四折
31	107课	战战兢兢	297	《诗经·小雅·小旻》
32	107课	含含糊糊	297	清·曹雪芹《红楼梦》第八十五回
33	107课	吹吹打打	298	清·孔尚任《桃花扇·听稗》
34	110课	素不相识	306	晋·陈寿《三国志·吴志·陆瑁传》
35	110课	没大没小	307	明·吴承恩《西游记》第二十三回

续表

序号	目录	成语	页数	出处
36	111课	欺软怕硬	311	明·高明《琵琶记·义仓赈济》
37	115课	如胶似漆	324	明·凌濛初《二刻拍案惊奇》卷十一
38	120课	好吃懒做	343	明·兰陵笑笑生《金瓶梅词话》第七回
39	122课	见景生情	349	元·宫天挺《七里滩》第四折
40	127课	吹毛求疵	365	晋·陈寿《三国志·吴志·步骘传》
41	130课	措手不及	377	金·董解元《西厢记诸宫调》第二卷
42	136课	既往不咎	394	先秦·孔子《论语·八佾》
43	137课	乐极生悲	397	西汉·刘安《淮南子·道应训》
44	138课	似是而非	400	汉·王充《论衡·死伪》
45	146课	发愤忘食	427	先秦·孔子《论语·述而》
46	154课	转弯抹角	455	明·施耐庵《水浒传》第三回
47	157课	见死不救	465	元·无名氏《冤家债主》第二折
48	157课	冤家路窄	468	明·吴承恩《西游记》第四十五回
49	158课	一应俱全	469	清《何典》第四回
50	158课	尽美尽善	470	《论语·八佾》
51	159课	明知故问	472	清·文康《儿女英雄传》第三十九回
52	160课	专心致志	476	先秦·孟轲《孟子·告子上》
53	163课	横行霸道	486	清·曹雪芹《红楼梦》第九回
54	164课	知过必改	490	南朝·梁·周兴嗣《千字文》
55	166课	不慌不忙	496	清·魏子安《花月痕》第四十八回
56	169课	何足挂齿	507	东汉·班固《汉书·叔孙通传》
57	169课	四通八达	509	《子华子·晏子问党》
58	171课	名不虚传	516	宋·华岳《白面渡》诗
59	184课	敢作敢当	558	清·石玉昆《三侠五义》第七十五回
60	184课	敢作敢为	558	明·王士性《广志绎·江南诸省》
61	184课	鬼头鬼脑	558	明·凌濛初《二刻拍案惊奇》第二十卷
62	184课	神头鬼脸	558	元·武汉臣《玉壶春》第三折
63	184课	自由自在	558	唐·释慧能《坛经·顿渐品》
64	184课	无缘无故	559	清·曹雪芹《红楼梦》第四十四回
65	184课	捏手捏脚	559	《京本通俗小说·错斩崔宁》
66	184课	心服口服	559	先秦·庄周《庄子·寓言》
67	184课	有头有尾	559	宋·朱熹《朱子语类》第二十九卷

续表

序号	目录	成语	页数	出处
68	184课	一举一动	559	宋·无名氏《宣和遗事》前集
69	184课	大模大样	559	明·冯梦龙《古今小说·穷马周遭际卖𩟖媪》
70	184课	无法无天	560	明·月榭主人《钗训记·会审》
71	184课	不三不四	561	明·凌濛初《二刻拍案惊奇》第五卷
72	184课	得过且过	561	元·无名氏《小孙屠》戏文第四出
73	184课	棋逢对手	561	元·无名氏《百花亭》第二折
74	185课	有名无实	562	《国语·晋语八》
75	185课	家长里短	562	明·吴承恩《西游记》第七十五回
76	185课	大同小异	562	庄周《庄子·天下》
77	185课	嘴甜心苦	562	清·曹雪芹《红楼梦》第六十五回
78	185课	长吁短叹	562	明·汤式《一枝花·冬景题情》套曲
79	185课	神出鬼没	562	西汉·刘安《淮南子·兵略训》
80	185课	大材小用	563	宋·陆游《送辛幼安殿撰造朝》诗
81	185课	贪生怕死	563	元·孟汉卿《魔合罗》第三折
82	185课	东扯西拉	563	清·李宝嘉《官场现形记》第五十三回
83	185课	左思右想	563	清·曹雪芹《红楼梦》第九十四回
84	185课	翻来覆去	564	宋·杨万里《不寐》诗
85	185课	隐恶扬善	564	西汉·戴圣《礼记·中庸》
86	185课	口是心非	564	晋·葛洪《抱朴子·微旨》
87	185课	嫌贫爱富	565	元·柯丹邱《荆钗记·遣仆》
88	185课	大公无私	565	清·龚自珍《论私》
89	185课	赏善罚恶	565	《诗·小雅·瞻彼洛矣》
90	185课	改恶从善	565	西汉·戴圣《礼记·中庸》
91	185课	转祸为福	565	西汉·刘向《战国策·燕策一》
92	185课	改头换面	565	唐·寒山《诗》之二一三
93	186课	言三语四	566	元·武汉臣《玉壶春》第三折
94	186课	七歪八扭	566	清·石玉昆《三侠五义》第八十四回
95	186课	三番两次	566	元·张可久《天净沙·春情》曲
96	186课	七言八语	566	清·曹雪芹《红楼梦》第二十五回
97	186课	横三竖四	566	《五灯会元·越州姜山方禅师》
98	186课	七大八小	566	明·吴承恩《西游记》第四十七回
99	186课	一差二错	567	清·曹雪芹《红楼梦》第一百一十七回

续表

序号	目录	成语	页数	出处
100	186课	颠三倒四	567	明·许仲琳《封神演义》第四十四回
101	186课	千思万想	567	元·吴氏《寄外》诗
102	186课	三拳两脚	567	明·兰陵笑笑生《金瓶梅词话》第一回
103	186课	十有八九	567	唐·杜甫《负薪行》
104	186课	再三再四	567	元·范康《竹叶舟》第二折
105	186课	千辛万苦	568	元·秦简夫《赵礼让肥》第四折
106	186课	三言两语	568	元·施惠《幽闺记·姐妹论思》
107	186课	七颠八倒	569	宋·朱熹《朱子语类》第五十一卷
108	186课	七嘴八舌	569	明·张凤翼《灌园记·淖齿被擒》
109	186课	三日打鱼，两日晒网	569	清·曹雪芹《红楼梦》第九回
110	192课	半途而废	588	西汉·戴圣《礼记·中庸》
111	194课	量力而行	595	先秦·左丘明《左传·昭公十五年》
112	195课	痴心妄想	597	明·冯梦龙《醒世恒言·杜子春三入长安》
113	195课	欢天喜地	597	《京本通俗小说·错斩崔宁》
114	195课	针头线脑	597	清·西周生《醒世姻缘传》第八回
115	195课	风调雨顺	597	《旧唐书·礼仪志一》引《六韬》
116	195课	国泰民安	597	宋·吴自牧《梦粱录·山川神》
117	195课	魂飞魄散	598	左丘明《左传·昭公二十五年》
118	195课	拖泥带水	598	宋·杨万里《竹枝歌》
119	195课	修桥补路	599	元·无名氏《看钱奴》第一折
120	195课	望风扑影	599	清·石玉昆《三侠五义》第五十一回
121	195课	循规蹈矩	599	宋·朱熹《答方宾王书》
122	195课	按部就班	599	西晋·陆机《文赋》
123	195课	远走高飞	600	明·吴承恩《西游记》第六十五回
124	195课	设身处地	600	明·海瑞《督抚条例》
125	195课	顺水推舟	600	清·李绿园《歧路灯》第一百零七回
126	195课	担惊受怕	600	明·施耐庵《水浒传》第二十五回
127	195课	提心吊胆	600	明·吴承恩《西游记》第十七回
128	195课	家破人亡	600	宋·释道原《景德传灯录·元安禅师》
129	195课	平淡无奇	600	清·百一居士《壶天录》卷下
130	195课	超群出众	600	清·李绿园《歧路灯》第十回

续表

序号	目录	成语	页数	出处
131	196课	东西南北	601	先秦·左丘明《左传·襄公二十九年》
132	196课	是非曲直	601	宋·朱熹《朱子语类》卷三五
133	196课	妖魔鬼怪	601	元·李好古《张生煮海》第一折
134	196课	礼义廉耻	602	管仲《管子·牧民》
135	196课	之乎者也	603	宋·文莹《湘山野录》中卷
136	196课	酒色财气	603	南朝·宋·范晔《后汉书·杨秉传》

根据我们的统计,《官话类编》中共有136个成语。其中55个成语出自先秦两汉至宋代的传统经典著作,如《诗经》《论语》《朱子语类》等;另外的81个几乎全部出自元、明、清三个朝代的戏曲和小说,如《梧桐雨》《水浒传》《红楼梦》等。从表14-3可以看出,狄考文十分重视从"不登大雅之堂"的非传统书籍中收集成语,极大地丰富了汉语教材的内容。

此外,狄考文对成语的运用不仅仅散见于课文的例句中,他还专门拿出五篇课文来介绍成语。例如,184课 Quadruplet Phrases,狄考文集中介绍了四字成语的第一、三个字相同,第二、四个字类似,或第一、三个字类似,第二、四个字相同的情况。表14-3中的"敢作敢当""自由自在""得过且过"等都是这种情况。此外还有185课、186课、195课、196课也是专门介绍成语的。

(二) 谚语

谚语指:"在群众中间流传的固定语句,用简单通俗的话反映出深刻的道理。"① 武占坤、马国凡在《谚语》中指出:"谚语是通俗简练、生动活泼的韵语或短句,它经常以口语的形式,在人民中间广泛地沿用和流传,是人民群众表现生活经验或感受的一种'现成话'。"② 谚语反映了人们对客观事物的认识,是人民群众实践经验的总结,使语言具有生动性和形象性。狄考文在《官话类编》中介绍了他搜集来的大量汉

---

① 中国社会科学院语言研究所词典编辑室编:《现代汉语词典》(第五版),商务印书馆2005年版,第1573页。

② 武占坤、马国凡:《谚语》,内蒙古人民出版社1980年版,第3页。

语谚语。我们将《官话类编》中的谚语及其出处作了统计，如表14-4所示。

表14-4　　　　　《官话类编》所收谚语及出处一览表

序号	目录	谚语	页数	出处
1	43课	忍得一时气，免得百年忧	102	《增广贤文》
2	43课	远水解不得近渴	102	清·曹雪芹《红楼梦》第十五回
3	46课	少所见，多所怪	110	汉·牟融《牟子》
4	52课	善门难开，善门难闭	127	清·李宝嘉《官场现形记》
5	53课	人善被人欺，马善被人骑	129	明·兰陵笑笑生《金瓶梅词话》第七十六回
6	58课	得意的狸猫欢似虎	144	明·吴承恩《西游记》第六十一回
7	62课	前言不搭后语	155	清·曹雪芹《红楼梦》第五十四回
8	64课	一回相见一回老，能得几时为弟兄	159	《增广贤文》
9	65课	说曹操，曹操就到	161	明·罗贯中《三国演义》
10	73课	人不得外财不发	187	元·郑廷玉《后庭花》杂剧二折
11	75课	一不扭/拗众	194	清·文康《儿女英雄传》
12	76课	你敬我一尺，我敬你一丈，你敬我一丈，我抬/撮你到天上	196	清·李宝嘉《官场现形记》第十三回
13	77课	人为财死，鸟为食亡	198	清·李宝嘉《官场现形记》第十三回
14	79课	先下手的为强，后下手的遭殃	204	元·关汉卿《单刀会》
15	79课	周瑜打黄盖，一个愿打，一个愿挨	204	明·罗贯中《三国演义》
16	80课	谋事在人，成事在天	210	明·罗贯中《三国演义》第一百三回
17	82课	只管自己门前雪，休管别人瓦上霜	215	明·沈璟《义侠记·除凶》
18	86课	有理走遍天下，无理寸步难行	228	《增广贤文》
19	89课	打着灯笼，也没处去找	237	清·文康《儿女英雄传》第九回
20	90课	当家不得不俭，待客不得不丰	241	《增广贤文》

续表

序号	目录	谚语	页数	出处
21	99课	世路难行钱作马/世事如路钱为马	270	清·曹雪芹《红楼梦》第四回
22	99课	羊群里跳出骆驼	271	清·曹雪芹《红楼梦》第八十八回
23	99课	银钱如粪土,脸面/义气值千金	271	《增广贤文》
24	104课	要为人上人,须受苦中苦	286	明·吴承恩《西游记》第三十二回
25	108课	家贼难防	300	宋·释普济《五灯会元》
26	108课	久病床前无孝子	300	《增广贤文》
27	110课	与人方便,自己方便	306	元·施惠《幽闺记·皇华悲遇》
28	111课	人无远虑,必有近忧	311	《论语·卫灵公》
29	111课	日月如梭,光阴似箭	311	元·高明《琵琶记》
30	117课	今朝有酒今朝醉,明日愁来明日愁	332	唐·罗隐《自遣》诗
31	118课	上天无路,入地无门	335	宋·释普济《五灯会元》
32	118课	前不归/巴村,后不着/巴店	336	元·无名氏《桃花女》杂剧楔子
33	119课	往日无冤,近日无仇	341	元·纪君祥《赵氏孤儿》第三折
34	120课	福不双降,祸不单来	344	西汉·刘向《说苑·权谋篇》
35	122课	大人不见小人过/怪	349	陈孟荣《兴唐传·闹花灯》第十二回
36	123课	一不做,二不休	351	唐·赵元一《奉天录》第四卷
37	123课	差之毫厘,谬之千里	352	《礼记·经解》
38	124课	胜败是兵家的常事	354	清·洪昇《长生殿·贿权》
39	127课	善恶到头终有报	364	明·沈泰《盛明杂剧·男王后》
40	146课	只可意会,不可言传	427	《庄子·天道》
41	146课	近朱者赤,近墨者黑	428	晋·傅玄《太子少傅箴言》
42	146课	家贫出孝子,国乱显忠臣	428	元杂剧《虎头牌》
43	149课	一母生百般/一龙生九种	440	明·吴承恩《西游记》第四十三回
44	151课	既在矮檐下,怎/焉敢不低头	444	明·施耐庵《水浒传》第二十八回
45	152课	苟有过,人必知之	449	《论语·述而》

续表

序号	目录	谚语	页数	出处
46	157课	上山擒虎易，开口告人难	467	元·高明《琵琶记》
47	158课	踏破铁鞋无觅处，得来全不费工夫	469	明·冯梦龙《警世通言》
48	158课	世人都晓/皆说神仙好，只有儿孙忘不了，痴心父母古来多，孝顺儿孙谁见了	470	清·曹雪芹《红楼梦》
49	160课	有理行遍天下，无理寸步难行	476	《增广贤文》
50	160课	单丝不成线，孤树不成林	477	清·钱彩《说岳全传》
51	161课	寡妇门前是非多	480	清·曹雪芹《红楼梦》
52	162课	受人之托，必当忠人之事	483	元·无名氏《陈州粜米》第三折
53	163课	上梁不正底/下梁歪	485	《金瓶梅》第二十五回
54	164课	只要不做亏心事，那怕半夜鬼叫门	489	《增广贤文》
55	165课	若要人不知，除非己莫为	493	汉·枚乘《上书谏吴王》
56	165课	量小非君子，无毒不丈夫	494	元·马致远《汉宫秋》
57	171课	送君千里，终有一别	515	元·无名氏《马陵道》
58	175课	酒肉朋友，柴米夫妻	529	明·顾起元《客座赘语·谚语》
59	175课	烈女不嫁二夫郎/男/君	530	元·关汉卿《五侯宴》
60	180课	大事不如小，小事不如了	545	清·曹雪芹《红楼梦》
61	180课	一日夫妻百日恩	546	元杂剧《举案齐眉》
62	180课	千里姻缘一线牵	547	清·曹雪芹《红楼梦》第五十七回
63	180课	有缘千里来相会，无缘对面不相识/逢	547	元·施惠《拜月亭记》
64	187课	兵是贵乎精，不贵乎多	570	明《平妖传》
65	190课	秀才不出门，便/能知天下事	581	清·吴趼人《俏皮话·驴辩》
66	190课	男子有德便是才，女子无才便是德	581	清·褚人获《隋唐演义》第七十六回
67	197课	单巴掌拍不响	605	清·曹雪芹《红楼梦》第五十八回
68	197课	恨铁不成钢	605	清·曹雪芹《红楼梦》第九十六回

续表

序号	目录	谚语	页数	出处
69	197 课	照着葫芦画瓢/依着葫芦画影	605	宋·魏泰《东轩笔录》第一卷
70	197 课	丑媳妇免不了见公婆	607	清·李宝嘉《官场现形记》第十六回
71	197 课	墙倒众人推	608	清·曹雪芹《红楼梦》第六十九回
72	197 课	太岁头上动土	608	汉·王充《论衡·难岁篇》
73	197 课	驴唇不对马嘴	608	宋·释道原《景德传灯录》第十九卷
74	197 课	好汉不吃眼前亏	608	清·李宝嘉《官场现形记》

根据表 14-4 可以看出,《官话类编》中能查到出处的谚语有 74 个。其中只有 15 个出自《论语》《礼记》《五灯会元》等传统经典著作,其余的 59 个则全部出自《后庭花》《增广贤文》《红楼梦》等元、明、清时代的戏曲、小说等通俗文学作品。由此看出,《官话类编》中谚语大多数都来自于民间口语。甚至有一些谚语由于一直在民间日常口语中流传,已经查不到它们的出处。狄考文重视语料的通俗化和口语化,这一特征在收录谚语时比选择成语还要明显。这可能与谚语具备更强的通俗性有关。例如:

(1) 件件/样样通,件件/样样松 (67 课)
(2) 十分精明使九分,留着一分给子孙 (101 课)
(3) 要价不嫌多,还价不嫌少 (143 课)

像上面的这些例子还有很多,这里不再一一列举。由此可以看出,狄考文收集材料的范围十分广泛,其中涉及人们的日常生活、自然和社会现象等诸多方面;其出处既包括中国古代的经典之作,也包括元、明、清时期的通俗文学作品。

(三) 歇后语

歇后语指:"由两个部分组成的一句话,前一部分像谜面,后一部分像谜底，通常只说前一部分，而本意在后一部分。"① 歇后语具有"独特的结构、生动活泼的表现形式和妙趣横生的表达效果"②，是俗语的重要组成部分。狄考文认为，汉语口语中有丰富的歇后语，但是它们中的大多数只在局部地区使用，而且很多又涉及一些比较粗俗的典故。尽管如此，他还是花费大量时间收集许多当时使用频率较高的和便于印刷的歇后语。

狄考文将歇后语分为两课讲述，分别是198课 Witticisms 和199课 Puns。

狄考文指出，在中国的术语中，把"Witticisms"翻译为"侃"，一般称为"调侃"，也就是指通常所说的"歇后语"。其实，直到今天，山东临沂地区还保留用"调侃子"来称说歇后语的习惯。《官话类编》的歇后语有：

(1) 胡同/巷子里赶驴——直打直
(2) 沙锅砸/掂/捣蒜——一槌子的买卖
(3) 狗拿耗子/狗捉老鼠——多管闲事
(4) 大姑娘做媳妇/新娘子——头一遭/回
(5) 王胖子跳井——下不去
(6) 一张纸画了个鼻子——好大脸
(7) 鸡抱鸭子——枉费了心
(8) 单上老虎头上抓虱子/抓痒——最好攀/奔大头子

狄考文把"pun"翻译成"双关"，其实这是歇后语的一种类型。他认为，实际上几乎所有汉语的音节都与多个词相对应，大大地促进了此类歇后语的发展。因此，这类歇后语说起来方便，写起来困难，要写明双关的词。例如：

---

① 中国社会科学院语言研究所词典编辑室编：《现代汉语词典》（第五版），商务印书馆2005年版，第1505页。

② 温瑞正：《汉语语汇学》，商务印书馆2005年版，第73页。

（1）墙头上种白菜——难浇（交）

（2）外甥打灯笼——照舅（旧）

（3）杵头掉在碓臼里——石打石（实打实）

（4）两眼抹石灰——白瞎

（5）两手捧寿桃——有礼（理）

（6）剃头的扁担——长软（长远）不了

（7）老虎拉车——没有赶（敢）的

（8）一根筷子吃藕——挑眼

（9）抱着孩子进当铺——自己当人，人家却不当人

歇后语是人民群众在丰富的社会实践的基础上创造出来的。《修辞学发凡》把歇后语归在"藏词"格里，认为"歇后语是用来歇后的成语，原来是两截的，歇却一截，形式上也还可以成句"，"歇后语藏掉的部分往往不止是一个词而是几个词"[①]。歇后语可以分为两种，一种是藏词式的歇后语，另一种是说明式的歇后语。狄考文引用的全部是说明式的歇后语。

狄考文在198课中列举的歇后语的后一部分可以直接由前一部分推理出来，而199课的歇后语则是运用了"双关"的修辞手法，类型有谐音双关和语义双关两种。其中，谐音双关占大多数，只有例（4）、例（8）、例（9）是语义双关。

《官话类编》收录的这些歇后语根植于广大人民群众的生活实践，人们充分发挥了自己的聪明才智，把日常生活的内容用歇后语的方式表达出来，语言生动活泼，带有浓厚的生活气息。对狄考文来说，能认识到歇后语在汉语俗语中的重要性，专门拿出两课来介绍歇后语是难能可贵的，体现出《官话类编》对于汉语教学重点与方法的理解。

三　宗教用语研究

作为新教来华传教士，狄考文编写教材的目的是为传教服务，因此，宗教思想在《官话类编》中多有体现，课文中的很多句子都带有

---

① 陈望道：《修辞学发凡》，复旦大学出版社2010年版，第130页。

明显的基督教色彩。《官话类编》用例中有多处宗教用语,例如:

(1) 善人和恶人天生是仇敌。(12课30页)
(2) 不用害怕,天父必保护你。(13课33页)
(3) 罪人若不悔改,死后必下地狱。(14课35页)
(4) 真神是天地的主宰,最尊贵,最聪明,最能干。(15课39页)
(5) 野地里的草,今日还在,明日就丢在炉里。(16课42页)
(6) 有人要跟从我,就当克己,背着十字架跟从我。(21课55页)
(7) 耶稣替万人赎罪。(25课62页)
(8) 有人想告你,要你里边的衣服,连外边的也由他拿去。(26课65页)
(9) 耶稣拉着孩子的手,扶他起来,孩子就站起来了。(30课72页)
(10) 凡不结好果子的树,就砍下来,丢在火里。(35课84页)

狄考文主持翻译的官话和合本《圣经》,是"中国教会最受欢迎的《圣经》版本"①,在中西文化交流史上起了重要的作用。上面列举的很多例句来自于《圣经》。例如:"野地里的草,今日还在,明日就丢在炉里",出自《圣经·马太福音》第6章第25节;"凡不结好果子的树,就砍下来,丢在火里",出自《圣经·马太福音》第7章第19节。

狄考文十分重视传播基督教,学习汉语是为了传教,编写《官话类编》帮助来华传教士学习汉语也是为了更好地传教。这些宣扬基督教思想的句子几乎贯穿整个教材,在帮助学习者学习和传播汉语的同时,又宣扬了基督教的思想观念,也大大方便了传教士使用通俗易懂的语言在民间传播基督教。

---

① 顾长声:《传教士与近代中国》,上海人民出版社1991年版,第437页。

第五节　余论

　　第一位来华新教传教士英国人马礼逊于 1815 年写成《通用汉言之法》（*A Grammar of the Chinese Language*），这是马礼逊较早的关于汉语语法的著作。他在序言中明确地指出，撰写该书的目的是给学习中文的学生提供切实的帮助。马礼逊的《通用汉言之法》可以分为四个部分，分别是字论、词类论、结构论和诗韵论，基本上是按照英语语法的框架写成的，并用了很多篇幅介绍汉语的时态和语气。《通用汉言之法》注意到汉语的一些独特之处，如汉语是单音节的语言，缺乏形态变化，有"量词"等。

　　《官话类编》与《通用汉言之法》虽然都是传教士编写的，但二者的差别还很大。可以从内容及编排、对词类的看法以及所用语料等方面进行比较。

　　在内容及编排上，由于《官话类编》是一本汉语教材，狄考文采用中国古代书籍式竖排，课文居左，右边是对应的英语翻译，下方是生词的注解。而《通用汉言之法》是关于汉语语法的著作，全书依次介绍了汉语的特性、汉语语音、汉字、标点以及词类和句法等。《官话类编》突出了教材的性质，编排方式有利于读者查阅和学习；每课介绍一个语法点，作者的语法观是通过每课的内容体现出来的，便于诠释学习重点，但是相关的语法内容比较分散，例如"量词"是用不连续的 10 课讲解的。《通用汉言之法》是一本探讨汉语语法的著述，作者的语法观是通过每部分的论述直接体现出来的，系统性较强，便于读者全面地了解汉语特点。

　　关于词类，狄考文并没有系统地介绍每一类词的特点及统一的划分标准，而是将词类介绍分散于课文中。根据笔者的总结，《官话类编》中的词类可以分为名词、代词、形容词、动词、副词、数词、量词、助词、介词、连词和语气词等。《通用汉言之法》则系统地介绍了汉语的词类，马礼逊分为九类，分别是名词、数词、形容词、代词、动词、副词、介词、连词和叹词。相比较而言，狄考文的观点更接近现行的词类划分标准。

关于量词，虽然两本著作都详细地描述了量词，内容却相差很多。马礼逊称量词为"numerals"，狄考文则将其称为"classifiers"。从名称的使用来看，马礼逊将量词归为名词，而狄考文用"classifiers"将量词独立为一类，后者的做法更为恰当。《通用汉言之法》详细介绍了汉语中的物量词，如个体量词"只""层""节""座"等；集体量词"串""伙"等，度量衡量词"尺""两"等，借用的量词如"头""尾"等。从数量上看，《官话类编》中收录的量词有133个，《通用汉言之法》有77个，前者收录的数量要远比后者多。从类别上看，马礼逊几乎没有讲动量词，只涉及一个动量词"下"。相较而言，狄考文介绍得比较全面，其类型更接近现代汉语的量词。从出现的位置来看，马礼逊发现量词既可以跟在名词前面，如"一只船"，也可以跟在名词后面，如"货船二十只"，后一种情况常用于记账，这是比较文言的用法；而狄考文不仅介绍了数词或代词与量词一起构成数量短语或指量短语用于名词前面的情况，还指出数量短语可以单用的情况，如常用在对话中。狄考文的分析更为细致，更符合汉语量词的实际用法。

在语料的选用上，《官话类编》以北京话为基础，还收集了南方官话和北方官话中大量的同义词和俗语，其语料都是日常生活中的词汇和句子，通俗易懂，实用性强。《通用汉言之法》中的语料则文言与口语并用，很多例子带有浓厚的文言色彩，如"物之高大，莫过于天"，有的甚至出自英文的硬译，增加了理解的难度。

总之，《官话类编》内容相对简单，便于学习者理解和掌握，因此更适合初学者使用。究其原因，与马礼逊来到中国的时间较早，学习汉语的时间较短，对汉语的认识不够全面有关；而狄考文来中国时间较晚，前人积累的学习资料和经验较为丰富，他本人学习汉语和编写课本的时间比较长，因此对汉语的认识更深刻，所编写的教材更能符合汉语的实际情况。

小结

狄考文的汉语观集中体现在《官话类编》一书中。我们从词类、构词法、句法以及语料的使用四个方面对课文部分进行详细的描述。从中可以看出，他对汉语的看法与现代汉语的很多内容是一致的，汉语观总体上是正确的。此外，他在前言部分从汉字、音节、拼音、按音节排序、声调、部首等方面介绍了汉语，这也是他自己汉语观的体现。

例如，关于汉字，狄考文认为汉字是表意体系的文字，可以从一个原始形式派生出新的形式。每个汉字的意义是固定的，但读音随着地区的不同而变化。《康熙字典》中包含 4.1 万个汉字，但大多数是重复的或过时不用的。当时经常使用的汉字不超过 6000 个，其中很多只在书面语中使用，官话中使用的不过四五千个。他指出，根据使用环境的不同，很多汉字有两个或更多的意义或读音。他还认为，汉字是具体的符号，没有形态变化，因此，汉字没有性、数、人称、体和时的变化，汉语的语法完全依靠语序。汉字不仅没有曲折变化，而且表达相关的或派生的意义时字形也不发生改变。英语中表达此类意义时，经常在原音节上加后缀"ness、able、ure、ion"等，汉语则使用两个或多个彼此独立的汉字紧密地连在一起表达此类意义。

《官话类编》选取日常的口语编写而成，每篇课文由单句组成，反复练习语法和句型，句中涉及许多中国文化，包括风俗文化、称谓文化及中国历史文化等都介绍得很完整，有助于提高学习者的汉语能力和官话的推广应用。本书还具有很高的史料价值。该教材记录了大量的北京官话口语词，可以为北京话的研究提供一些实证。教材中也收集了山东方言的许多词汇和句式，例如"我已经商议他两回"，这为以后的人研究当时的语言情况提供了重要的史料证据。

但是，《官话类编》也存在一些不足。这本教材毕竟是母语并非汉语的外国传教士狄考文所编写，作者在学习汉语的过程中，受到自身方言、母语和文化的影响，不可避免地会出现一些失误，如习语过多，传教色彩太浓等。并且，作为一本当时的对外汉语教材，应该有相应的练习，但《官话类编》在教材中忽略了练习的设计，在课文中仅使用了两种标点符号，即"、"和"。"，即使疑问句也使用"。"，这些都对学习者造成了一定的困扰。

此外，狄考文虽然收集了大量的语料，列举了大量的同义词，但是他在使用时出现了许多错误。有的词并非同义词，他却把它们看作同义词，例如"莩笠"与"斗篷"；有的词的使用地域错了，例如第三人称代词"佢"；还有的词由于方言色彩较浓，他不知道该用哪个字记录，使用了错别字，例如"潮糊糊"等。但作者对汉语的总体认识是正确的，这些小的不足不能掩盖其突出的成就。

　　总之，作为新教传教士教学语法的代表作，《官话类编》的分课时编排对于学习者来说有了目标和针对性。这对于前人是一个超越。《官话类编》将英语词类的划分方法带到了汉语中，比如狄考文对助动词的理解与汉语有很大差异，这算是该书的一个局限；同时，狄考文对汉语无形态变化，无性、数、人称、体和时的变化，完全依靠语序等汉语语法特点的认识，则已经完全超越了前人。

结　　语

有学者曾经指出,西洋汉语文法论著在体例上存在互文性(相似性),具体表现如下：①语法的含义宽泛。在介绍语法或文法时,往往涉及语音和文字常识,汉语常用字典,汉语韵律特点等。②基于西方的语法理念来分析汉语语法,如给汉语划分词类采用西方词类框架(可能注意到汉语的特殊词类,同时不同程度地介绍虚字的用法);基于西方名词(代词)的性、数、格范畴,来分析汉语的词和句法关系;基于西方动词的时、体、态范畴分析汉语动词;基于西方的句子成分分析法,以词序和虚字为标记分析汉语句法(可能关注到汉语的特殊句式)。③可能讨论到汉语修辞,汉语礼貌用语、会话通例和尺牍规范;还会介绍中国的文学常识,收录一些文学作品。①

所谓互文性,就是内容的相似性。从我们此前介绍的几部汉语语法研究著作来看,上述说法有一定的道理。

除了狄考文《官话类编》重视实例,且较少系统探讨语法之外,凡涉及汉语语法系统总体架构的著作,从瓦罗的《华语官话语法》到高第丕的《文学书官话》,其中的"语法"或"文法"都采用了比较宽泛的含义。这同今天的语法观不同,其中涵盖的内容较多,非常像我们传统上所说的语文学的内涵。

究其原因,与以往欧洲的语法传统不无关系。概括说来,影响传教士的语法传统主要有三个方面：一是古希腊—拉丁语法传统。代表性作品有公元前2世纪到1世纪之间的特克拉斯的西方语法学原典《读写技艺》,其内容就包括语音韵律、词语解释、熟语讲解、词源探讨、类比

---

① 李葆嘉：《中国转型语法学——基于欧美模板与汉语类型的沉思》,南京师范大学出版社2008年版,第138页。

规则归纳和文学作品评价六个部分①。二是 17—18 世纪由波尔·罗瓦雅尔语法学派开创的普遍唯理语法。按照波尔·罗瓦雅尔语法学派的理论来看，人们借助于各种符号——语音、字母来表达自己的思想。三是传教士自身的母语。比如本书中提到的几位传教士的母语有西班牙语、葡萄牙语、俄语、英语，它们都属于印欧语系的范畴。上述三种传统都不同程度地影响了传教士的汉语语法研究。比如，公神甫、比丘林、马礼逊、高第丕等的汉语语法著述的内容安排都有接受第一种传统的影响的痕迹，尤其是前三位传教士。另外，文中的几部作品虽然以语法研究为主，但都不同程度地考察了汉语语音，有的则探讨了汉字，那是受普遍唯理语法重视语音、字母的观念影响的结果。当然，具体到汉字，传教士们认为那是类似于语音、字母的一种工具。至于母语对传教士们架构汉语语法体系的影响，几部作品更是有显著表现。正是由于同属于印欧语系的传教士的母语，导致他们的汉语研究有着体系上的相似性。

　　当然，除了上述著作的互文性是不能不承认的事实之外，我们还应当看到，传教士们的汉语语法研究越到最后越接近汉语语法的事实。比如从瓦罗《华语官话语法》的采用性、数、格、时、体、态等范畴来分析汉语到马礼逊、高第丕、狄考文不承认汉语中存在这些语法范畴，其间经历了 100 多年的历史。我们认为，在 20 世纪之前，高第丕的《文学书官话》是来华传教士汉语语法著述中理论水平最高的，狄考文《汉语官话语法》是传教士汉语教学语法中安排最为合理的，正是基于对它们的内容的详细考察。当然从几部著作对实词、虚词（或者实字、虚字）的重视可以看出，传教士逐渐采用了中西合璧的分析方法，即框架是西方的，在内容和细节的填充上也考虑汉语事实，他们充分参考了中国本土学者的训诂学的研究成果。这种做法，与后来由《马氏文通》所开创的所谓现代意义上的汉语语法学的思路是一致的。

---

① 李葆嘉：《中国转型语法学——基于欧美模板与汉语类型的沉思》，南京师范大学出版社 2008 年版，第 49 页。

附录一：清代来华汉学家汉语研究著述的版本问题

近年来，海外汉学文献包括汉语研究文献渐成国内外学者关注的重点，研究它们的人越来越多。此前为查阅资料，笔者到海外访学，有幸见到大量近代来华汉学家的汉语研究著述，有些还是这些著述的早期版本，仔细研读，获益良多。但让人感到困惑的是，很多著作都要涉及版本的考订问题，同书异名，同名异书，一不小心，便会产生版本之间甚或著述之间的混淆。为作此类甄别，笔者费时费力不少。若出现这类张冠李戴的问题，学术观点的准确性根本无从保证。故笔者不揣固陋，试着将这些文献中存在的版本问题以及我们的考订心得总结如下：

一 一部著述，多个中文名称：须详考书名

在近代来华人士所著的汉语研究著作中，一种最为常见的版本问题是同一外文著述被冠以不同的中文书名。详见表1：

表1　　　　　　　　清代来华汉学家著述译名

作者	外文书名	中文译名	
马礼逊	Grammar of the Chinese Language（1815）	汉语语法	通用汉言之法
罗伯聃	Chinese and English Vocabulary（1843）	汉英字汇	华英通用杂话
高第丕	Mandarin Grammar（1869）	官话语法	文学书官话
晏马太	First lessons in Chinese（1871）	汉语基础	中西译语妙法
卫三畏	A Syllabic Dictionary of the Chinese Language（1874）	汉英拼音字典汉英字典（华英字典）	汉英韵府
狄考文	A Course of Mandarin Lessons（1892）	官话课本	官话类编

续表

作者	外文书名	中文译名	
富善	A Character Study in Madarin Colloquial（1898）	官话特性研究（官话口语特性研究）	官话萃珍
狄考文	A Short Course of Primary Lessons in Mandarin（1901）	官话简明教程	官话教程
骆任廷	A Manual of Chinese Quotations（1903）	成语考	中国引语手册
季理斐	A Mandarin-Romanized Dictionary of Chinese（1907）	中国官话拉丁化字典	华英成语合璧字集
富善	A Pocket Dictionary,（Chinese and English）and Pekingese Syllabary（1907）	中英袖珍字典（北京方言袖珍字典）	袖珍字典
文林士	An Anglo-Chinese Glossary for Customs and Commercial Use（1908）	海关语文津梁（海关及商用英汉词汇）	海关语言必须

如表1所示，英国来华传教士马礼逊的 Grammar of the Chinese Language，一译为《通用汉言之法》，一译为《汉语语法》。而美国传教士富善的一本汉语习语方面的著作，则有三个中文译名，一曰《官话萃珍》，二曰《官话特性研究》，三曰《官话口语特性研究》。富善的另一本著作 A Pocket Dictionary,（Chinese and English）and Pekingese Syllabary，同样有三种译法：《袖珍字典》《中英袖珍字典》和《北京方言袖珍字典》。我们认为，之所以出现这些译名的不同，主要有以下原因：一是不同的翻译者着眼于外文名称的不同部分，或者是对其中个别词的理解不同。比如富善字典的三个中文译名，就是因为分别着眼于英文书名的全部、部分或主要部分而作的翻译。二是后来中文书名的翻译者没有见到原著作者自己所给出的中文译名。比如，若只是照字面翻译，译者将马礼逊的 Grammar of the Chinese Language 顺理成章地译作了《汉语语法》，但是作者马礼逊自己给出的中文书名为《通用汉言之法》[①]。像《官话萃珍》，作者富善在初刻本中就已经采用该书名[②]，但是译者却根据目录学著作中的英文名称 A Character Study in Madarin Colloquial 径直翻译为《官话口语特性研究》。

---

① ［英］马礼逊:《通用汉言之法》，赛兰坡教会出版社1815年版，第1页。
② ［美］富善:《官话萃珍》，美华书馆1898年版，第1页。

对待这类一书多名的问题，我们认为，最好的办法是参考原著中已有的汉语书名。因为这些著述的作者虽是外国人，却大多曾长期居住在中国，有较深厚的汉语言文化基础，其汉语名称多是自己拟定，故而应该采纳。就上面举到的例子来讲，《通用汉言之法》《官话萃珍》作为书名应该是最好的。至于原作者未给出中文名称的，则应按照简单明了的原则，像《富善〈袖珍字典〉》就符合这个特点，前面又有作者名字，足以跟其他著作区别开来。

二 书名相同，隶属于不同作者：宜慎辨著者

1. 原著外文名称相同，隶属不同作者。

如英国来华传教士马礼逊与罗存德都著有 Grammar of Chinese Language 一书。若只看书名，恐怕就搞不清楚二者的差别。这种情况只要注意到原著者的不同也就可以了。

2. 原著中文译名相同，隶属不同作者。

近代汉语研究著述中这种情况很常见。比如，在来华汉学家里面著有《华英字典》一书的，至少有马礼逊、卫三畏、翟里斯、马守贞、麦都思、Mrs. Arnold Foster 等几位。并且，这些著作的英文原名也不相同。如马礼逊的原书名为 A Dictionary of the Chinese Language，而卫三畏、翟里斯、马守贞、麦都思等原著的英文名称则为 Chinese-English Dictionary，而 Mrs. Arnold Foster《华英字典》原书名则为 An English and Chinese Pocket Dictionary in the Madaren Dialect 等。

其他书名相同而作者不同的，像著有《华德字典》的就有薛田资（1917）、商格里（1914）等人；而著有《英粤字典》的则至少有湛约翰、John Chalmers 等人。

3. 同一著作同一作者，但著者中文译名不同。

美国传教士卫三畏有时译为卫廉士，马守贞即为马修斯；法国天主教士童文献又可译作童保禄；俄国东正教传教士比丘林又作俾邱林；意大利人威达雷又译为卫太尔男爵或韦大列。如果再加上上面提到的中文书名的不同，便很容易让人误以为卫三畏的《汉英韵府》与卫廉士的《汉英拼音字典》分别是两个作者的不同著述。

像这种书名相同（中文书名或西文书名）而著者不同，或者同一著

者有几个汉语译名的情形，我们自己应详细查考作者与著述的来龙去脉。从长远来说，若能编成《国外汉学家及著述异名表》，对后来的治学者会更加方便。

三 名非其实，文不对题：应详考内容

就笔者所见，海外现存近代来华外国人的汉语研究文献中，有很少一部分，无论加注的中文还是英文标题，都难以反映书中的真实内容。比如，仅仅看题目，像近代来华汉学家文林士所著的《中国隐喻手册》(*Manual of Chinese Metaphor*)①、骆任廷的《中国引语手册》(*A Manual of Chinese Quotations*)②，都很像是研究汉语隐喻与引语的。而晚清意大利外交官威达雷所著的《中国民间传说》③，就被有的学者视为民间传说研究，并考虑其中可能涉及了西方神话的内容。当然，仅据书名可能产生这样的误会。④ 但详细查考全书内容，前两种著作分别研究汉语成语，后者则收录了170首北京童谣。它们的编排体例，都是先用汉语记录中国的语言现象，然后用英文来翻译该成语或歌谣的内涵或来源。这种书名与内容的不对称，究其出现的原因，极有可能就是西方来华传教士抑或外交官本人对汉语和中国文化了解不够深入；而他们所研究的语言对象又与自己原来母语中的语言现象有一点相似之处，比如在文林士看来，中国的成语与西方的隐喻有很多相通之处。所以，在我们看来，这些作者给出的中英文题名与内容相去甚远，有风马牛不相及的感觉。

鉴于此，在研究这些著述，或者为他们编著详细目录时，应该查对原典，而不能人云亦云地按照现有书名来匆匆地下结论。

四 一部著述，版本不同：宜慎辨版本

1. 著者、书名未变，版次不同。

---

① Williams, C. A. S., *A Manual of Chinese metaphor*; being a selection of typical Chinese metaphors, with explanatory notes and indices, Shanghai：Published by order of the Inspector General of Customs by the Statistical Department of the Inspectorate General, 1920, page 1.

② *A manual of Chinese quotations*, being a translation of the Chêng yu kao, Hongkong [etc.]：Kelly & Walsh, limited, 1903, page 1.

③ Baron Guido Vitale, *Chinese Folklore*, Peking：Pei Tang Press, 1896, page 1.

④ 周发祥：《西方的中国神话研究》，《社会科学辑刊》1999年第3期。

近代海外汉学家有关汉语研究与推广的著述，因其出版的目的是服务于当时急需掌握汉语的西方传教士、外交官和商人，著作需求量大，被关注的程度高，一旦发现问题，人们的看法也可以及时反馈给作者，再版的速度往往也比较快。比如富善的《袖珍字典》就在1907年出版后多次再版。再版的同时，作者往往会就以前的错误作出改正，或者增加新的内容，或者修改原先的思路。以狄考文的《官话类编》为例，在1892年问世后，因为有人反映其中的内容比较深奥，不适合真正的课堂教学，于是作者作了修改，就成了后来的《官话教程》——虽然从命名上看是另一本书，但它实际上是《官话类编》的简缩本。

另一个典型的例子是卫三畏的《汉英韵府》。笔者认为，该书1909年版的版本价值非常高。此前《汉英韵府》采用的是根据《五方元音》自创的拼音方案，其普及性不高。后来随着翟里斯—威妥玛拼音方案的普及，1909年版《汉英韵府》采用了威妥玛拼音方案。自此，该书在汉英词典编纂史上的价值方为世人所知。[①]

当然，也有另外的情况。比如俄罗斯汉学家比丘林的《汉文启蒙》第一版是手写本，到第二版就改成了排版印刷的铅字本，最后的附录也作了简省。这一改变的结果是读起来简单明了，但有的用例已经失去了其典型性，对于参阅者往往会失掉很多重要信息。

2. 采用原著框架，编者、书名有变。

就笔者目前所见的近代海外人士的汉语研究著述中，有一种有趣的情形是，不同著者根据同一底本作了较大修改，书名有所变化，书的基本框架和编辑原则与原书作者在很大程度上保持了一致。

英国人司登德的 *A Chinese and English Vocabulary in the Pekinese* 一书自1871出版之时就广受欢迎，1877年再版，中文名称为《汉英合璧相连字汇》。司登德于1884年去世。美国汉学家赫墨龄将司登德著述作了补充，增加了约三分之一的内容，并且书后加了一个词和术语的附录，于1905年写成一书，书名为 *A Dictionary from English to Colloquial Man-*

---

① 杨慧玲：《19世纪汉英词典传统：马礼逊、卫三畏、翟理斯汉英词典的谱系研究》，商务印书馆2012年版，第295页。

darin Chinese，署名还是司登德。① 到该书 1916 年出版时，更名为 English-Chinese Dictionary of the Standard Chinese Spoken Language and Handbook for Translators，内容有了增加，作者改为赫墨龄，且自 1917 年拥有新的版权。

同样，加拿大传教士季理斐则购得 1871 年司登德《汉英合璧相连字汇》的著作权，并改正了原书的不少错误，且增收了受西方文化影响而出现的很多新词，使原书的篇幅由 250 页增加到近 800 页，并于 1898 年由当时的上海美华书馆（American Presbyterian MissionPress）出版。内容是原来的三倍多，说它是一部新书并不为过，但这一版季理斐保留了原书名和原编者司登德的署名。后来季理斐对其不断修订，在 1907 年出版修订第 2 版时，内容增加到近千页，汉语名称改为《华英成语合璧字集》，英文名称则成了 A Mandarin-Romanized Dictionary of Chinese②。

可以说，司登德、赫墨龄、季理斐的著述形成了一个汉英成语词典的谱系，这中间的主轴便是司登德与他的《汉英合璧相连字汇》。在这其中，赫墨龄与季理斐未攘人之善，均注明自己著作的源头，表现出崇高的学术道德。但对于读者来说，几本著作名称不同，作者又来自不同国家，便很容易认为它们彼此之间缺少联系。而一旦了解了事情的来龙去脉，则可更好地"辨章学术，考镜源流"，从而顺利把握几本书的基本内容和谱系关系。

3. 同一著述，由异域学者校刻。

海外汉学家的汉语研究著述最初多在中国出版，用汉字记录，可是随着其影响力的增大，逐渐传到国外，影响到了其他国家的汉语研究。进而该著述便会出现多种语言版本的情形。

比如，美国来华传教士高第丕所著的《文学书官话》一书，刊行于 1869 年。而明治十年（1877），《大清文典》由日本人金谷昭校点后在日本出版。该书与《文学书官话》的关系，在《大清文典》的例言中

---

① G. C. Stent, K. E. G. Hemeling, *A Dictionary from English to Colloquial Mandarin Chinese*, Shanghai：Statistical Department of the Inspectorate General OF Customs, 1905, page 1.

② MacGillivray, D., *A Mandarin-Romanized dictionary of Chinese* (*On the same principle as G. C. Stent's vocabulary*), Shanghai：Printed at the Presbyterian mission press, 1907：3–5.

说得非常清楚："近日于坊间得舶来本汉土文法书，其书曰《文学书官话》。音论，字论，文法，句法，以至话说、用法，章解句析，逐一备论，无所遗。盖彼国文法之说，实以是书为嚆矢矣。从此法分解、论释百般文章，修辞、论理之道亦可以立也。其益文学岂浅渺哉？因重刊之，改称《大清文典》，以授同学之士云。"① 这段文字传达的意思只有一个，即《大清文典》的底本就是《文学书官话》，只不过在旁边增加了日文说明而已。

早稻田藏本《大清文典》基本保留《文学书官话》的原貌，不仅为后人留下了宝贵的研究资料，它的存在使人们不得不重新估价其原本《文学书官话》在汉语语法学史上的地位。这是因为，一直以来，国内学术界对于《文学书官话》的影响并不看好。在刘大白等人看来，一部仅仅流行于基督教信仰者和外国人圈子的著作，且仅仅过了70年便不复存在，其影响力似乎真的非常有限。② 与此相对，《文学书官话》在日本却广为传播。《文学书官话》于1869年在国内刊印成书，1877年即有日本的刊印本，足以说明它的学术价值，以及日本人对它的重视。另外，19世纪70年代日本学者大槻文彦所著《支那文典》（1877）刊行，它所"解"的原本也正是《文学书官话》。可见，《文学书官话》在日本影响之大。③

其实，类似的情况并不少见。比如，美国公理会传教士富善的《官话萃珍》就有日本汉学家石山福治的校订本，即1915年文求堂藏版的木刻本。该版共528页。书长15厘米。扉页上题有"日本大正四年秋九月刊行于东京"的字样。其书中版式与初版1898年木刻本相似，只不过将每面天头的内容改为开头和结尾字的汉语拼音；且去掉了鱼尾，并将原来每页鱼尾上面的部分添加了"官话萃珍"四个字。文求堂藏本的内容与1898年版完全一样，没有增删字词。而在后来的1916年上海美华铅字版中，明显地增加了不少汉字。

---

① 高第丕、张儒珍：《大清文典》，明治十年刻本，日本青山清吉出版，第1页。
② 刘大白：《修辞学发凡》初版序，大江书铺，1932年。
③ 李海英：《从日本明治刻本〈大清文典〉看〈文学书官话〉的学术价值》，《图书馆理论与实践》2013年第4期。

文求堂版本是富善《官话萃珍》东传的显著证明。石山福治是日本著名的汉学家，对汉语语音、词汇、语法颇有研究，著述在日本及海外影响很大。石山福治对《官话萃珍》的校订恰恰说明了日本学者对美国传教士富善汉语研究成就的认可。正像高第丕的《文学书官话》为日本学者所修订一样，汉语与汉文化借助来华传教士的辛勤劳动，影响了日本的汉语研究。而这些日刊本与原刊于中国的汉学著述的版本差异，能够为人们研究版本学和不同国别的汉学提供思路。

另外，像罗存德（W. Lobscheid）编纂的《英华字典》则无论收词量和收录新词语方面都是首屈一指的，共有 2015 页。这也是对日本影响最大的一部词典，流传至今的词语尚有蛋白、偶然、同情、作者等词。季理斐的《华英成语合璧字集》，也深受当时日本学术界的欢迎。这些著述不同程度地被日本学者翻译或者摘译，对日本的汉语研究产生了一定的影响。尤其是几部汉外词典，成为日本"汉译洋学"的主要译词来源。

结语：近代西人汉语研究著述，距今多数已有 100 多年的历史，它们也像国内古籍那样，在流传过程中会产生版本的考辨问题。海外人士的汉文研究著述的版本出现错讹，除了时间因素外，著者的汉语水平是另一个重要原因，这一点则与国内学者的著述不同。再者，国内翻译者对这些著述的标题及内容的解读错误，也会造成版本问题。若从著者、书名、内容、版次差异等这些方面加以厘清，当下全方位的汉学研究以及对西人汉语研究资料的参考应该会产生更多正确的结论。

附录二：清代来华传教士部分汉语研究著述书影

1. 瓦罗《华语官话语法》中译本序及目录（2003）

中译序

　　西班牙传教士弗朗西斯科·瓦罗所著的《华语官话语法》(Arte de la Lengua Mandarina, 1703)，是世界上第一部正式刊行的汉语语法。在西方汉学史上，此书不能算是偏僻之作，但由于原著用西班牙文写成，终究传布有限，即使在欧美读者也不多，在中国就更鲜有识者。中国人自撰的第一部汉语语法，是马建忠的《马氏文通》(1898)。马氏以前两个世纪，小学家中固无一人能读瓦罗《语法》；马氏以后一个世纪，中国语言学界也未闻有人读过它。偶或有语法学史著作言及此书，也无非展转引述，从未有人涉足，更不必说研究。事实上，对瓦罗以来、马建忠以前的西洋汉语语法研究史，我们知之甚少。数年前，我曾写过"《汉文经纬》与《马氏文通》"一文(《当代语言学》1999 年第 2 期)，将《文通》与德国汉学家甲柏连孜的《汉文经纬》(1881)进行比较。然而，《经纬》已属晚近作品，体系俱全、构思精巧，且专究文言，而早期的西洋汉语语法虽不免粗疏，却是以官话、口语为对象，从编写原则到研究方法都不相同。18—19 世纪的西洋汉语语法著作为数众多，如马若瑟《汉语札记》(1728[1831])、马士曼《中国言法》(1814)、马礼逊《汉语语法》(1815)、雷慕萨《汉文启蒙》(1822)、洪堡特《论汉语的语法结构》(1826)及《论语法形式的通性和汉语的特性》(1827)、艾约瑟《官话口语语法》(1864) 和《上海方言语法》(1868)、儒莲《汉文指南》(1866)，等等。这些著作我们还只是刚刚开始了解，西洋汉语语法研究的全过程尚难勾勒清楚；而这一过程有案可查的始点，就是瓦罗的《华语官话语法》。所以，翻译出版本书关系重大，意义不凡。

　　瓦罗《语法》是西方汉语研究史上的一部要著。事隔三百年，我们中国学者来读它，一方面可以看到早期西士如何认识和分析汉语的结构；另一方面，透过西士之笔，可以看到三百年前我们自己语言的模样。书中所用的例词例句，记录了清初汉语官话，颇具

目 录

中译序	(F3)
英译序及鸣谢	(F5)
英译出版前言	(F6)
导论	(F19)

华语官话语法

弁言		(3)
第一章	若干诫律	(10)
第二章	汉语的声调	(20)
第三章	名词和代词的格变	(30)
第四章	名词和形容词,比较级和最高级	(43)
第五章	抽象动名词、指小词、多次性、行业名称,以及性	(53)
第六章	代词	(60)
第七章	叹词、连词、否定词、疑问词,以及表示条件的词	(67)
第八章	动词及其变位	(80)
第九章	被动动词和被动结构	(93)
第十章	介词和副词	(100)
第十一章	构句方式	(121)
第十二章	数词与量词	(126)
第十三章	各种小词	(139)
第十四章	官话礼貌用语	(147)
第十五章	如何称呼官员及其亲属,以及其他人;如何在口语和书面语中称呼自己	(152)

2. 马礼逊《通用汉言之法》(1815)

GRAMMAR
OF THE
CHINESE LANGUAGE.

通用汉言之法

BY THE REV. ROBERT MORRISON.

Serampore:
PRINTED AT THE MISSION-PRESS.
1815.

3. 公神甫《汉字文法》扉页（1829）

漢字文法

ARTE CHINA

CONSTANTE DE

ALPHABETO
E
GRAMMATICA

COMPREHENDENDO MODELOS DAS DIFFERENTES

COMPOSIÇOENS

COMPOSTA POR

Joaquim Affonso

J. A. GONÇALVES

SACERDOTE DA CONGREGAÇÃO DA MISSÃO.

IMPRESSA COM LICENÇA REGIA NO REAL COLLEGIO
DE S. JOSE.
MACAO.

ANNO de 1829.

4. 比丘林《汉文启蒙》(1835)

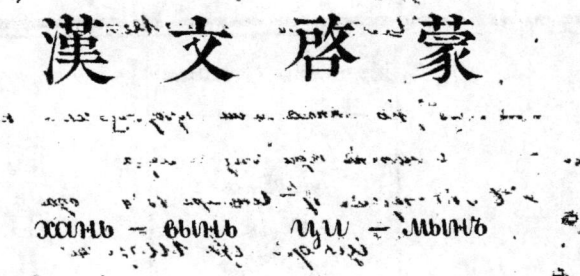

漢文啓蒙

хань - вынь ци - мынъ

КИТАЙСКАЯ ГРАММАТИКА

Сочиненная Монахомъ Iакинѳомъ
(Бичуринъ)

Напечатана по Высочайшему повелѣнію.

С. ПЕТЕРБУРГЪ

Въ Литографіи Гемильяна.

1835.

5. 高第丕《文学书官话》（1869）

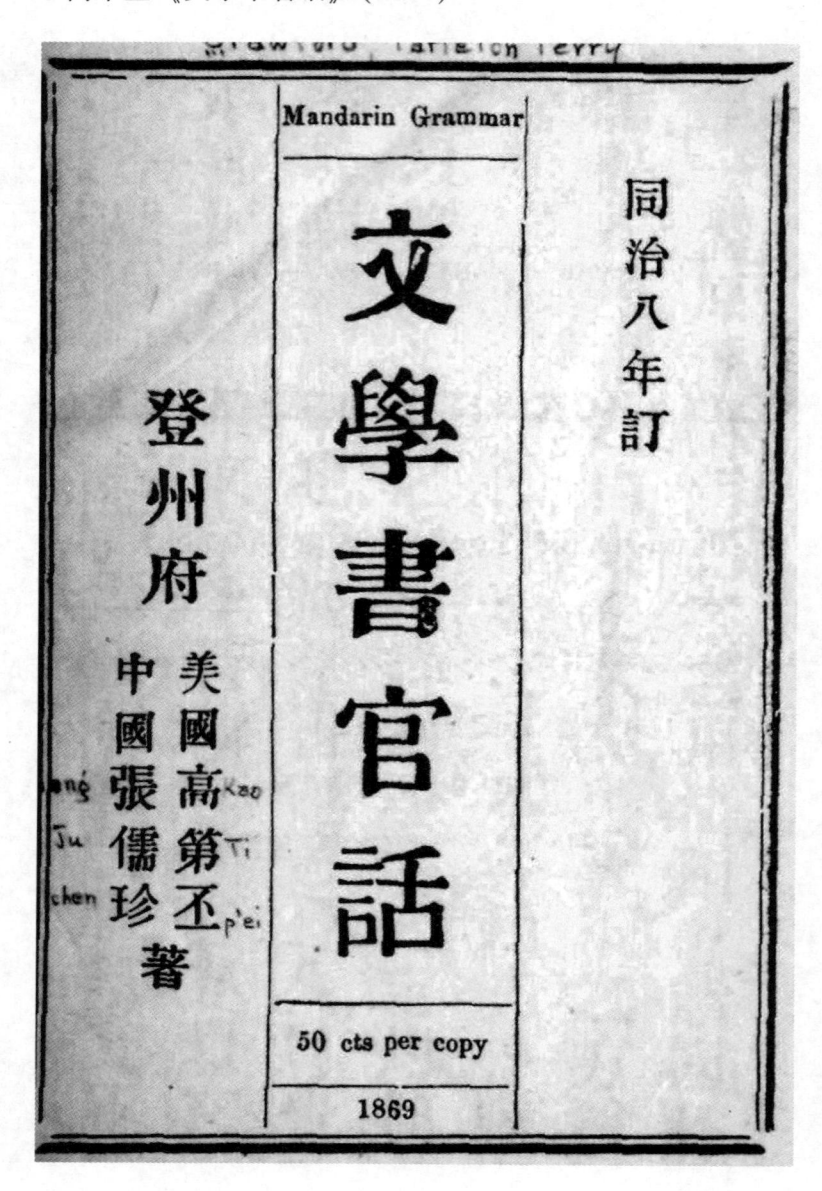

6. 狄考文《官话类编》(1909)

A COURSE

OF

MANDARIN LESSONS,

BASED ON IDIOM,

BY

REV. C. W. MATEER, D.D., LL.D.

Revised 1906.

SHANGHAI:
AMERICAN PRESBYTERIAN MISSION PRESS.
1909.

参 考 书 目

著作：

Calvin Wilson Mateer, *A Course of Mandarin Lessons Based on Idiom*, Shanghai: American Presbyterian Mission Press, 1900.

Charles E. Bennett, *A Latin Grammar*, Mass: J. B. Cushing Co-Berwick&Smith Co., 1908.

Francisco Varo, *Francisco Varo's grammar of the Mandarin Language*（1703）, An English Translation of "Arte de la lengua Mandarina". Trans. Coblin W.South, Amsterdam: John Benjamins Publishing Company, 2000.

Robert Morrison, *A Grammar of the Chinese Language*, Serampore: Printed at mission press, 1815.

陈望道：《修辞学发凡》，复旦大学出版社 2010 年版。

楚军：《句法学》，电子科技大学出版社 2007 年版。

戴昭铭：《文化语言学导论》，语文出版社 1996 年版。

董绍克、张家芝主编：《山东方言词典》，语文出版社 1997 年版。

［美］费正清：《剑桥中国晚清史》，上海社会科学出版社 1985 年版。

冯春田：《近代汉语语法研究》，山东教育出版社 2000 年版。

高第丕、张儒珍：《大清文典》，金谷昭训点，明治十年刻本，日本青山清吉出版。

顾长声：《从马礼逊到司徒雷登》，上海人民出版社 1985 年版。

顾长声：《从马礼逊到司徒雷格——来华新教传教士评论》，上海人民出版社 1996 年版。

高名凯：《汉语语法论》，商务印书馆 1986 年版。

黄伯荣、廖序东主编：《现代汉语》，高等教育出版社2009年版。

黎锦熙：《新著国语文法》，商务印书馆1998年版。

中国语文杂志社编：《汉语词类问题》第2集，中华书局1956年版。

李葆嘉：《中国转型语法学——基于欧美模板与汉语类型的沉思》，南京师范大学出版社2007年版。

姚小平主编：《海外汉语探索四百年管窥》，外语教学与研究出版社2008年版。

龙伯格：《清代来华传教士马若瑟研究》，李真、骆洁译，大象出版社2009年版。

陆俭明、沈阳：《汉语和汉语研究十五讲》，北京大学出版社2004年版。

吕叔湘：《中国文法要略》，商务印书馆1942年版。

马建忠：《马氏文通》，商务印书馆2007年版。

马庆株：《二十世纪现代汉语语法论著指要》，商务印书馆2006年版。

齐沪扬、张谊生、陈昌来：《现代汉语虚词研究综述》，安徽教育出版社2002年版。

［日］太田辰夫：《中国语历史文法》，蒋绍愚、徐昌华译，北京大学出版社1987年版。

宋清茂、杨建珍：《拉丁语语法》，湖南科学技术出版社1984年版。

王力：《古代汉语》（第一册）校订重排本，中华书局1981年版。

［西］瓦罗：《华语官话语法》，姚小平、马又清译，外语教学与研究出版社2003年版。

［英］马修斯（Matthews，P.H.）编：《牛津语言学词典》，蒋绍愚、徐昌华译，上海外语教育出版社2000年版。

［英］理查兹（Richards，C.J.）等：《朗文语言教学及应用语言学辞典》，管燕红译，外语教学与研究出版社2008年版。

［丹麦］裴特生（H. Pedersen）：《十九世纪欧洲语言学史》，钱晋华译，科学出版社1958年版。

史静寰：《狄考文与司徒雷登：西方传教士在华教育活动》，珠海出版社 1998 年版。

史静寰、王立新：《基督教教育与中国知识分子》，福建教育出版社 1998 年版。

苏新春：《文化语言学教程》，外语教学与研究出版社 2006 年版。

苏锡信：《近代汉语语气词》，语文出版社 1999 年版。

谭树林：《马礼逊与中西文化交流》，中国美术学院出版社 2004 年版。

陶飞亚、刘天路：《基督教会与近代山东社会》，山东大学出版社 1994 年版。

[英] 汤森：《马礼逊——在华传教士的先驱》，吴相译，大象出版社 2004 年版。

王力：《汉语史稿》，中华书局 2004 年版。

王力：《中国现代语法》，商务印书馆 1985 年版。

王立新：《美国传教士与晚清中国现代化》，天津人民出版社 2003 年版。

王神荫、修海涛：《登州文会馆——山东最早的一所教会大学》，山东人民出版社 1983 年版。

王元德、刘玉峰主编：《文会馆志》，潍县广文学堂印刷所，1913 年。

王忠欣：《基督教与中国近现代教育》，湖北教育出版社 2003 年版。

[英] 罗宾斯：《简明语言学史》，许德宝等译，中国社会科学出版社 1997 年版。

温瑞正：《汉语语汇学》，商务印书馆 2005 年版。

武占坤、马国凡：《谚语》，内蒙古人民出版社 1980 年版。

邢福义：《汉语被动表述问题研究新拓展》，华中师范大学出版社 2006 年版。

谢大任：《拉丁语语法》，商务印书馆 1959 年版。

徐世荣：《北京土语辞典》，北京出版社 1990 年版。

徐宗才：《俗语》，商务印书馆 1990 年版。

姚小平：《西方语言学史》，外语教学与研究出版社 2011 年版。

殷钟崃、周光亚：《英语语法理论及流派》，四川大学出版社 1990

年版。

姚小平：《罗马读书记》，外语教学与研究出版社2009年版。

张国刚：《明清传教士与欧洲汉学》，中国社会科学出版社2001年版。

张西平：《西方人早期汉语学习史调查》，中国大百科全书出版社2003年版。

张斌：《新编现代汉语》，复旦大学出版社2005年版。

赵元任：《汉语口语语法》，吕叔湘译，商务印书馆1979年版。

中国社会科学院语言研究所词典编辑室编：《现代汉语词典》（第五版），商务印书馆2005年版。

朱德熙：《语法讲义》，商务印书馆1982年版。

朱维铮：《利玛窦中文著译集》，复旦大学出版社2007年版。

论文：

Duncan Kay, "Dr. Crawford's Phonetic Symbols", *The Chinese Recorder and Missionary Journal*, 1888, 7: 299.

Rev. W. Muirhead, "Statistics of the Shanghae and Soochow", *The Chinese Recorder and Missionary Journal*, 1877, 7: 314-396.

T. P. Crawford, "A System of Phonetic Symbols for Writing the Dialects of China", *The Chinese Recorder and Missionary Journal*, 1888, 3: 101-110.

T. P. Crawford, "Letter From Tungchow", *The Chinese Recorder and Missionary Journal*, 1870, 6: 25.

［加］白珊：《弗朗西斯科·瓦罗的〈华语官话语法〉》，见［西班牙］弗朗西斯科·瓦罗著《华语官话语法》，姚小平、马又清译，外语教学与研究出版社2003年版。

［法］贝罗贝：《二十世纪以前欧洲汉语语法学研究状况》，《中国语文》1998年第5期。

卞湘川、陈申如：《马礼逊与中西文化交流》，《史林》1988年第2期。

蔡玉臻：《齐鲁大学的初期——登州文会馆》，《春秋》2003年第

3期。

曹保平：《马礼逊对汉语国际传播的贡献》，《兰台世界》2011年第3期。

曹俊英：《汉语名词的复数意义表达方式》，《吉林广播电视大学学报》2012年第5期。

陈才俊：《马礼逊与早期中英外交关系考析》，《广东社会科学》2008年第5期。

陈莉：《论传教士在汉语国际传播中的作用》，《青海社会科学》2010年第6期。

陈才俊：《马礼逊与早期中英外交关系考析》，《广东社会科学》2008年第5期。

陈振江：《传教士与晚清教育改革刍议》，《南开学报》1999年第5期。

崔华杰、王磊：《狄考文与近代新式教科书编写》，《山东省农业管理干部学院学报》2007年第3期。

董海樱：《西人汉语研究论述——16—19世纪初期》，博士学位论文，浙江大学，2005年。

冯胜利：《韵律语法理论与汉语研究》，《语言科学》2007年第3期。

龚千炎：《现代汉语里的受事主语句》，《中国语文》1980年第5期。

顾梦飞：《早期来华传教士活动特点及其影响——以马礼逊和东印度公司的关系及其参与英国对华外交政治为例》，《金陵神学志》2007年第1期。

顾卫星：《马礼逊与中西文化交流》，《外国文学研究》2002年第4期。

郭锐：《朱德熙先生的汉语词类研究》，《汉语学习》2011年第5期。

亢世勇：《试论"依句辨品"是一种辅助性的词的归类标准》，《西北师大学报》1994年第7期。

［日］何群雄：《19世纪基督教新教传教士的汉语语法学研究——

以马礼逊、马什曼为例》，阮星、郑梦娟译，见北京外国语大学国际汉语教学信息中心编《国际汉语教学动态与研究》第 3 辑，外语教学与研究出版社 2008 年版。

［日］何群雄：《19 世纪基督教新教传教士的汉语语法学研究——以艾约瑟为例》，阮星、郑梦娟译，《长江学术》2010 年第 1 期。

胡凯基：《狄考文在华活动研究》，硕士学位论文，清华大学，2006 年。

胡明扬：《现代汉语词类问题考察》，《中国语文》1995 年第 5 期。

胡瑞琴：《美国传教士狄考文与登州文会馆》，《兰台世界》2008 年第 2 期。

黄爱美：《从马礼逊〈通用汉言之法〉看英国早期来华传教士的汉语研究》，见《海外汉语探索四百年管窥：西洋汉语研究国际研讨会暨第二届中国语言学史研讨会论文集》，外语教学与研究出版社 2008 年版。

黄新宪：《教会大学与文化变迁》，《高等教育研究》1996 年第 1 期。

黄毅、张鹏：《中西文化交流史上的先驱——马礼逊》，《世界桥》2007 年第 4 期。

贾永梅：《早期来华传教士的"非法传教行为"研究——以第一位来华新教士马礼逊为例》，《山东师范大学学报》（人文社会科学版）2010 年第 2 期。

蒋绍愚：《近代汉语的几种被动式》，《陕西师范大学学报》（哲学社会科学版）2009 年第 6 期。

金风：《介绍〈汉语口语语法〉》，《语言教学与研究》1980 年第 3 期。

里明：《明清教科书编辑述论》，《河南大学学报》1990 年第 1 期。

李海英：《从日本明治刻本〈大清文典〉看〈文学书官话〉的学术价值》，《图书馆理论与实践》2013 年第 4 期。

李蕊：《狄考文〈官话类编〉研究》，硕士学位论文，上海师范大学，2010 年。

李无未：《日本汉语口语语法研究的先声——读 1877 年刊行的〈支

那文典〉》,《语言学论丛》2008年第37辑。

李宇明:《马氏文通新评》,《古汉语研究》1993年第4期。

李真:《〈汉语札记〉对世界汉语教学史的贡献》,《世界汉语教学》2005年第4期。

吕颖、阎国栋:《路易十四派遣"皇家数学家"传教士来华的背景》,《史学集刊》2012年第3期。

陆俭明:《有关被动句的几个问题》,《汉语学报》2004年第2期。

陆俭明:《"还"和"更"·语言学论丛》第6辑,商务印书馆1980年版。

[英]马什曼:《汉语语法的特点及其研究方法——〈中国言法〉序》,郑梦娟、王春辉译,《长江学术》2008年第2期。

马又清:《瓦罗〈华语官话语法〉研究》,硕士学位论文,清华大学,2002年。

倪春凤:《鲍康宁〈日日新〉研究》,硕士学位论文,上海师范大学,2010年。

仇世林:《美国传教士与中国近代学校教育》,《山东师范大学学报》2007年第5期。

史静寰:《教会学校与近代中国的师资培养》,《高等师范教育研究》1995年第1期。

田春来:《近代汉语处置式分类评述》,《燕山大学学报》(哲学社会科学版)2011年第1期。

王立新:《英美传教士与近代中西文化会通》,《世界宗教研究》1997年第2期。

王玉贵、陈丽:《略论马礼逊在中西文化交流史上的贡献》,《五一大学学报》2007年第4期。

吴梓明、陶飞亚:《晚清传教士对中国文化的研究》,《文史哲》1997年第2期。

夏群:《汉语比较句研究综述》,《汉语学习》2009年第2期。

许光华:《16至18世纪传教士与汉语研究》,见任继愈主编《国际汉学》第6辑,大象出版社2000年版。

邢公畹:《论汉语的连锁复句——对〈官话类编〉一书连锁复句的

分析》,《世界汉语教学》1990年第3期。

许璐斌:《简评〈马礼逊——在华传教士的先驱〉一书》,《怀化学院学报》2007年第2期。

徐文堪:《马礼逊及其汉语研究简论》,《传统中国研究集刊》第6辑,上海人民出版社2009年版。

姚小平:《〈汉文经纬〉与〈马氏文通〉——〈马氏文通〉历史功绩重议》,《当代语言学》1999年第2期。

姚小平:《西方人眼中的中国语言学史》,《国外语言学》1996年第3期。

姚小平:《现存最早的汉语语法著作——瓦罗著〈华语官话语法〉简介》,《中国语文》2001年第5期。

姚小平:《欧洲汉语教育史之缘起——早期传教士的汉语学习和研究》,《长江学术》2008年第1期。

姚小平主编:《海外汉语探索四百年管窥:西洋汉语研究国际研讨会暨第二届中国语言学史研讨会论文集》,外语教学与研究出版社2008年版。

姚小平:《西方早期汉语研究再认识——17—19世纪西方汉语研究史简述》,见商务印书馆编辑部编《21世纪的中国语言学》(一),商务印书馆2004年版。

姚小平:《传教士语言学的功过得失——〈十九世纪英美传教士的汉语语法研究〉序》,《中华读书报》2011年第2期。

于锦恩:《马礼逊的汉语学习考察》,《东南大学学报》2009年第6期。

于苒:《艾约瑟〈官话口语语法研究〉》,见《海外汉语探索四百年管窥:西洋汉语研究国际研讨会暨第二届中国语言学史研讨会论文集》,外语教学与研究出版社2008年版。

张美兰:《美国传教士狄考文对十九世纪末汉语官话研究的贡献——〈官话类编〉专题研究》,香港浸会大学林思齐东西学术研究交流研究所项目,2007年。

赵峰:《现代汉语否定句初探》,硕士学位论文,山东大学,2004年。

赵晓阳：《19至20世纪外国人研究北方方言的文献资料》，《北京档案史料》2005年第4期。

张西平：《清代来华传教士》，《清史研究》2009年第5期。

张延俊：《论〈文学书官话〉的影响》，《殷都学刊》2011年第1期。

曾拒生：《西方教会在华办学问题初探》，《杭州大学学报》1987年第4期。

郑连根：《狄考文和他创办的登州文会馆》，《春秋》2007年第6期。

郑梦娟：《19世纪上半叶西方汉语语法研究成果简评》，《长江学术》2008年第1期。

郑梦娟：《试论19世纪上半叶西方汉语语法研究的历史背景》，《江汉大学学报》（人文科学版）2008年第3期。

周绪彦：《〈华英字典〉及其新义研究》，硕士学位论文，上海师范大学，2011年。

后　　记

《清代来华汉学家的汉语语法研究》终于告一段落了，回头想来内心感慨颇多。从 2009 年起，我开始关注清代来华传教士汉学家的汉语著述，此后搜集资料的甘苦，爬梳整理的繁琐，仿佛还在眼前。

为了尽可能多地发现来华汉学家的汉语研究著述，我自 2013 年起多次飞赴海外汉学的研究中心——美国耶鲁大学、英国爱丁堡大学和德国等地查阅资料。在美国半年，每日徜徉于耶鲁大学的几个图书馆，那里静谧的氛围、丰富的藏书、严谨的学风、周到的服务，让远道而来的我每日沉醉其中，内心欣喜不已。

此书得以完成，有太多的人需要感谢：济南大学的刘丽霞教授，山东师范大学的李伟教授，山东大学的尹翼婷女士，都曾给予无私的帮助。特别是山东大学儒学高等研究院的郑杰文教授和杜泽逊教授，两位先生在我读博士期间所给予的全方位的指导，所传授的文献学思想，以及言传身教所带给我的一切，都将让我受益终生。另外，山东大学儒学高等研究院（我们读书时为山东大学古籍整理研究所）另外两位老师，刘心明教授、王承略教授，在我读博前后都给予了方方面面的指导，在此深表谢意。

在从事海外汉学研究的过程中，有幸得到多位师长和朋友的帮助，他们的学术态度之谨严，待人处事之诚恳，让我一直感念不已。在此尤其要感谢的是中国人民大学的张靖女士，她帮助我顺利申请到耶鲁大学访学机会，其睿智和能干让人佩服之至。还有耶鲁大学的 Chloe Starr 教授——这位外表冷静、内心热诚、思想敏锐的英国女子，是一位典型的实干家，她不仅在汉学研究领域有相当的影响力，而且总是力所能及地为到耶鲁访学的华人提供帮助。最初抵达美国，人生地不熟，我自己四顾茫然。Chloe 不仅邀请我住在她家，并且帮着准备各样家具，还在一个下雨的傍晚自己开车将其运到我们的住处。回国已经三年多了，Chloe 冷隽的面庞时常浮现在我脑海中，在美期间她让我感受到了别样的温暖。另外，耶鲁大学神学院图书馆的 Joan Duff、Cindy Lu、Calvin 等在我查阅资料时都给予了耐心的指点与热心的帮助，在此一并致谢。

在此也感谢中国社会科学出版社的编辑宫京蕾女士，她热情周到、待人坦诚，在此一并谨表谢忱。

在此向本书特约编辑李晓丽、责任校对李莉及责任印制李寡寡等同志一并表示谢意。

李海英

2018 年 6 月 9 日